de Gruyter Studienbuch

Herbert Jankuhn

Einführung in die Siedlungsarchäologie

W DE G

Walter de Gruyter · Berlin · New York
1977

CIP-Kurztitelaufnahme der Deutschen Bibliothek

Jankuhn, Herbert
Einführung in die Siedlungsarchäologie. – Berlin, New York : de Gruyter, 1977.
(De-Gruyter-Studienbuch)
ISBN 3-11-004752-7

Satz: Walter de Gruyter & Co., Berlin 30
Druck: W. Hildebrand, Berlin 65
Bindearbeiten: Fuhrmann, Berlin

VORWORT

Die Anregung zu dieser „Einführung in die Siedlungsarchäologie" ging vom Verlag Walter de Gruyter aus. Die Herausbildung neuer Fragestellungen in der Vor- und Frühgeschichtsforschung, die Entwicklung neuer Methoden und die Gewinnung neuer Ergebnisse ließen es Herrn Professor Wenzel vom Verlag wünschenswert erscheinen, nicht nur den Studierenden der Vor- und Frühgeschichte sondern auch den Vertretern benachbarter und an einer Zusammenarbeit mit der Archäologie interessierter Fächer einen einführenden Überblick über die neuen Forschungsrichtungen zu geben.

Seit einigen Jahrzehnten läßt sich in der heimischen Archäologie Mitteleuropas eine Verschiebung des Interesses von den die Forschung lange Zeit hindurch fast als Selbstzweck beherrschenden Untersuchungen zur Formenkunde und Chronologie in den Bereich historischer Auswertung beobachten. Damit eng verknüpft war die immer stärker werdende Einbeziehung von Siedlungsgrabungen in das Forschungsprogramm, so daß die bisher dominierende Stellung der „Gräberarchäologie" allmählich, wenigstens in bestimmten Regionen Mitteleuropas zugunsten einer Erforschung auch von Ansiedlungen zurückgedrängt wurde.

Der historische Erkenntnisbereich der Vor- und Frühgeschichtsforschung, der sich – sieht man einmal von allgemeinen kulturhistorischen Erörterungen ab – jahrzehntelang in einer ethnischen Problematik zu erschöpfen schien, hat sich in den letzten Jahrzehnten auf verschiedene andere Gebiete ausgeweitet, wie etwa das Siedlungswesen, die Wirtschaft, die sozialen Strukturen und die religiösen Verhältnisse. Dazu kommt in dem zwar engen aber wichtigen Bereich der Bilddarstellungen eine Abkehr von der bisher allein herrschenden typologischen Betrachtungsweise zur Entwicklung einer Ikonologie und über diese zur Gewinnung neuer historischer Einsichten. Auch einige andere kleinere Arbeitsbereiche wären hier zu nennen

Der ursprünglich zwischen Herrn Wenzel und dem Verfasser diskutierte Plan, eine Einführung in alle diese zwar nicht neuen aber neuerdings doch stärker beachteten Forschungsbereiche zu geben, erwies sich bei näherem Zusehen als schwer durchführbar, weil er den Umfang einer kleinen Einführung gesprengt hätte.

So entstand der Plan, zunächst nur eines dieser Teilgebiete zu behandeln, und dafür bot sich der Bereich an, der heute als „Siedlungsarchäologie“ bezeichnet wird und für den der Autor in eigenen Arbeiten auch kleinere Beiträge geleistet hatte. Gefördert wurde diese Wahl durch die Tatsache, daß sich von der Siedlungsarchäologie auch neue Aspekte für die wirtschaftliche und soziale Entwicklung gewinnen ließen, diese beiden, neuerdings stärker in den Vordergrund des Interesses tretenden Arbeitsgebiete wenigstens am Rande mit beleuchtet werden konnten.

Die Siedlungsarchäologie ist der Sache nach kein neues Anliegen der Vor- und Frühgeschichtsforschung. Besiedlungsvorgänge standen schon in den beiden ersten Jahrzehnten unseres Jahrhunderts im Blickfeld der Archäologie, und groß angelegte Siedlungsuntersuchungen wurden auf Burgen schon vor dem ersten Weltkrieg und auf Siedlungen in den 20er Jahren in die Wege geleitet. Aber erst in den letzten drei bis vier Jahrzehnten sind sie intensiviert und wenigstens teilweise durch neue Methoden angereichert worden.

Große zusammenfassende Darstellungen der Ergebnisse fehlen noch, und die erschöpfende Behandlung der zahlreichen mit siedlungsarchäologisch aufschlußreichen Fundinventarisationen und großen Siedlungsgrabungen verknüpften Probleme sind eben erst angelaufen.

So kann sich der Versuch einer solchen Einführung nicht auf eine umfangreiche, die Probleme des Siedlungswesens nach allen Richtungen hin ausleuchtende Literatur stützen, sondern ist sehr stark auf unmittelbare und direkte Information, durch die mit siedlungsarchäologischen Problemen befaßten Forscher angewiesen.

Dazu kommt, daß die Siedlungsarchäologie als Teil der allgemeinen Siedlungsforschung schon im Hinblick auf die Fragestellung eng mit anderen Disziplinen wie Siedlungsgeschichte, Siedlungsgeographie und Vegetationsgeschichte verknüpft ist und dadurch gezwungen bleibt, mit diesen Fächern einen engen Kontakt und einen ständigen Gedankenaustausch zu unterhalten.

Hier bin ich zahlreichen Kollegen und Institutionen zu Dank verpflichtet. Im Gebiet der Siedlungsgeschichte habe ich zwei Jahrzehnte hindurch einen anregenden und sehr förderlichen Gedankenaustausch mit Walther Schlesinger pflegen können, für den ich ihm sehr dankbar bin. Ebenso danke ich Herrn Fred Schwind in Marburg für vielfältige Hilfe.

In die Problematik der Siedlungsgeographie führte mich noch in Kiel Carl Schott ein, und ihm verdanke ich besonders viele Anregungen zur Herausarbeitung siedlungsarchäologischer Fragestellungen, die auf gemeinsamen Exkursionen gewonnen wurden; später habe ich Helmut Jäger in Göttingen und dann in Würzburg für vielfältige Besprechung gemeinsam interessierender Probleme und Herrn Dietrich Denecke für immer wieder gewährte Hilfsbereitschaft zu danken.

Im engen siedlungsarchäologischen Bereich war es zunächst Paul Grimm in Berlin, der auf dem gleichen Gebiet und in ähnlicher Richtung arbeitend, sowohl durch seine Publikationen wie in vielfältigen freundschaftlichen Gesprächen Anregungen ausstrahlte und durch kritische Stellungnahme die Entwicklung einer fruchtbaren Fragestellung förderte.

Dann habe ich Werner Haarnagel dafür zu danken, daß er mich an seinen Arbeiten zunächst in der Störmarsch in Schleswig-Holstein, später auf Feddersen Wierde teilhaben ließ und mir immer wieder freimütig Einblicke in die begleitenden naturwissenschaftlichen Untersuchungen und ihre Methoden gab. Das gleiche gilt von Kurt Schietzel in Schleswig, dessen Einbeziehung naturwissenschaftlicher und vor allem technologischer Untersuchungen die Siedlungsarchäologie im Bereich einer städtischen Ansiedlung mit ihrer spezifischen Wirtschaftsform förderte und der mich nicht nur an den Ergebnissen sondern auch an der Entwicklung neuer Methoden beteiligte.

Die Einsicht in die Notwendigkeit und den Nutzen botanischer Untersuchungen verdanke ich zuvörderst Gustav Schwantes, dann machten mich mit neuen Methoden und Ergebnissen in Kiel Heinz Schmitz und Rudolf Schütrumpf, später in Göttingen Franz Firbas und vor allem Ullrich Willerding bekannt, wobei ich dem zuletzt Genannten in zahlreichen ausgedehnten Gesprächen sehr viele unmittelbare Erkenntnisse und Einsichten auch in die methodischen Möglichkeiten der Botanik zu danken haben.

Die in der Geologie und in der Bodenkunde liegenden Möglichkeiten hat mir immer wieder schon in Kiel Karl Gripp nahe gebracht. Später, als sich bei mir die Erkenntnis durchsetzte, daß die Bodenkunde für alle Siedlungsvorgänge und die wirtschaftliche Nutzung des Bodens von besonderer Wichtigkeit ist, hat mich Fritz Scheffer in Göttingen von der Bedeutung des Bodens als dynamisches System überzeugt und sein Schüler und Nachfolger Brunk Meyer durch begleitende Untersuchungen bei eigenen Ausgrabungen und denen meiner Schüler praktische Möglichkeiten einer engen Zusammenarbeit und die daraus resultierenden neuartigen Erkenntnisse dargelegt.

Von der Bedeutung einer Zusammenarbeit mit der Zoologie hat mich Wolf Herre überzeugt, ihm und Hans Reichstein verdanke ich die Einsicht, daß die Zoologie, seit sie von der Berücksichtigung der einzelnen Individuen zum „Denken in Populationen" übergegangen ist, gerade auch für die wirtschaftsgeschichtlichen Aspekte der Siedlungsarchäologie wichtige neue Erkenntnisse beisteuern kann und das inzwischen auch getan hat.

Es ist also ein großer Kreis von Forschern verschiedenster Fachrichtungen, dem ich zu großem Dank verpflichtet bin, einem Dank, der sich vor allem bei den Fächern außerhalb der Archäologie auch auf die Bereitschaft erstreckt, die speziellen Anliegen der Archäologie zur Kenntnis zu nehmen und in selbstloser Arbeit zu verfolgen.

Der Dank wäre unvollständig, würde ich nicht auch mehrerer Institutionen gedenken, denen ich Erkenntnisse und Anregungen zu danken habe.

Dabei nenne ich zunächst das „Nordseeküstenkolloquium" im Rahmen des Schwerpunktprogramms der Deutschen Forschungsgemeinschaft und insbesondere seinen Gründer Wolfgang Treue. Zwei Jahrzehnte hindurch hat dieser Kreis jährlich Zusammenkünfte veranstaltet, auf denen Probleme der Siedlungsarchäologie zwischen den Disziplinen behandelt wurden. Die Ausdehnung dieses Kreises mit seinen Zusammenkünften in alle Anrainerstaaten der Nordsee vermittelte Einblicke in siedlungsarchäologische Untersuchungen von Norwegen über Dänemark und die Niederlande bis nach England hin. Hier fand ein fruchtbarer und für die Forschung besonders förderlicher Meinungsaustausch über die Grenzen der einzelnen Disziplinen und über die Grenzen der Länder hinweg statt.

Ähnlich anregend waren die Darstellungen und Erörterungen der archäologischen Teilvorhaben im Sonderforschungsbereich 17 „Skandinavien- und Ostseeraumforschung" in Kiel. Die von diesem Forscherkreis betriebenen siedlungsarchäologischen Untersuchungen im östlichen Holstein haben die Forschung um spezielle Fragestellungen, die Weiterentwicklung schon bekannter Methoden und neuartige Einsichten bereichert.

Das gleiche gilt für die Probleme früher „städtischer" Siedlungsweise und Wirtschaftsform von dem „Comité des recherches sur les origines des villes" innerhalb der „Union Internationale des Sciences préhistoriques et protohistoriques" mit seinen Tagungen, auf denen zunächst die Topographie früher Städte und dann die Rolle des Handels und Handwerks für ihre weitere Entwicklung behandelt wurden.

Nicht zuletzt aber habe ich dankbar zahlreicher Anregungen zu gedenken, die ich auf den Kolloquien der „Kommission für die Altertumskunde Mittel- und Nordeuropas" bei der Akademie der Wissenschaften in Göttingen erhalten habe. Hier wurde seit sieben Jahren in fächerübergreifenden Symposien zunächst die frühe Stadt in Mittel- und Nordeuropa, dann Wort und Begriff Bauer, anschließend das Dorf als Siedlungsform, seine wirtschaftliche Funktion und seine soziale Struktur und zuletzt das Problem der Flurform, Flurverfassung und frühen Agrartechnik behandelt. Nicht nur die dabei gehaltenen Vorträge und die sich daran anschließenden Diskussionen, sondern vor allem auch die sich dabei entwickelnden

Gespräche mit Forschern verschiedenster Fachrichtungen, die alle an siedlungsarchäologischen Problemen interessiert waren, haben wesentlich zur Vertiefung siedlungsarchäologischer Fragestellung und Methodik beigetragen.

Die lange und auch sehr heterogene Liste von Personen und Institutionen, denen ich mich zu tiefem Dank verpflichtet fühle, zeigt vielleicht besonders eindringlich, daß die Weiterentwicklung der Siedlungsarchäologie, ihre Einbindung in allgemeine Fragestellungen der Siedlungsforschung und die Entwicklung fachspezifischer wie auch interdisziplinär gültiger Methoden sich nicht im engen Raum eines einzelnen Faches, nämlich der Archäologie, abspielt, sondern an einen breit gefächerten Kontext mit zahlreichen Disziplinen gebunden ist und infolgedessen auch von dem Vertreter nur eines einzigen Faches schwer und sicherlich auch nicht ganz vollständig zu übersehen ist.

Für die Ausstattung dieser Einführung mit Karten, Plänen und Diagrammen bin ich Herrn Kaiser, Zeichner am Seminar für Ur- und Frühgeschichte, dankbar und dem Verlage Walter de Gruyter nicht nur für die Anregung zu dieser Arbeit sondern auch für den sorgfältigen Druck. Meine Frau Ilse hat mir, wie schon so oft in vier Jahrzehnten, bei dem Lesen der Korrekturen geholfen.

Frühjahr 1977 Herbert Jankuhn

INHALTSVERZEICHNIS

Vorwort V

Einleitung 1

I. Die Grundlagen siedlungsarchäologischer Forschung 4

1. Der Begriff „Siedlungsarchäologie“ 4
2. Die Stellung der Siedlungsarchäologie in der historisch-genetischen Siedlungsforschung 6
3. Die Quellen siedlungsarchäologischer Forschung 8

a. Die Grabfunde 8
b. Die Ansiedlungen 13
c. Die Spuren landwirtschaftlicher Produktion 16
d. Die Hinterlassenschaften der Rohstoffgewinnung und -verarbeitung 17
e. Die Burgen 20
f. Die Heiligtümer und Opferplätze 21
g. Die Depotfunde 23
h. Die Fundkarte als Quelle 24

4. Die Methoden 25

a. Die terrestrische Inventarisation als Grundlage der Siedlungsgeschichte 25
b. Die aerotopographische Inventarisation als Ergänzung 28
c. Die Phosphatmethode 30
d. Andere prospektorische Methoden 35
e. Die Untersuchung von Ansiedlungen und Produktionseinrichtungen 36

5. Die naturräumlichen Voraussetzungen 39

a. Das Relief 41
b. Das Klima 52
c. Der Boden 57
d. Der Wasserhaushalt 62
e. Die Pflanzenwelt 63
f. Die Tierwelt 71
g. Großräumige Wandlungen der naturräumlichen Voraussetzungen und ihre Auswirkung auf die Siedlungstätigkeit 72

II. Beispiele für siedlungsarchäologische Untersuchungen 75

6. Die Erforschung der Besiedlung 75

a. Beispiele für Besiedlung
1. nach Grabfunden 76
2. nach Siedlungen 78

3. nach erschöpfender Inventarisation aller „siedlungsanzeigenden“ Funde . . . 80
b. Schwerpunktverlagerungen der Besiedlung . . . 82
c. Erweiterung der Siedlungsgebiete durch Ausbauvorgänge . . . 87
1. Der Landesausbau . . . 87
2. Die Binnenkolonisation . . . 90
d. Der paläodemographische Hintergrund der Ausbauvorgänge . . . 93
e. Wüstungsvorgänge und Wüstungsperioden . . . 96
1. Archäologische Gesichtspunkte . . . 97
2. Paläoethnobotanische Ergebnisse . . . 99
f. Eigene Aussagen von Botanik und Bodenkunde . . . 100
g. Methodische Möglichkeiten und Grenzen einer siedlungsarchäologischen Erforschung von Be- und Entsiedlungsvorgängen . . . 101
h. Einbettung in die naturräumlichen Gegebenheiten . . . 103

7. Die Ansiedlungen . . . 103

a. Voraussetzungen für ihre Erforschung . . . 103
b. Die Lagebezogenheit . . . 104
c. Die Ansiedlungen landwirtschaftlichen Charakters . . . 110
1. Einzel- und Gruppensiedlungen . . . 110
2. Siedlungen und landwirtschaftliche Produktionseinrichtungen . . . 122
3. Elemente nichtlandwirtschaftlicher Zweckbestimmung . . . 125
a. Fischerei, Jagd und Fang . . . 125
b. Gewerbe . . . 128
4. Befestigungen . . . 131
d. Die Ansiedlungen überwiegend gewerblichen Charakters . . . 132
1. im Verhältnis zur Urproduktion und zur Verarbeitung von Rohstoffen . . . 135
2. im Rahmen des Güteraustausches . . . 136
e. Die Ansiedlungen städtischen Charakters . . . 138
1. Die keltischen Oppida . . . 138
2. Handelsplätze, Handwerkerzentren und „Märkte“ des frühen Mittelalters . . . 140
3. Siedlungsarchäologische Untersuchungen zur Funktion solcher Plätze
Produktionszentren – Konsumentenzentren – Güterumschlag – zentralörtliche Aufgaben . . . 143
f. Burgen und Befestigungen . . . 147
1. Burg und Herrschaft . . . 147
2. Burgen und Landessicherung . . . 151
3. Sonstige Sicherungen von Siedlungsgebieten . . . 156
4. Die verschiedenen Aussagen der Burgen im Rahmen siedlungsarchäologischer Untersuchungen . . . 157
g. „Hauslandschaften“ und regionale Differenzierungen in der Gehöftbildung und der Ansiedlungsform . . . 161

8. Heiligtümer und ihre Bedeutung für siedlungsarchäologische Untersuchungen . . . 167

III. Die Ergebnisse siedlungsarchäologischer Untersuchungen für andere Forschungsbereiche 173

9. Erkenntnisse zur Wirtschaftsgeschichte 173

a. Rückschlüsse aus der Lage der Siedlungsgebiete 173
b. Erkenntnisse aus Form und Art der Ansiedlungen 175
c. Die Aussagen des Fundmaterials aus Siedlungen und Burgen 176
1. Die archäologische Fundanalyse 176
2. Die naturwissenschaftlich-technologische Analyse 177
a. Botanische Untersuchungen an Pflanzenresten und organischem Baumaterial 177
b. Zoologische Untersuchungen an Tierknochen 178
c. Bodenkundliche Untersuchungen 179
d. Mineralogisch-technologische Untersuchungen am Fundmaterial 180

10. Aussagen der Siedlungsarchäologie zu Fragen sozialer Gliederung 181

a. Soziale Schichten und Gruppen 183

b. Berufsmäßige Gliederung 184

11. Aussagen der Siedlungsarchäologie zur Frage ethnischer Einheiten und ihrer Abgrenzung. 186

a. Die Deutung von „Kulturprovinzen" 186
b. Das Problem der Ödmarkengrenze bei Stämmen 187
c. Ethnische Überschichtungen. Substrat und Superstrat 189

IV. Schlußbemerkung: Entstehung und Wandlung der Kulturlandschaft in der Sicht siedlungsarchäologischer Forschung 191

Literaturauswahl 195

EINLEITUNG

Diese „Einführung in die Siedlungsarchäologie" wendet sich einmal an die Studierenden des Faches Vor- und Frühgeschichte und will ihnen den Einstieg in ein heute nicht leicht zu übersehendes Teilgebiet dieses Faches erleichtern, zumal die hier behandelte Arbeitsrichtung nach ihrer Eigenart nicht allein mit archäologischen Fachkenntnissen zu bewältigen ist. Angesprochen wird aber auch der Teil benachbarter Disziplinen wie etwa der Geographie, der Geschichte oder der Vegetationsgeschichte, der an einer Zusammenarbeit mit der Archäologie interessiert oder gezwungen ist, von ihren Methoden und Ergebnissen im Bereich der Siedlungsforschung Kenntnis zu nehmen.

Es war nicht beabsichtigt, ein Handbuch der Siedlungsarchäologie zu bieten, also eine auf vollständige Erfassung aller Ergebnisse zielende Darstellung mit einem umfangreichen Anmerkungsapparat. Entsprechend dem propädeutischen Charakter der Arbeit gliedert sie sich in drei Teile: Der erste bietet einen Überblick über die Grundlagen dieser Arbeitsrichtung, behandelt also Quellen, Methoden und die naturräumlichen Voraussetzungen. Der zweite Teil erläutert an ausgewählten Beispielen die Art der mit dieser Forschungsrichtung zu erzielenden Ergebnisse, und der dritte bietet Ausblicke auf einige andere Fragenkomplexe, die durch siedlungsarchäologische Untersuchungen eine zusätzliche Beleuchtung erfahren können.

Räumlich hat diese Darstellung ihren Schwerpunkt in Mitteleuropa. Unbeschadet der Tatsache, daß diese Arbeitsrichtung überall da angewandt werden kann, wo man mit archäologischen Quellen und archäologischen Methoden arbeitet, läßt sich die Methodik an einem verhältnismäßig gut erforschten Gebiet, wie es Mitteleuropa darstellt, hinreichend veranschaulichen und auch die Art möglicher Ergebnisse kann so verdeutlicht werden.

Damit soll aber nicht der Eindruck erweckt werden, als sei Mitteleuropa das Zentrum dieser Arbeitsrichtung. Auch in Nordeuropa, auf den Britischen Inseln und im Vorderen Orient sind wichtige Ergebnisse siedlungsarchäologischer Art erzielt und wesentliche Methoden entwickelt worden.

Auch war nicht beabsichtigt, eine Einführung in die Siedlungsforschung überhaupt zu geben, also etwa die siedlungsgeographischen oder siedlungshistorischen Methoden und Möglichkeiten mit zu behandeln. So sind, um nur ein Beispiel zu nennen, im philologisch-historischen Bereich die Ortsnamen und historischen Angaben zur Landesnatur und Siedlungsweise nicht berücksichtigt worden, obwohl die Ortsnamen seit der Völkerwanderungszeit jedenfalls auch für die Siedlungsarchäologie von Interesse und Bedeutung sind und z. B. für die Lösung von ethnischen Problemen von besonderem Wert sein können.

Der zeitliche Rahmen dieser Einführung ist auf der einen Seite durch das Neolithikum, auf der anderen durch das frühe Mittelalter gekennzeichnet. Damit soll nicht gesagt sein, daß es nicht im Paläolithikum und im Mesolithikum siedlungsarchäologische Probleme gegeben hat. Teile dieser Perioden sind mit Sicherheit auch siedlungsarchäologisch interessant. Auch soll nicht gesagt werden, daß die Aussagefähigkeit archäologischer Quellen und Methoden am Ende des ersten nachchristlichen Jahrtausends erlischt; hier wäre schon die zum großen Teil mit archäologischen Methoden geführte Wüstungsforschung ein treffendes Gegenbeispiel. Ausgeklammert sind auch die provinzialrömischen Gebiete.

Aber die Möglichkeiten siedlungsarchäologischen Arbeitens lassen sich an dem oben genannten Zeitausschnitt hinreichend verdeutlichen. Die Einbeziehung des Eiszeitalters auf der einen, des hohen und späten Mittelalters auf der anderen Seite würde einerseits in zum Teil extrem anders gelagerte Umweltbedingungen führen, andererseits in hohem Umfange die Einbeziehung rein siedlungshistorischer und überwiegend siedlungsgeographischer Methoden erfordern.

Der Anmerkungsapparat ist bewußt klein gehalten und nur darauf ausgerichtet, dem Leser die genauere Kenntnisnahme angeführter Sachverhalte zu ermöglichen, ohne diese in vollem Umfange ausleuchten zu wollen, wie es die Aufgabe etwa eines Handbuches gewesen wäre.

Einen gewissen, wenn auch nur geringfügigen Ersatz bietet das Literaturverzeichnis, das allerdings auch nur wichtigere Arbeiten enthält. Bei der Frage der Ausstattung dieser Einführung mit Literaturhinweisen ist zu bedenken, daß beim derzeitigen Forschungsstand in der Siedlungsarchäologie, der dadurch gekennzeichnet ist, daß große Zusammenfassungen auch von Teilgebieten fehlen und sich die Forschung infolgedessen in einer Fülle von Mitteilungen und kleineren Kapiteln in Arbeiten anderer Zielsetzung niederschlägt, ein Literaturverzeichnis nicht nur schwer zu erstellen sondern auch schwierig zu benutzen wäre.

Auch die Ausstattung mit Karten, Plänen und Diagrammen ist sparsam gehandhabt, um den Preis in erträglichen Grenzen zu halten. Bei dem Teil der Siedlungsarchäologie, zu dem der Verfasser selbst Beiträge geliefert hat, nämlich der Besiedlungsgeschichte, sind wenigstens diese Arbeiten, die zum großen Teil an schwer zugänglichen Stellen publiziert worden sind, in einem geschlossenen Band vorgelegt, so daß ein Teil der Beispiele wenigstens an einer Stelle zusammengefaßt greifbar ist. Es besteht auch die Absicht, die zu den Themen Dorf, Burg und Stadt publizierten Aufsätze ebenfalls geschlossen vorzulegen.

Das wird allerdings den Leser, der weiter in die unter dem Begriff „Siedlungsarchäologie" zusammengefaßte Materie eindringen will, nicht der Schwierigkeit entheben, ein sehr heterogenes, auf die verschiedensten Disziplinen verteiltes Schrifttum heranzuziehen, um jeweils die Dokumentation durch Karten, Pläne, Diagramme und Tabellen kennenzulernen.

Mit den im zweiten Teil der Arbeit zusammengestellten Beispielen ist die Absicht verbunden, die wesentlichsten Erkenntnismöglichkeiten wenigstens paradigmatisch zu veranschaulichen, während im dritten Teil Sachverhalte, die teilweise schon in den ersten Teilen behandelt sind, unter anderen Gesichtspunkten zusammengestellt werden.

I. DIE GRUNDLAGEN SIEDLUNGSARCHÄOLOGISCHER FORSCHUNG

1. DER BEGRIFF „SIEDLUNGSARCHÄOLOGIE“

Als Gustaf Kossinna im Jahre 1911 sein Buch „Die Entstehung der Germanen“ vorlegte, führte er den Begriff „Siedlungsarchäologie“ in einem sehr speziellen Sinne in die Forschung ein.

Schon ein Jahr zuvor hatte sein Schüler Erich Blume im Dissertationsdruck seiner Doktorarbeit, die dann im Jahre 1912 unter dem Titel „Stämme und Kulturen der römischen Kaiserzeit zwischen Oder und Passarge“ erschien, diese Methode eingehend erläutert, sie damals allerdings „ethnographische Methode“ genannt.

Was verstanden nun Kossinna und seine Schüler unter „Siedlungsarchäologie und „siedlungsarchäologischer Methode“? Es ging Kossinna vornehmlich darum, die Geschichte der germanischen Stämme und der Germanen als Ganzes über den Zeitpunkt der ersten historischen Nachrichten rückwärts zu den Anfängen zu verfolgen. Dabei ging er von der Annahme aus, daß das Gebiet, das zur Zeit des Tacitus schon durch die historischen Quellen als germanisch besiedelt erkennbar war, sich auch durch den archäologisch erfaßbaren Fundstoff als relativ einheitliche „Kulturprovinz“ abzeichnete.

Er stellte den Lehrsatz auf „Festumrissene Kulturprovinzen decken sich immer und überall mit Stämmen oder Völkern“.

Die, wie er meinte, sich in der älteren römischen Kaiserzeit deutlich abhebende „Kulturprovinz“ der Germanen verfolgte er nun zeitlich mit Hilfe der archäologischen Funde rückwärts und kam dabei zu dem Ergebnis, daß man mit dieser Methode bis in die Bronze- oder gar in die Steinzeit zurückkommen könnte, wo sich als Ursprungsgebiet der Germanen ein kleines Gebiet im mittleren Norddeutschland, in Dänemark und in Skandinavien abzeichnete. Das deckte sich aufs beste mit der in der Germanistik, aus der Kossinna selbst kam, durch seinen Lehrer Müllendorf, aber auch durch R. Much und J. Hoops vertretenen Auffassung von der Heimat der Germanen. Für Kossinna und seine Schüler war der Begriff „Siedlungsarchäologie“ also etwa gleichbedeutend mit Stammeskunde oder mit der Erforschung des Ursprungs von Völkern.

Mit dieser speziellen Ausrichtung des Begriffes hat Kossinna sofort heftigen Widerspruch von seiten der Nachbardisziplinen ausgelöst. Darüber berichtete schon Erich Blume in seinem Buch vom Jahre 1912. Später wurde die Kritik auch von seiten der Archäologen vorgebracht, so etwa von H. Zeiss, H.-J. Eggers und vor allem von Ernst Wahle. Eggers hat die Entwicklung der Diskussion nachgezeichnet.[1]

Auf einen bemerkenswerten Mangel in der Konzeption Kossinnas wies A. Kiekebusch in dem Artikel „Siedlungsarchäologie" in Max Eberts Reallexikon hin. Er bekannte sich zwar zur „ethnographischen Methode", wie sie E. Blume erläutert hatte, sah also in dem Bemühen, die ältere Geschichte der germanischen Stämme und auch der Germanen als Ganzes zu klären, eine wesentliche Aufgabe der heimischen Archäologie, bedauerte aber, daß die Methode Kossinnas so gut wie vollständig auf Grabfunden und ihrer chronologischen und formenkundlichen Analyse beruhte und die Siedlungen selbst unberücksichtigt ließ. Das war nun freilich kein Versäumnis Kossinnas, denn das von der Landesforschung für die beiden ersten nachchristlichen Jahrhunderte bereitgestellte archäologische Quellenmaterial bestand so gut wie ausschließlich aus Grabfunden und einigen großen Moorfunden, während Siedlungsfunde entweder ganz fehlten oder im Kossinnaschen Sinne nicht interpretierbar waren. Immerhin betonte Kiekebusch mit allem Nachdruck, daß eine „Siedlungsarchäologie" nicht ohne Siedlungen und deren Erforschung betrieben werden könnte und daß darüber hinaus die siedlungskundlichen Aussagen der Fundortlagen berücksichtigt werden müßten. Er selbst hatte durch das Aufspüren germanischer Siedlungen der römischen Kaiserzeit und durch die Ausgrabung des bronzezeitlichen Dorfes Buch in der Mark Brandenburg gezeigt, welche Möglichkeiten sich hier der Forschung boten.

Die Sache selbst, also die siedlungskundliche Interpretation der Fundortlagen unter Berücksichtigung auch der Bodenbedingungen war schon alt und schon vor dem 1. Weltkrieg bekannt. Die Besiedlungsgeschichte der südlichen Wetterau, die Wolff im Jahre 1914 vorlegte, war ein Musterbeispiel für diese Betrachtungsweise. Es folgten nach dem 1. Weltkrieg mehrere Arbeiten, von denen vor allem die Untersuchung von Ernst Wahle über „Die Besiedlung Südwestdeutschlands in vorrömischer Zeit nach ihren natürlichen Grundlagen" aus dem Jahre 1920/21 genannt werden soll.[2]

---

[1] H. J. Eggers, Das Problem der ethnischen Deutung in der Frühgeschichte, Wahle-Festschrift 1950; ders., Einführung in die Vorgeschichte, 2. Aufl. München 1974, 199–254; ders., Methodik der Prähistorie. In: Enzyklopädie der geisteswissenschaftlichen Arbeitsmethoden. München–Berlin 1974, 193–197.

[2] E. Wahle, 12. Ber. der Röm.-German. Kommission für 1920, 1921.

Immerhin hatte Kossinna den Begriff „Siedlungsarchäologie" für eine Betrachtungsweise okkupiert, die mit dem, was wir heute Siedlungsarchäologie nennen, nur wenig zu tun hat. Es dauerte noch zwei Jahrzehnte, bis sich die archäologische Forschung entschloß, dem Begriff „Siedlungsarchäologie" einen neuen Inhalt zu geben, wenn auch die heute darunter verstandene Forschungs- und Betrachtungsweise schon älter ist.

Heute begreift man unter Siedlungsarchäologie eine Forschungsrichtung, die sich bemüht, auf der Grundlage archäologisch erfaßbaren und deutbaren Quellenmaterials Siedlungsprobleme und diese zunächst ohne Berücksichtigung stammeskundlicher oder ethnischer Aspekte zu studieren.

Welches sind nun die heutigen Möglichkeiten siedlungsarchäologischer Forschung? Sie kann zunächst Besiedlungsvorgänge erfassen, d. h. in bestimmten Räumen die Be- bzw. Entsiedlung, evtl. auch Bevölkerungszunahme und Bevölkerungsabnahme erkennen lassen. Auf welcher Basis sie das tut, soll später dargelegt werden. Sie kann Besiedlungsprobleme nur in engerem Zusammenhang mit naturräumlichen Gegebenheiten, soweit sie durch Boden, Klima, Vegetation u. a. mehr gekennzeichnet sind, untersuchen. Sie kann schließlich die Ansiedlungen selbst erforschen, was mit modernen Prospektions- und Grabungsmethoden bei günstigen Voraussetzungen wichtige siedlungskundliche Kenntnisse liefern kann.

2. DIE STELLUNG DER SIEDLUNGSARCHÄOLOGIE IN DER HISTORISCH-GENETISCHEN SIEDLUNGSFORSCHUNG

In ihrer Zielsetzung berührt sich die Siedlungsarchäologie mit zwei anderen, eng verwandten Forschungsrichtungen: der Siedlungsgeographie und der Siedlungsgeschichte, und alle drei kann man als „Siedlungskunde" oder als „historisch-genetische Siedlungsforschung" zusammenfassen (Abb. 1). Dabei sind die Beziehungen der Siedlungsarchäologie zur Siedlungsgeographie besonders eng. Auch die Siedlungsgeographie benutzt gegenständliche Quellen, also die heute noch vorhandenen oder auch die wüst gewordenen Siedlungen, so weit man sie erkennen kann. Auch die Siedlungsgeographie untersucht die Ansiedlungen auf ihre Form, ihre wirtschaftliche Funktion und ihre soziale Struktur hin, auch sie betrachtet die gegebene Siedlungseinheit nicht als etwas einmal Vorgegebenes, sondern bemüht sich, zumeist mit Hilfe historisch-archivalischer Quellen, die Genese einer solchen Einheit zu erforschen, bis diese sich mit ihren Anfängen in Zeiten verliert, die mit geographischen Mitteln allein nicht mehr aufzuhellen sind und zu deren Erforschung es archäologischer Methoden bedarf. Damit ist nicht nur die Ausgrabung als metho-

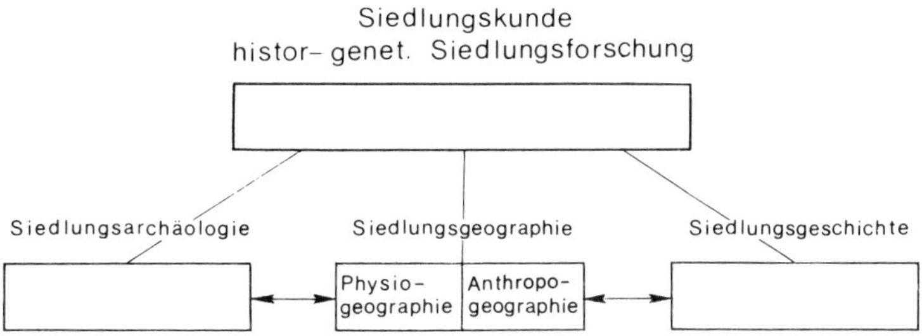

Abb. 1 Die Stellung der Siedlungsarchäologie im Rahmen der Siedlungskunde (historisch-genetische Siedlungsforschung).

disches Mittel gemeint, sondern vor allem an alle jene Vorbedingungen gedacht, die zur chronologischen und kulturräumlichen Einordnung eines ausgegrabenen Befundes notwendig sind.

Auch die Siedlungsgeographie – und gerade sie – untersucht die Lagebezogenheit von Ansiedlungen in der Landschaft und hat damit der Siedlungsarchäologie methodisch den Weg gebahnt. Die Geographie hat als erste die große Bedeutung der naturräumlichen Voraussetzungen erkannt und die Ergebnisse ihrer Erforschung als wichtige Grundlage in ihr Bild mit einbezogen.

Ähnlich wie die Siedlungsarchäologie hat die Siedlungsgeographie zum Teil in enger Zusammenarbeit mit der Ortsnamenforschung und der Siedlungsgeschichte die Besiedlungsvorgänge einzelner Landschaften, also das Zusammenwirken vieler einzelner Siedlungen zu einem Bild der Besiedlung erforscht und dabei Rodungs- und Wüstungserscheinungen herausgearbeitet, wie auch die enge Abhängigkeit des siedelnden Menschen von naturräumlichen Gegebenheiten erkannt. Auch auf diesem Gebiet hat die Siedlungsgeographie der Siedlungsarchäologie methodisch die Wege geebnet.

Etwas anders liegt das Verhältnis zur Siedlungsgeschichte. Schon die Quellengrundlagen sind bei beiden Disziplinen andere. Die Siedlungsgeschichte beurteilt weniger die Ansiedlungen selbst und ihre Lage im Gelände, als vielmehr den Niederschlag, den Ansiedlungen in den historischen Quellen gefunden haben. Hier sind es vor allem die Besitzverhältnisse und die sozialen Strukturen, wie auch die Herrschaftsformen, die den Historiker interessieren, und nur mittelbar über die einzelnen Hofbesitzer erschließen sich ihm Vorstellungen über Größe und Betriebsform der Ansiedlungen, deren Form allenfalls auf retrospektivem Wege aus Karten jüngerer Zeit erschlossen werden kann. Einblicke in die wirtschaftliche Funktion der Ansiedlungen ergeben sich am ehesten aus Höhe und Art der Abgaben an die Herrschaft.

Wie stellt sich nun das Verhältnis der Siedlungsarchäologie zur Siedlungsgeographie und Siedlungsgeschichte dar? Ganz allgemein kann man sagen, daß die Archäologie die Wurzeln des Siedlungswesens weit über die Grenzen zurückverfolgt, die Quellenlage und Methodik den beiden anderen Siedlungsdisziplinen setzen. Lediglich im frühen und hohen Mittelalter überdecken sich mit der Weiterentwicklung der „Archäologie des Mittelalters" alle drei Forschungsbereiche immer stärker. Mit der Ausgrabung von Ortswüstungen und mit der archäologisch-geographischen Untersuchung von Flurwüstungen wurden für zahlreiche Gebiete neue Erkenntnisse gewonnen. In diesem Bereich wird wohl auch am ehesten eine methodische Weiterentwicklung der Siedlungsarchäologie zu erwarten sein, weil hier Möglichkeiten und Grenzen archäologischer Erkenntnis durch das kontrollierende und korrigierende Nebeneinander dreier Disziplinen am deutlichsten zu ermitteln sind.

Schon hier soll auch darauf hingewiesen werden, daß sich über die Erforschung des Siedlungswesens, also der Besiedlung und der Ansiedlungen selbst, auch bei siedlungsarchäologischen Untersuchungen wichtige Zugänge zu anderen Gebieten, nämlich zur Wirtschaftsweise im weitesten Sinne und zur Erkenntnis gesellschaftlicher Strukturen eröffnen.

Im ganzen decken sich die drei Disziplinen in ihren Zielen weitgehend. Sie unterscheiden sich in der Art ihrer Quellen und teilweise auch der Methoden. Diese Unterschiede führen zu verschiedenartiger Akzentuierung der Ergebnisse und zur Herausarbeitung gerade der Phänomene, die sich in den fachspezifischen Quellen am deutlichsten spiegeln.

3. DIE QUELLEN SIEDLUNGSARCHÄOLOGISCHER FORSCHUNG

Die quellenmäßige Grundlage jeder siedlungsarchäologischen Forschung bilden alle siedlungsanzeigenden Funde, Monumente und Befunde in der Landschaft. Nicht alle Funde können dabei als „siedlungsanzeigend" gewertet werden. Auch die siedlungsanzeigende Funktion ist bei den verschiedenen Quellengruppen unterschiedlich ausgebildet. Bei der Beurteilung der Quellen sind die drei Bereiche zu berücksichtigen, auf die sich siedlungsarchäologische Untersuchungen erstrecken: die Besiedlung, die Ansiedlungen selbst und die naturräumlichen Bedingungen (Abb. 2).

a) Die Grabfunde

Mit Sicherheit für „Besiedlung" sprechen die Grabfelder, seien es nun Hügelgräberfelder, Urnenfriedhöfe oder Skelettgrabfriedhöfe unter ebe-

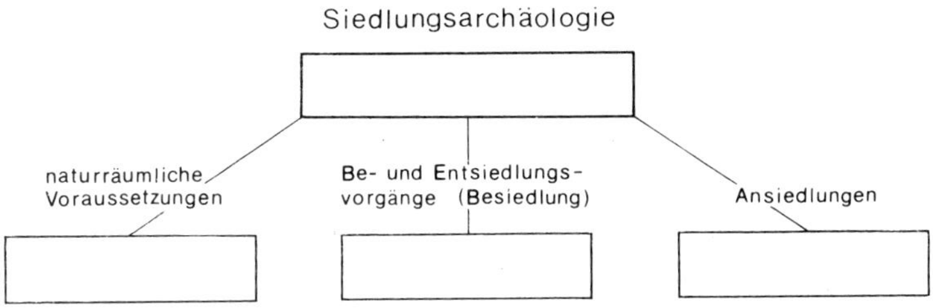

Abb. 2 Die Forschungsbereiche der Siedlungsarchäologie

nem Boden. Für den größten Teil von ihnen kann angenommen werden, daß sie in unmittelbarer Nähe der Ansiedlungen liegen. Überall dort, wo eine archäologische Landesaufnahme, über deren Bedeutung weiter unten gesprochen werden soll, vorliegt, zeigt sich, daß meist in der Nähe der Friedhöfe auch die Ansiedlungen liegen, zu denen diese gehören. Manchmal allerdings ergibt sich auch, daß eine Siedlung zwei oder mehrere Friedhöfe haben kann. Überall dort, wo kleinere oder größere Gruppensiedlungen – also Weiler oder Dörfer – das Siedlungsbild bestimmen, wird man von Friedhöfen auf die ungefähre Lage der Siedlungen rückschließen dürfen. Anders ist es, wenn – wie in weiten Gebieten Nordeuropas – einzelne Gehöfte oder kleine Gehöftgruppen von zwei oder drei Anwesen die typische Siedlungsform bilden. Hier können zu jedem Anwesen Gräber oder Gräbergruppen gehören, die dann allerdings wegen ihrer geringen Zahl teilweise schwer auffindbar sind. Es können sich aber auch „Distriktfriedhöfe" – vergleichbar etwa den heutigen Friedhöfen – herausbilden. Die Entscheidung darüber erfordert also eine Vertrautheit mit den Siedlungsproblemen jeder Landschaft. Der siedlungsindikatorische Wert der Friedhöfe ist um so größer, je unversehrter sie erhalten und je vollständiger sie untersucht und ausgewertet sind. Insbesondere Anfang und Ende der auf einem Friedhof bestattenden Siedlungsgemeinschaft lassen sich nur dann bestimmen, wenn keine wesentlichen Teile des Friedhofs zerstört sind und wenn er ganz untersucht worden ist. Dieses ist eine wesentliche Voraussetzung auch noch für eine andere Art der siedlungsgeschichtlich interessanten Auswertung, nämlich für die demographische (dazu vgl. unten S. 93–96).

Neuere Untersuchungen, auf die weiter unten noch näher einzugehen sein wird, haben gezeigt, daß man mit hoher Wahrscheinlichkeit aus der Zahl der zeitlich schärfer bestimmbaren Gräber die Zahl der in den zugehörigen Siedlungen etwa gleichzeitig lebenden Menschen berechnen kann. Erstreckt sich ein solcher Friedhof über mehrere Generationen, ja vielleicht über mehrere Jahrhunderte, so lassen sich unter Umständen Bevölkerungsanstieg oder Bevölkerungsschwund aus einer solchen Analyse erkennen. Wie gefährlich es allerdings ist, aus unvollständig untersuchten Friedhöfen solche Zahlen bestimmen zu wollen, haben jüngste Untersuchungen gezeigt.[3] Das gleiche gilt natürlich auch für nur unvollständig erhaltene Friedhöfe.

Immer aber setzt die Auswertung von Gräberfeldern für siedlungskundliche Fragen eine über längere Zeit sorgfältig betriebene Denkmalpflege und eine sich daran anschließende planmäßige Erforschung paradigmatisch ausgewählter Einzelobjekte voraus. Bei dem oft von Landschaft zu Landschaft sehr unterschiedlichen Forschungs- und Publikationsstand in Mittel- und Nordeuropa bedeutet das einen Zwang zur Eingrenzung siedlungsarchäologischer Untersuchungen, auch soweit sie sich auf Gräberfelder stützen, auf besser untersuchte Gebiete und damit einen Verzicht auf gleichmäßige, großräumig angelegte Untersuchungen.

Noch auf eine andere sehr bedeutsame Fehlerquelle bei der Auswertung von Grabfunden für siedlungsarchäologische Forschungen muß hingewiesen werden. Nicht aus allen Gebieten, die nach Ausweis der nachgewiesenen Siedlungsspuren zu bestimmten Zeiten besiedelt waren, liegen Gräberfelder vor. Würde man, wie das für weite Gebiete auch heute noch geschieht, nur die Grabfunde zur Grundlage siedlungskundlicher Aussagen machen, so gäbe es neben dicht besiedelten Bezirken gräberfeldfreie und darum nach dieser Auffassung und Methode „unbesiedelt" erscheinende Gebiete. Die Gleichsetzung fundleerer Zonen mit unbesiedelten Gebieten ist lange Zeit hindurch in Brauch gewesen, und erst das intensivierte Aufspüren von Siedlungsstellen selbst und die Entwicklung botanischer Kontrollmethoden haben vor allzu voreiligen direkten Rückschlüssen gewarnt.

Dieses soll an einigen Beispielen näher erläutert werden. In Schweden reichte die bronzezeitliche Besiedlung nach Ausweis der Grabfunde bis weit nach Mittelschweden hinauf. Zu Beginn der Eisenzeit schienen die Grabfunde in Mittelschweden zu verschwinden und fanden sich nur noch in den randlichen Küstengebieten des Südens.[4] Da nun der Übergang von der Bronze- zur Eisenzeit in Mittel- und Nordeuropa mit einem Klimawandel zusammenfiel, lag es nahe, an eine durch klimatische Ursachen bedingte Entsiedlung der nördlicher gelegenen Gebiete zu denken. Nun herrschte schon in der jüngeren Bronzezeit in Mittelschweden die Brandbestattung unter flachen Hügeln mit nur bescheidener steinerner Grab-„Architektur". Diese flachen Grabhügel und die Steinkreise und Steindreiecke schlossen sich gerade in den Gebieten um den Mälar zu kleineren

---

[3] I. Nemeskéri, Prähist. Zeitschr. Bd 47, 1972, H. 1, 5–46.
[4] H. Arbman, Acta Archaeologica 5, 1934, 1–48.

Gräberfeldern zusammen, auf denen die verbrannten Gebeine zusammen mit Holzkohle des Scheiterhaufens, aber zu einem großen Teil ohne Beigaben beigesetzt waren, so daß eine Altersbestimmung mit den konventionellen archäologischen Methoden nicht möglich war. Die vollständige Untersuchung mehrerer Gräberfelder und die Altersbestimmung der einzelnen Grabanlagen auf dem Wege einer Radiocarbondatierung der Scheiterhaufenreste hat nun ergeben, daß auf den so untersuchten Gräberfeldern aus allen Jahrhunderten zwischen dem Ende der Bronzezeit und der römischen Kaiserzeit bzw. der Völkerwanderungszeit Bestattungen vorliegen. Hier bedeutet also die vermeintliche „Fundleere“ keineswegs eine „Siedlungsleere“, sondern nur eine Forschungslücke.[5]

Nimmt man hinzu, daß weiter im Norden Schwedens, wohin weder bronzezeitliche noch zunächst früheisenzeitliche Funde gelangten, im Rahmen der sog. arktischen Steinzeitkultur sich Fundkomplexe haben nachweisen lassen, die in ihrem steinzeitlichen Habitus bis in die Neuzeit gehen, dann wird man mit direkten Rückschlüssen noch vorsichtiger sein. Hier im nördlichen Schweden lebte offensichtlich vom Neolithikum bis fast in die Neuzeit eine auf steinzeitlichem Niveau verharrende Bevölkerung, das Fehlen bronzezeitlicher und eisenzeitlicher Funde läßt hier also nur kulturmorphologische, nicht aber chronologische oder siedlungskundliche Schlüsse zu.

Ein gutes anderes Beispiel bieten die deutschen Seemarschen. Sie waren, wie die gerade hier intensiv betriebene Siedlungsforschung gezeigt hat, seit der vorrömischen Eisenzeit besiedelt; die Ansiedlungen fanden sich zunächst auf der flachen Marsch, später, unter dem Einfluß steigender Sturmfluten, auf künstlichen Wohnhügeln, den Terpen, Wurten oder Warfen. Gerade diese Wohnhügel zeigen eine stellenweise dichte Besiedlung, die nach Ausweis ausgegrabener Wurten wie etwa in Ezinge oder Feddersen Wierde aus großen Dörfern mit mehreren hundert Einwohnern bestand. Aus dieser viele Jahrhunderte hindurch verhältnismäßig dicht besiedelten Landschaft fehlen bis auf ganz wenige Ausnahmen die Friedhöfe. Welche Ursachen das hat, ist bisher nicht mit Sicherheit zu sagen. Entweder lagen auch die Friedhöfe in der Marsch und wurden durch spätere Schlickablagerungen so weitgehend überdeckt, daß sie heute nicht mehr auffindbar sind, oder die Wurtenbewohner bestatteten ihre Toten im Sande der benachbarten Geest.

Und noch ein letztes Beispiel mag für die Schwierigkeit, Siedlungsarchäologie nur mit Gräberfeldern zu betreiben, angeführt werden. Die westgermanischen Stämme der Merowingerzeit sind weitgehend, aber

---

[5] M. Stenberger, Det forntida Sverige, Stockholm–Göteborg–Uppsala 1964, 332f.

nicht durchgehend durch Reihengräberfriedhöfe charakterisiert, die um 500 n. Chr. einsetzen und mit der Durchsetzung der kirchlichen Organisation aufhören. Sie erstrecken sich rund von 500 bis 700 n. Chr., hören stellenweise etwas früher auf, gehen aber bei den Sachsen und Friesen noch bis ins 9. Jahrhundert hinein. Warum solche Stämme, wie etwa die Alemannen, die vor dem Limes schon im 3. nachchristlichen Jahrhundert siedelten, sich nicht oder nur vereinzelt im 3., 4. und 5. Jahrhundert durch Grabfunde zu erkennen geben, ist eine schwer zu beantwortende Frage. Das Aufkommen der Reihengräber in Süd- und Südwestdeutschland bedeutet also keineswegs die Einwanderung der durch sie gekennzeichneten Stämme. Diese waren schon seit Generationen im Lande, bevor sie dazu übergingen, Reihengräberfriedhöfe anzulegen. Dieser Grabritus hat sich auch nicht gleichmäßig bei allen Stämmen durchgesetzt. Die Karte der merowingerzeitlichen Reihengräberfriedhöfe zeigt deutlich, daß sie im Gebiet von Hessen außerhalb der Wetterau fast ganz fehlen.[6] Dafür gibt es bisher keine plausible Erklärung, und da auch Ansiedlungen des 6. und 7. Jahrhunderts, also der klassischen Zeit der Reihengräberfriedhöfe in Hessen weitgehend unbekannt sind, könnte man hier aus der archäologischen Fundsituation auf ein un- oder doch nur sehr dünn besiedeltes Land schließen. Das aber wäre, wie die neueren Untersuchungen im Fritzlarer Becken für das 8. und 9. Jahrhundert lehren, sicher falsch.[7]

Die hier angeführten Beispiele aus Schweden, aus der Marschenzone und aus Hessen sollen aufzeigen, daß es unmöglich ist, aufgrund der Gräberfelder e silentio auf Siedlungsverhältnisse rückzuschließen. Da nun die Archäologie für die Metallzeiten viele Generationen hindurch eine besonders auf die Bergung und Bearbeitung von Grabfunden ausgerichtete Forschung war, dominieren unter den Quellen die Grabfunde. Die Erschliessung von Siedlungen ist lange Zeit hindurch und stellenweise auch heute noch vernachlässigt worden, und daraus erklärt sich die Einseitigkeit unseres Quellenmaterials.

Immerhin lassen Gräberfelder dort, wo sie in großer Zahl auftreten, Rückschlüsse auf die Besiedlung zu, indem sie Zeitdauer und Dichte der Inbesitznahme von Landschaften erkennen lassen, in günstig gelagerten Fällen auch die Veränderung von Bevölkerungszahlen offenbaren.[8]

---

[6] Großer historischer Weltatlas, hrsg. v. Bayerischen Schulbuch-Verlag, 2. Teil, Mittelalter, München 1970, Karte 64.

[7] R. Gensen, in: Fritzlar im Mittelalter, Festschrift zur 1250-Jahrfeier, Fritzlar 1974, 10–40; N. Wand, Die Büraburg bei Fritzlar, Marburg 1974, 155–163.

[8] paradigmatisch: G. Fingerlin, Zur alamannischen Siedlungsgeschichte des 3.–7. Jahrhunderts. In: W. Hübener (Hrsg.), Die Alemannen in der Frühzeit, Freiburg 1974, und P. Donat und H. Ullrich, Zeitschrift f. Archäologie 5, 1971, 234–265.

Von besonderer Bedeutung für siedlungsgeschichtliche Erkenntnisse sind dabei die Fälle, bei denen sich im Laufe von Generationen Verlagerungen der Siedlungsgebiete erkennen lassen. Man könnte hier auch noch darauf hinweisen, daß der im 7. Jahrhundert beginnende Landesausbau – also die merowinger- und karolingerzeitliche Inbesitznahme bis dahin unbesiedelter Böden – schon aufgrund der Ausbreitung der Reihengräberfriedhöfe erkennbar und zeitlich näher bestimmbar ist.[9]

Daß also Grabfunde allein zu siedlungsgeschichtlichen Neuerkenntnissen ausreichen können, ist sicher. Ein gutes Beispiel dafür bietet die merowingerzeitliche Besiedlungsgeschichte des Trierer Landes, die allerdings die Auswertung der Gräberfunde mit einer siedlungsgeographischen Interpretation der Ortschaften selbst und mit einer historisch-philologischen Auswertung auch der Ortsnamen verknüpft.[10]

b) Die Ansiedlungen

Die wichtigste Quelle für siedlungskundliche Erkenntnisse stellen die Ansiedlungen selbst dar. Über sie eröffnet sich außerdem ein Einblick in die wirtschaftlichen Verhältnisse und auch in die sozialen Strukturen. Ihre Erforschung ist lange Zeit hindurch und wird teilweise auch heute noch gegenüber den Gräbern und Gräberfeldern vernachlässigt. Das hängt mit verschiedenen Ursachen zusammen. Vor allem war die Grabungs- und Untersuchungsmethode bei Gräbern meist einfacher als bei Ansiedlungen, und erst die „Entdeckung des Pfostenloches", also die Erkenntnis, daß auch Holzbauten Spuren im Boden hinterlassen haben, die zu erkennen sind, eine Entdeckung, die sich im Rahmen der provinzialrömischen Archäologie bei der Untersuchung römischer Militärbauten in Westdeutschland ergab, eröffnete hier neue methodische Möglichkeiten für die Siedlungsforschung. Das größte Hindernis allerdings bildete der große Kostenaufwand, der mit Siedlungsgrabungen verknüpft war und zunehmend heute noch ist. Er bewegt sich in Größenordnungen, die weit über die finanziellen Möglichkeiten der Provinzial- und Landesmuseen früherer Zeit, als der zunächst dafür zuständigen Institutionen, hinausgingen. Erst als die „Notgemeinschaft der deutschen Wissenschaft" sich bereitfand, die Forschung auf diesem Sektor mit nennenswerten Beträgen zu unterstützen, entwickelte sich die Erforschung von Siedlungen auch in Deutschland. In ihrem Jahresbericht von 1927 stellte die „Notgemeinschaft der deutschen Wissenschaft" fest, daß das Verharren der deut-

---

9 H. Steuer, „Alemannen" § 14. In: Hoops, Reall. 2. Aufl., Bd 1, 1973, 147–150.

10 K. Böhner, Die fränkischen Altertümer des Trierer Landes Berlin 1958, 1. Teil, 282–366, Kap. III: Die Gräberfelder als Quellen für die Siedlungsgeschichte.

schen Vorgeschichtsforschung in typologisch-chronologischen Untersuchungen ihr den Weg zu wirklich neuen Ergebnissen versperrte, und erklärte sich bereit, zur Förderung siedlungskundlicher Forschungen, vor allem der Befestigungsanlagen, Mittel zur Verfügung zu stellen.

Das erste große Forschungsvorhaben in Deutschland, das sich auf Ansiedlungen bezog – die Burgenuntersuchungen sollen weiter unten behandelt werden –, ist mit dem Namen R. R. Schmidts in Tübingen verknüpft, der offenbar auch von den Schweizer „Pfahlbaugrabungen" beeinflußt in den Randgebieten des Federsee-Moores steinzeitliche Fundplätze systematisch aufspürte und mit groß angelegten Untersuchungen einzelner Plätze begann. Vor allem sind hier seine mit vorbildlicher Grabungs- und Dokumentationstechnik durchgeführten Untersuchungen in Aichbühl, aber auch an anderen Plätzen zu nennen. Der Großzügigkeit der Untersuchungen entsprach die der Dokumentation und der Veröffentlichung. Diese ließ in den 30er Jahren überzeugend klar werden[11], welche neuen Möglichkeiten sich – zumal bei guten Erhaltungsbedingungen – der Archäologie erschlossen. Es folgte die Untersuchung der sog. Wasserburg Buchau aus der Urnenfelderzeit, über die allerdings nur eine vorläufige Publikation vorliegt. Zeitlich parallel dazu etwa liefen die Untersuchungen A. E. van Giffens auf niederländischen Wurten mit ihren gerade auch durch die Verknüpfung mit naturwissenschaftlichen Disziplinen gewonnenen Einblicken in die Wirtschaftsform. Galten diese beiden bahnbrechendenen Forschungsvorhaben „bäuerlichen" Ansiedlungen, so erschloß die schon 1900 begonnene und 1930 wieder aufgenommene Grabung in Haithabu außerhalb des römischen Limes neue Einblicke in die Entwicklung einer stadtartigen Siedlung, nachdem zeitlich parallel dazu Holwerda in dem verwandten Dorestad bei Utrecht ähnliche Forschungen unternommen hatte.

Alle diese Untersuchungen unterschieden sich von den Gräberfeldgrabungen in der Hauptsache dadurch, daß hier nicht die Gewinnung attraktiver Fundstücke im Vordergrund des Interesses stand, sondern die Feststellung von „Befunden" in Ansiedlungen, zu denen natürlich auch die Bergung von Funden gehörte. Hausbau, Hofform, Siedlungsplanung, feinere chronologische Gliederung aufgrund sorgfältig beobachteter Stratigraphie, Erkenntnisse über bäuerliche Wirtschaftsweise auf der einen, Handel und Handwerk in den städtischen Anlagen auf der anderen Seite, das waren die Probleme, denen diese Erforschung der Ansiedlungen nachging.

Als wesentlich neue methodische Erkenntnisse erbrachten diese Untersuchungen die Einsicht, daß nicht die Ausgrabung vereinzelter Siedlungs-

[11] R. R. Schmidt, Jungsteinzeitsiedlungen im Federseemoor, Stuttgart, 1 (1930) – 3 (1937).

objekte, sondern nur die Freilegung ganzer Ansiedlungen oder doch großer Teile von ihnen wirklich weiterführte. Die Ausgrabung einzelner Hausgrundrisse und die Bergung des Fundmaterials allein lieferten keine wesentlichen Neuerkenntnisse.

Die 30er Jahre brachten dann in Mittel- und Nordeuropa einen großartigen Aufschwung der Siedlungsforschung, die in Mitteleuropa durch die Entwicklung nach 1939 unterbrochen und nach 1944/45 zunächst nur zögernd wieder aufgegriffen wurde.

Hier sind vor allem die großen Grabungen in den See- und Flußmarschen der Nordseeküste zu erwähnen. Es sind weiterhin die Ausgrabung auf eisenzeitlichen Wohnplätzen in Jütland, in Norwegen, auf Öland, Gotland und Bornholm zu nennen. Es folgten umfangreiche Grabungen in Wollin und vor allem erschloß die Weiterführung der schon vor dem zweiten Weltkrieg begonnenen polnischen Grabungen in Biskupin überraschende Einblicke in bronze- und früheisenzeitliche Siedlungsformen. Untersuchungen im Dümmer haben leider keine ausreichende Berichterstattung gefunden, ergaben aber die Erkenntnis, daß auch in den Mooren der glazialen Aufschüttungszone Nord-Mitteleuropas wichtige Entdeckungen zu machen waren. In den Bereich früher Stadtuntersuchungen führten die großen Grabungen auf städtischen Zentren des großmährischen Reiches in der Tschechoslowakei sowie die Ausgrabungen von Zalavar in Ungarn, vor allem aber die Grabungen in Zavist (Böhmen) und auf dem Magdalensberg (Kärnten) und in Manching an der Donau südlich von Ingolstadt.

So intensiv alle diese Siedlungsgrabungen des letzten halben Jahrhunderts waren, so konnten sie doch den großen Vorsprung der Gräberfelduntersuchungen noch nicht ausgleichen, vor allem blieben sie vorerst noch – nach Regionen und Perioden gestreut – vereinzelt und darum nur teilweise über weitere Räume miteinander vergleichbar. Die wissenschaftliche Auswertung wird vorerst noch dadurch erschwert, daß die typischen Siedlungsfunde wie Gebrauchskeramik, Spinn- und Webegeräte und Eisen- oder Bronzewerkzeuge besonders aber auch die Holzgeräte noch nicht oder nur unzureichend bearbeitet worden sind.

Auf zwei Gebieten waren diese Siedlungsuntersuchungen wichtig: anders als die Gräberfelder vermittelten sie Kenntnisse über Wirtschaftsform und Wirtschaftsweise sowohl im bäuerlichen wie im frühstädtischen Bereich und Einblicke in berufliche wie auch soziale Gliederung der Bevölkerung. Dann aber zeigte sich schon bei den Untersuchungen um den Federsee, daß moderne Großgrabungen auf Ansiedlungen nicht mit archäologischen Methoden allein bewältigt werden können, sondern der ständigen Mitarbeit verschiedener naturwissenschaftlicher Disziplinen im Gelände und im Laboratorium bedürfen. Als notwendig erwies sich die

Heranziehung der Paläoethnobotanik, der Zoologie, der Bodenkunde und für technologische Untersuchungen im Bereich früher Urproduktion oder handwerklicher Weiterverarbeitung die Herbeiziehung von Chemikern, Physikern und Technologen im weiteren Umfang. Waren Gräberfunde zur Hauptsache aussagekräftige Quellen für Fragen der Besiedlung, so eröffneten die Ansiedlungen selbst darüber hinaus den Zugang zur Kenntnis von Siedlungsform, wirtschaftlicher Funktion und sozialer Struktur.

c) Spuren landwirtschaftlicher Produktion

Später noch als die Ansiedlungen traten Überreste der ackerwirtschaftlichen Produktion in den Gesichtskreis der Archäologie; dabei können gerade auch sie für siedlungskundliche Aussagen von großer Bedeutung werden.

Die Entdeckung subfossiler Äcker und ihre Einführung in die Wissenschaft als „celtic fields" im Jahre 1923 in England lenkte die Aufmerksamkeit der Forscher zunächst in den Niederlanden und in Dänemark auf diese Quellengattung. Die dänische Forschung hatte solche Ackerbaurelikte aus vorgeschichtlicher Zeit schon vor etwa 100 Jahren beobachtet und zunächst auch richtig gedeutet, war dann aber unter dem Einfluß romantischer Ideen zu Fehldeutungen gekommen. Die umfangreiche Inventarisation alter Ackerrelikte auf den jütischen Heidegebieten durch G. Hatt verschaffte auch der kontinentalen Forschung ein reiches Quellenmaterial. In Holland, besonders in Drente, gelang es – ähnlich wie in England – mit Hilfe von Luftaufnahmen zahlreiche Spuren alten Ackerbaus festzustellen und zu registrieren.

In Deutschland wurden solche Relikte erst spät entdeckt und zwar zunächst nur in Schleswig-Holstein. Sieht man von einigen, in ihrer Zeitbestimmung immer noch unsicheren Resten im mitteldeutschen Bergland ab, so sind erst in neuester Zeit außerhalb Schleswig-Holsteins in Niedersachsen und im Rheinland solche Spuren alten Ackerbaus erkannt und systematisch aufgenommen worden.

Es handelt sich bei diesen Rudimenten um Reste alter Ackerbegrenzungen, die im hängigen Gelände als Ackerterrassen, im ebenen Gelände als breite Erdrippen ausgebildet sind. Ihre Entstehung setzt langdauernden Pflugbau und feststehende Ackergrenzen voraus. Die typischen „celtic fields" – also Äcker von viereckiger oder unregelmäßig mehreckiger Form sind bisher dort, wo eine Datierung durch Grabung möglich war, nur für den Zeitraum zwischen dem Ausgang der Bronzezeit und dem Ende der römischenKaiserzeit nachgewiesen. Hangparallele Streifenäcker dagegen gehen weit ins Mittelalter hinein. Hier ist es bisher noch nicht gelungen, eine klare, schon oberflächlich erkennbare zeitliche Gliederung zu schaffen. Die Trennung zwischen vorgeschichtlichen und mittelalterlichen Hangterrassen ist vorerst nur durch sorgfältige archäologische Untersuchungen möglich.

Andere frühgeschichtliche Ackerumgrenzungen werden durch Grabensysteme gebildet, die sich allerdings fast immer erst bei großflächigen Ausgrabungen erkennen lassen, und die blockförmige Äcker eisenzeitlichen Alters begrenzen.

Von den Wölbäckern mittelalterlicher Prägung sind schmalere Beetäcker zu unterscheiden, die anscheinend bis in die Bronzezeit zurückgehen und eine Anbautechnik bisher unbekannter Art bezeugen.

Zu den Resten alten Ackerbaus gehören die aus der Steinrodung alter Ackerflächen stammenden Steinlesehaufen, die häufig in Verbindung mit „celtic fields", aber auch isoliert, angetroffen werden.

Alle diese Rudimente vorgeschichtlichen Ackerbaus sind siedlungsarchäologisch deshalb wichtig, weil sie ackerbauliche Bewirtschaftung bestimmter Areale über längere Zeit hin bezeugen, also die Ansiedlung agrarisch wirtschaftender Menschengruppen über einen gewissen Zeitraum hin beweisen. So sind denn auch überall dort, wo sorgfältige archäologische Geländeaufnahmen vorliegen, immer in unmittelbarer Nähe solcher Flurkomplexe Siedlungen und Gräberfelder beobachtet worden. Diese Quelle belegt also nicht nur menschliche Ansiedlung, sondern auch eine spezifische Wirtschaftsform mit langdauernder Bearbeitung festumgrenzter Äcker. Die Wirtschaftsweise im einzelnen, also die Frage der Wechselwirtschaft und der speziellen Bodennutzungssysteme läßt sich allerdings ohne sorgfältige Untersuchung nicht ohne weiteres aus den Ackerformen erkennen. Eine wilde Feld-Gras-Wirtschaft stellt immer noch die wahrscheinlichste Art der Bodennutzung dar.

Die für die siedlungsarchäologische Auswertung dieser Quellengruppe besonders wichtige Voraussetzung, nämlich richtige chronologische Einordnung, stößt – was durch den derzeitigen Forschungsstand bedingt ist – immer noch auf Schwierigkeiten, die nur durch sorgfältige Aufmessungen, bodenkundliche Feinanalysen und archäologische Grabungen zu überwinden sein werden.

d) Die Hinterlassenschaften der Rohstoffgewinnung und -verarbeitung

Einen ganz speziellen Aussagewert siedlungskundlicher Art besitzen die Überreste der Urproduktion im Bereich der Rohstoffgewinnung und des Salzes. Von den beiden großen neuen Errungenschaften im Vorderen Orient, durch die die Lebenshaltung im Altweltblock maßgebend beeinflußt und verändert wurde, nämlich Getreideanbau und Viehhaltung einerseits mit dem Korrelat der dörflichen Ansiedlung und der Entstehung einer Stadtkultur mit spezifischer Sozialordnung und Wirtschaftsform, haben Mittel- und Nordeuropa seit dem 5. vorchristlichen Jahrtausend nur die Anbauwirtschaft und die Haustierhaltung übernommen. Die städtische Zivilisation erreichte diesen Teil der alten Welt erst wesentlich später. Nur eine mit der städtischen Zivilisation eng verknüpfte wirtschaftliche Besonderheit, nämlich die systematische Rohstoffgewinnung und -verarbeitung offenbar schon in Form eines arbeitsteiligen Gewerbes, erreichte Mittel- und Nordeuropa schon früh, nämlich im 4. oder 3. vorchristlichen Jahrtausend. Diese Feststellung ist siedlungsarchäologisch deshalb von besonderer Wichtigkeit, weil sich daraus ergibt, daß schon früh neben bäuerlichen Ansiedlungen auch solche gewerblicher Art entstanden, für deren Entwicklung ganz andere Standortbedingungen maßgeblich waren als für die frühen Bauernkulturen. Sie finden sich auf den Gebieten, in denen sich aus der Sicht naturräumlicher Lebensbedingungen bäuerliche Siedlungen nicht entfalten konnten.

Da sind zunächst Bergwerke auf Flintgewinnung zu nennen, die seit dem 4. Jahrtausend vorkommen.[12] Sie finden sich im Dänemark, Holland, Belgien, Polen und im Donauraum, die sich in ihrer unmittelbaren Nähe entfaltenden Werkplätze scheinen mit der Verarbeitung des bergfrischen Rohmaterials zusammenzuhängen, und in Polen ist offenbar in der Nähe eines solchen Bergwerks, in dem gebänderter Feuerstein gefördert wurde, eine Ansiedlung entdeckt worden, in der speziell das bergmännisch gewonnene Rohmaterial weiterverarbeitet wurde. Sollte diese Interpretation zutreffen, so müßte man schon im Neolithikum mit einer Art von Handwerkersiedlungen rechnen. In den Bereich dieser neolithischen Rohstoffgewinnung gehören auch „Schlagplätze", also Bearbeitungsstätten am Fuß von Kreide-Kliffküsten etwa auf Rügen oder den dänischen Inseln.

Als durch die Urproduktion von Kupfer bedingt haben sich Ansiedlungen bzw. Werkplätze oberhalb der heutigen Baumgrenze in den Ostalpengebieten erwiesen, die schon für die ältere Bronzezeit ein kompliziertes Siedlungssystem mit Handwerkerplätzen und landwirtschaftlichen, für die Versorgung der im Hochgebirge arbeitenden Bergwerks- und Hüttenleute tätigen Ansiedlungen belegen.[13]

Mit ähnlichen Verhältnissen wird man im mitteleuropäischen Bereich wohl in der Slowakei, vielleicht auch in Mitteldeutschland schon in der vorgeschichtlichen Zeit und für den Harz mit Sicherheit seit der ottonischen und salischen Zeit rechnen müssen.

---

[12] C. J. Becker, „Bergbau". In: Hoops, Reall. 2. Aufl., Bd. II, 1976, 245–250, A. Feuerstein (m. umfangreicher Literaturangabe).

[13] R. Pittioni, „Bergbau". In: Hoops, Reall. 2. Aufl., Bd. II 1976, 251–256, B. Kupfererz.

Ähnlich liegen die Verhältnisse bei der bergmännischen Gewinnung von Steinsalz in den Alpen.[14] Hier bezeugen die reichen ältereisenzeitlichen Gräberfunde von Hallstatt und Hallein zwar die langdauernde Ansiedlung von Menschen, aber keine landwirtschaftlich tätige Bevölkerungsgruppe, für die Ernährung der Bewohner solcher „Bergmannsiedlungen" muß man offenbar ein kompliziertes Austauschsystem zwischen begehrten Rohmaterialien und Nahrungsmitteln annehmen.

Die bergmännische Gewinnung von Eisenerz läßt sich, sieht man von den provinzialrömischen Verhältnissen einmal ab, in Mittel- und Nordeuropa zunächst für das 2. und 3. nachchristliche Jahrhundert in der Łysa Gora in Polen nachweisen.[15] Vermuten kann man sie wohl auch für die Rohstoffbasis der keltischen Eisenindustrie, die ihre Produkte über das Oppidum auf dem Magdalensberg in Kärnten ins Mittelmeergebiet verhandelte. Dieser Platz ist zunächst noch dadurch siedlungsarchäologisch interessant, daß er für die Zeit vor und um Christi Geburt außerhalb des römischen Imperiums eine siedlungsmäßige Trennung von Plätzen mit Rohstoffgewinnung und -verarbeitung und solchen, auf denen der weiträumige Verkauf der gewonnenen Fertigwaren betrieben wurde, belegt.[16]

Also auch hier bestehen schon für die vorgeschichtliche Zeit nachweisbar wichtige siedlungskundliche Differenzierungen, die man ohne die eindeutigen archäologischen Zeugnisse erst für viel spätere Zeit anzunehmen geneigt wäre. Die Versorgung mit Salz und Eisen war allerdings nicht nur an bergmännische Gewinnung des Rohmaterials im engeren Sinne gebunden. Die Verdampfung von Sole hat in der Latènezeit eine große Rolle gespielt, und Anlagen dafür lassen sich archäologisch bis in die Karolingerzeit nachweisen. Es gibt auch Eisenverhüttungsanlagen, für die das Rohmaterial nicht in Bergwerken, sondern im primitiven Tagebau gewonnen wurde, und das stellt den größten Teil der einschlägigen Funde dar. Die Reste solcher Tagbauten, die heute als Gruben in der Landschaft, sog. Pingen, erhalten geblieben sind, geben Auskunft über zeitweilige oder langdauernde Anwesenheit von Menschengruppen, wobei sich z. T. schon früh neben den Siedlungslandschaften mit landwirtschaftlich tätiger Bevölkerung, und oft räumlich von ihnen getrennt, primitive „Industriegebiete" abzeichnen.

Zu nennen wären hier weiterhin die z. T. umfangreichen Produktionsplätze für Keramik, die Reste der Glaserzeugung und -verarbeitung sowie die z. T. seit dem Neolithikum vorhandenen Abbauplätze für Steinmaterial, das z. T. für Waffen und Geräte wie etwa der Grünstein von Bömlo

---

[14] Ders., „Bergbau", a.a.O. 256–258, C. Salz.

[15] R. Pleiner, „Bergbau", a.a.O., 258–261, D. Eisenerz.

[16] R. Egger, Die Stadt auf dem Magdalensberg, ein Großhandelsplatz. Österr. Akademie d. Wiss. Phil.-Hist. Kl., Denkschriften, 79. Bd., Wien 1961.

in Norwegen, der Amphibolit vom Zobten in Schlesien oder der Wiedaer Schiefer z. T. aber auch für Mühlen gebraucht wurde, wie z. B. die Mühlsteine aus Niedermendiger Basalt in der Eifel. Das Gleiche gilt bis in das Mittelalter hinein für Baumaterial, für Wetzsteine und das Material für Steingefäße, z. B. den norwegischen Speckstein.

Neben den Plätzen der Urproduktion des Rohmaterials besitzen auch die Stellen, an denen die Weiterverarbeitung des gewonnenen Rohstoffes, sofern sie nicht gleich bei den Produktionsplätzen erfolgte, eine gewisse Bedeutung. Hier sind es vor allem die Stellen der Eisenverarbeitung, an denen aus Rohluppe oder aus im Handel vertriebenen Eisenbarren die Geräte für den Verbraucher erzeugt wurden, die die Forschung interessiert haben. Das gleiche gilt für die Plätze, an denen Reste von Bronzeguß – oft weitab der Orte für die Rohstoffgewinnung von Kupfer und Zinn – beobachtet und untersucht werden konnten. Für den zunehmend an Bedeutung gewinnenden Bereich der Archäologie des Mittelalters wäre hier noch auf die Wassermühlen, die Kupferhämmer und die Waldglashütten sowie auf die mit manchen dieser Vorhaben eng zusammengehörende Köhlerei und auf die Teererzeugung zu verweisen.

Ähnlich wie die Spuren landwirtschaftlicher Produktion sind die Hinterlassenschaften an Plätzen der Rohstoffgewinnung und -weiterverarbeitung wichtige Quellen für jede siedlungsarchäologische Untersuchung. Ihr besonderer Wert liegt darin, daß durch sie wirtschaftlich bedingte Siedlungsvorgänge und oft tiefgreifende Eingriffe in die natürliche Landschaft beleuchtet werden, die außerhalb der agrarischen Sphäre liegen und die für die weitere Nutzung dieser Landschaft durch den Menschen nachhaltige Folgen zeitigen konnten. Außerdem läßt sich aufgrund dieser Quellen deutlich machen, daß man in Europa schon frühzeitig neben dem landwirtschaftlich bestimmten Siedlungswesen eine nicht mehr allein mit der landwirtschaftlichen Urproduktion zusammenhängende Siedlungstätigkeit zu berücksichtigen hat.

e) Die Burgen

Der Quellenwert der Burgen für die Siedlungsarchäologie ist nicht einheitlich gegeben. Unter Burgen werden sehr unterschiedliche Arten von Befestigungen zusammengefaßt:

a) ständig bewohnte Burgen
b) befestigte Dörfer
c) befestigte stadtartige Siedlungen
d) befestigte Einzelhöfe
e) unbewohnte und nur als Zufluchtsort dienende Burganlagen.

Auch nach ihrer Funktion unterscheiden sich die Burgen. Es gibt unter anderem:

a) Zentralburgen als Vororte von Landgebieten
b) Grenz- und Wegesicherungsburgen mit und ohne ständige Besatzung
c) Fluchtburgen in unzugänglichen Moor- oder Waldgebieten
d) Tempelburgen.

Die Aussagemöglichkeiten der Burgen für siedlungsarchäologische Fragen sind unterschiedlich. Ständig bewohnte Burgen nach Art hallstattzeitlicher Fürstensitze oder slawischer Rundwälle, befestigte Einzelhöfe oder Dörfer müssen als ebenso wichtige Quellen gelten, wie unbefestigte Ansiedlungen, sie bieten zusätzlich Auskünfte über sozialgeschichtliche Fragen und unter Umständen auch über die politische Situation. Grenz- und Wegesicherungsburgen sind für siedlungsarchäologische Fragen insofern wichtig, als sie für geschlossene Siedlungsgebiete zusätzlich einheitliche politische Willensbildung bekunden.

In jedem Falle ist Burgenforschung überall dort, wo ausreichende historische Nachrichten fehlen, nur in einer Zusammenarbeit mit siedlungsarchäologischen Untersuchungen möglich. Dabei sind vor allem folgende drei Fragen von Interesse und für die gegenseitige Interpretation wichtig:

a) Die Lage der Burgen im Verhältnis zu den Siedlungsgebieten
b) Das Verhältnis der Burgen zum Verkehrssystem ihrer Zeit
c) Die Beziehungen zwischen Burgen und Wirtschaftsräumen.

Wenn auch nicht alle Burgen für siedlungsarchäologische Fragestellungen gleichermaßen ergebnisträchtig sind, etwa bei weit außerhalb der Siedlungsgebiete liegenden Fluchtburgen, so bieten sie doch in vielen Fällen wichtige Ergänzungen zu den Aussagen sonstiger Ansiedlungen und zur Beurteilung der Siedlungsgebiete. Vor allem aber beleuchten sie über die reine Siedlungsproblematik hinausgehende sozialgeschichtliche Fragen und solche der politischen Geschichte, wie es W. Unverzagt für die Burganlagen an der mittleren Oder und an der Netze-Warthe-Linie aufgezeigt hat.[17] Insofern stellen also auch die Burgen wichtige Quellen für die siedlungsarchäologische Forschung dar.

f) Die Heiligtümer und Opferplätze

Die Erforschung solcher Örtlichkeiten ist von der Forschung bisher vielerorts sehr vernachlässigt worden. Im übrigen ist sie auch heute noch vielfach der Tummelplatz von Dilettanten, die, ungeachtet der Tatsache, daß

[17] A. Brackmann; W. Unverzagt, Zantoch. Eine Burg im deutschen Osten, Leipzig 1936.

auch durch sie manche neuen Aspekte gewonnen sind, die wissenschaftliche Beschäftigung gerade mit Kultplätzen etwas in Verruf gebracht haben. Immerhin hat auch die ernst zu nehmende Forschung in den letzten Jahrzehnten manche neuen Erkenntnisse beigetragen und den sakralen Charakter bestimmter Örtlichkeiten und mancher Fundsituationen abgesichert.

So sind an verschiedenen Plätzen des vorchristlichen Europa nördlich der Alpen sowohl durch philologisch-historische Forschungen wie auch durch archäologische Beobachtungen Bergkulte nachgewiesen, die sich an Höhen meist außerhalb der Siedlungsgebiete knüpfen. Ein Teil der archäologisch nachgewiesenen „Aschenaltäre" gehört dazu. So wichtig diese Bergkulte in religionsgeschichtlicher Hinsicht sein können, so wenig scheinen sie – wenigstens vorerst – für siedlungsarchäologische Fragestellungen herzugeben.[18] Das gleiche gilt wohl auch für einen Teil der Flußopfer.[19] Bei den großen Mooropferplätzen, die durch die großen Moorfunde wie Thorsberg, Vimose, Skedemosse, Nydam, Kragehul, Ejsbøl, Illerup Aadal, Oberdorla, Butzke und dem etwas älteren Hjortspring auf Alsen gekennzeichnet sind, ist die Frage nach dem Verhältnis von Mooropferplatz und Siedlungsgebiet bisher nur gelegentlich gestellt worden. Fest steht für Thorsberg in Angeln, daß dieser Platz im Mittelpunkt eines gleichzeitig dicht besiedelten Gebietes liegt und mit großer Wahrscheinlichkeit den kultischen Mittelpunkt dieses Siedlungsraumes bildet, hier also ein Siedlungsgebiet auch als einen Kultbereich ausweist. An solchen Beispielen wird deutlich, daß auch Kultplätze als Quellen für siedlungsarchäologische Untersuchungen bedeutsam sein können.

In der letzten Zeit hat die Forschung kleineren Opferplätzen in Mooren – gelegentlich auch an Quellen – besondere Beachtung geschenkt. Dabei ist es gelungen, wahrscheinlich zu machen, daß es sich bei diesen meist mit einfachen Tieropfern, gelegentlich allerdings auch mit Menschenopfern verbundenen Kultplätzen um Opferstätten kleinerer Siedlungsgemeinschaften oder einzelner Ansiedlungen handelt.[20]

Bisweilen scheinen solche kleinen Mooropferplätze weit außerhalb der Siedlungsgebiete in Bereichen zu liegen, die man sich mehr oder weniger dicht bewaldet vorzustellen hat. Für einen Teil solcher Opfer in Angeln,

---

[18] H. Homann; G. Weißgerber, „Bergkult". In: Hoops, Reall., 2. Aufl., Bd. II, 1976, 270–277.

[19] W. Torbrügge, Vor- und frühgeschichtliche Flußfunde, zur Ordnung und Bestimmung einer Denkmälergruppe. In: 51.–52. Bericht der Röm.-German. Kommission 1970–1971.

[20] H. Jankuhn, Archaeologische Beobachtungen zu Tier- und Menschenopfern bei den Germanen in der Römischen Kaiserzeit. Nachr. d. Akad. d. Wissenschaften in Göttingen, I. Phil.-Hist. Kl. Jg. 1967, Nr. 6, Göttingen 1967.

insbesondere für solche, die Knochen junger Tiere, vor allem solche von Lämmern und Kälbern enthielten, ist die Vermutung geäußert worden, daß es sich dabei um „Weideopfer" in saisonal benutzten Waldweiden außerhalb der eigentlichen Siedlungsgebiete handelt.

Bei den großen, literarisch bezeugten Zentralheiligtümern wie etwa Alt-Uppsala liegt der Wert für siedlungsarchäologische Untersuchungen auf der Hand.

g) Die Depotfunde

Unter dieser Bezeichnung faßt man Funde zusammen, die ihrer Zusammensetzung nach sehr ähnlich, ihrer Funktion und ehemaligen Bedeutung nach aber sehr unterschiedlich sein können. Es handelt sich entweder um einzelne, meist besonders wertvolle Stücke oder Schmuckstücke, Geräte oder Waffen, die geschlossen niedergelegt worden sind. Man kann zwei große Gruppen unterscheiden:

a) Funde, die so niedergelegt wurden (z. B. in Mooren oder in offenen Gewässern), daß man sie nicht wieder heben konnte. Bei diesen Funden handelt es sich mit großer Wahrscheinlichkeit um Opfergaben, und sie gehören zu den im vorhergehenden Abschnitt besprochenen Opfer- bzw. Kultplätzen.
b) Funde mit materiell wertvollen Gegenständen oder auch Bruchstücke von solchen, die von ihrem Besitzer vergraben wurden in der Absicht, sie wieder zu heben. Warum dann diese Hebung unterblieb, ist nicht zu ergründen. Nur um solche Verwahr- oder Versteckfunde handelt es sich hier in diesem Zusammenhang.

Ihre Zusammensetzung kann sehr verschiedenartig sein. Sie können viel Altmaterial oder Rohmaterial in Barrenform enthalten und sind dann als Händler- oder Gießerfunde gedeutet worden. Von ihnen nimmt man an, daß wandernde Händler oder Bronzegießer sie zusammengebracht und sie entweder in Situationen akuter Gefahr vergraben haben, um sie dann nach Abwendung der Gefahr wieder an sich zu nehmen oder sie auf weiteren Reisen von Zeit zu Zeit dem Boden anvertrauten in der Absicht, sie beim erneuten Passieren des Deponierungsplatzes wieder mitzunehmen. In jedem dieser Fälle muß der Vergrabende durch unbekannte Umstände daran gehindert worden sein, sein Rohmaterial wieder an sich zu nehmen.

Ein großer Teil solcher Verwahrfunde besteht aus materiell sehr wertvollen Gegenständen, in frühgeschichtlicher Zeit oft aus Gold- oder Silberschmuck und Münzen, die ersichtlich von ihrem Besitzer dem Boden anvertraut wurden, um sie dem Zugriff anderer zu entziehen. Die Aussagefähigkeit beider Fundgattungen kann eine sehr unterschiedliche sein.

Gießerfunde können mit Wegen, brauchen aber nicht mit Siedlungen zusammenzuhängen und sind infolgedessen als siedlungsarchäologische Quellen wenig ergiebig. Schatzfunde – also vergrabene Horte – können in unmittelbarer Nähe von Siedlungen vergraben sein, können aber auch weit abseits der bewohnten Gebiete verborgen worden sein, so daß auch ihr Aussagewert für siedlungsarchäologische Fragestellungen begrenzt ist.

Im Gegensatz zu Friedhöfen und Ansiedlungen stellen also Depotfunde nur Quellen von begrenztem Wert für siedlungsarchäologische Untersuchungen dar, was allerdings nicht ausschließt, daß sie unter Umständen und im einzelnen Falle sehr wichtig sein können.

h) Die Fundkarte als Quelle

Der Wert der archäologischen Quellen in ihrer Gesamtheit ist für siedlungsarchäologische Untersuchungen also ein durchaus unterschiedlicher. An der Spitze stehen die „siedlungsanzeigenden" Funde, also die Ansiedlungen selbst und die Gräberfelder sowie die Zeugnisse alten Ackerbaus. Besonders geartet sind in ihrer Aussagefähigkeit Zeugnisse der Urproduktion im Bereich der Rohstoffgewinnung und Reste der Verarbeitung, sowie die Burgen. Das gleiche gilt dann von Opferplätzen und Heiligtümern und von Schatzfunden.

Das Hilfsmittel, durch das diese Quellen für die Geschichte der Besiedlung nutzbar gemacht werden können, stellt die Karte dar. Unter den vorliegenden Arten archäologischer Karten sind es vor allem die Dokumentationskarten, die entweder alle Fundplätze und Monumente eines Kartenblattes darstellen oder diese zeitlich getrennt und nach Fundkategorien gegliedert veranschaulichen.[21] Die für andere Zwecke so wichtige Typenkarte hat für siedlungsarchäologische Zwecke eine geringere Bedeutung. Die Dokumentationskarten sind nicht nur Veranschaulichungsmittel der Fundverteilung allein, sondern auch selbst wieder Quellen siedlungskundlicher Erkenntnis, zumal dann, wenn es möglich ist, in die topographische Grundlage hinreichend deutlich orographische und hydrographische Gegebenheiten sowie das Bodensubstrat einzubeziehen. Dabei muß als Grundsatz gelten, daß alle siedlungsanzeigenden Funde, in Signaturen getrennt, in die Karte aufgenommen werden (vgl. unten S. 37 Abb. 6).

Nur selten wird man eine solche Fundkarte direkt für eine siedlungsgeschichtliche Interpretation auswerten können. Die Karte erfordert fast immer eine textkritische Überprüfung, d. h. eine Analyse der Umstände, unter denen sie zustande kam. Dazu gehört eine kritische

[21] Als Beispiel sei angeführt: K. Kersten, Vorgeschichte des Kreises Herzogtum Lauenburg, Neumünster 1951.

Beleuchtung der Beobachtungsmöglichkeiten, die für sie generell bestanden haben ebenso wie auch eine Analyse darüber, ob für alle siedlungsanzeigenden Funde die Möglichkeit des Erkennens überhaupt gegeben war. Wenn z. B. Gräberfelder einer bestimmten Epoche sehr schwer aufzufinden sind, wird man einem Fehlen in der Karte nicht ohne weiteres entnehmen dürfen, daß solche Zeugen nicht vorhanden waren.

Falls etwa Siedlungsplätze durch oberflächliche Lesefunde wie Keramik, Hüttenlehm, gebrannte Steine u. a. in bemerkenswerter Größe ausgewiesen werden, besagt das noch nicht, daß an der betreffenden Stelle jeweils ein großes Dorf gestanden hat. Die häufige Erneuerung der Häuser bei geringfügigen Verlagerungen des Standortes kann durch solche sich in engerem Raum verlagernde Gehöfte eine große Siedlung oder wenigstens ein großes Siedlungsareal vortäuschen.

Zu diesen „textkritischen" Überprüfungen der Karte tritt die Quellenkritik, also die schon oben bei den einzelnen Quellengattungen angeschnittene Frage, was die jeweilige Quelle überhaupt für siedlungsarchäologische Fragestellungen aussagt.

4. DIE METHODEN

Eine eingehendere Methodenreflexion hat im Bereich der siedlungsarchäologischen Forschung nicht stattgefunden. Allenfalls sind einzelne Prospektionsmethoden wie etwa die Luftbildforschung oder die Phosphatmethode in jüngster Zeit intensiver diskutiert und auf ihre praktische Verwendbarkeit hin näher untersucht worden.

Ein Teil der in der Siedlungsarchäologie verwendeten Methoden wird mit ihren Möglichkeiten und Grenzen weiter unten bei den einzelnen Beispielen sichtbar werden. Hier sollen nur einige wichtigere methodische Ansatzpunkte kurz skizziert werden, vor allem die, die in den Einzelbeispielen nicht so deutlich hervortreten werden.

a) Die terrestrische Inventarisation als Grundlage der Siedlungsgeschichte

Daß Be- und Entsiedlungsvorgänge in der Hauptsache aus der Fundkarte erkannt werden können, wurde oben bereits bemerkt. Der Aussagewert einer solchen Karte ist umso größer, je vollständiger sie alle siedlungsanzeigenden Fundplätze erfaßt. Das war lange Zeit hindurch – und ist es teilweise auch heute noch – nur möglich durch systematische Erfassung aller in Museen und Sammlungen liegender Funde und der in der Landschaft bekannten „übertägigen" Denkmäler, wie etwa der Steingräber, der Grabhügel und der Burgen.

Mit welcher Vollständigkeit in Landschaften mit langer systematisch betriebener Denkmalpflege solche Karten die Funde erfassen können, lehrt die Karte der südlichen Wetterau von Wolff oder das Kartenblatt Trier-Mettendorf von Steinhausen.[22] Immerhin bleiben auch in gut erforschten Landschaften solche Karten abhängig von Forschungsschwerpunkten einzelner Persönlichkeiten oder bestimmter, regional arbeitender Institute.

Hier versucht die archäologische Landesaufnahme ein vollständigeres Bild zu vermitteln.[23] Sie zielt darauf ab, außer der Aufnahme der Funde in Museen und Privatsammlungen in möglichst lückenloser Begehung des Geländes durch geschulte Fachleute auch die bisher unbekannten Fundplätze in der Landschaft aufzufinden, sowie die Erinnerung an zerstörte Fundstellen und versprengte Funde durch Befragung der Bewohner zu erfassen. Insbesondere in Landschaften mit alter Denkmalpflege und mit einer an der Heimatgeschichte interessierten Bevölkerung ist es der archäologischen Landesaufnahme möglich geworden, ein verhältnismäßig vollständiges Bild von der Besiedlung solcher Landschaften zu ermitteln. Allerdings darf dabei nicht übersehen werden, daß selbst bei diesen Voraussetzungen Fehlerquellen gegeben sind. In Wäldern und auf Dauerweiden lassen sich Fundplätze nur in begrenztem Umfange feststellen, auch entziehen sich manche Fundstellen durch ihre schwer erkennbare Art der Auffindung. Dabei hat sich ergeben, daß auch bei gut geschulten Hilfskräften eine einmalige Begehung des Geländes oft nicht ausreicht. Die Möglichkeiten, Fundplätze zu erkennen, sind jeweils von jahres- und tageszeitlich wechselnden Bedingungen, aber auch von der Beleuchtung und vom Feuchtigkeitsgrad abhängig; es hat sich immer wieder ergeben, daß unter optimalen Bedingungen gut erkennbare Spuren im Boden bei schlechten Beobachtungsbedingungen bisweilen auch dann nicht zu erkennen sind, wenn man ihre Lage im Gelände genau kennt. Daraus ergibt sich, daß eine mehrfache Begehung dann wünschenswert wäre, wenn man die Ergebnisse siedlungsgeschichtlichen Untersuchungen zu Grunde legen will. Auch hat sich gezeigt, daß bei einer denkmalpflegerischen „Nachbetreuung“ einmal begangener Gebiete die Beobachtungsergebnisse merkbar verbessert werden können. Immerhin bietet in seit alters her gut erforschten Landschaften die zusätzlich durchgeführte archäologische Landesaufnahme die heute vollständigste Quellengrundlage für siedlungsarchäologische Untersuchungen.

---

[22] G. Wolff, Die südliche Wetterau in vor- und frühgeschichtlicher Zeit mit einer archäologischen Fundkarte, Frankfurt 1913; J. Steinhausen, Ortskunde Trier–Mettendorf, Trier 1932.

[23] H. Jankuhn, „Archäologische Landesaufnahme“, in: Hoops, Reall., 2. Aufl., 1. Bd., 1973, 391–394.

Sie dokumentiert alle Fundstellen in einem beschreibenden Katalog und topographischen Karten meist im Maßstab 1:25 000 oder 1:50 000 und bringt bisweilen Auszüge nach Perioden und Fundgattungen getrennt auf Karten 1:100 000, dazu bisweilen großmaßstäbliche Ausschnitte für größere Denkmälergruppen.

Eine solche Landesaufnahme wird in einzelnen Gebieten Nord-, West- und Nordwestdeutschlands durchgeführt. Die Übertragung der dort erarbeiteten Methoden auf das Mittelgebirgsland stößt allerdings auf Schwierigkeiten methodischer Art.[24]

In Dänemark und in Teilen von Skandinavien sind etwas andersartige Inventarisationsvorhaben durchgeführt worden, und auch sie bieten etwa für Nordwestjütland[25] und für die großen Ostseeinseln[26], um nur einige Beispiele zu nennen, gute Unterlagen für siedlungsarchäologische Untersuchungen.

Immerhin sind auch heute schon die mit diesen Methoden erfaßten Gebiete groß genug, um wenigstens paradigmatisch Besiedlungsprobleme darstellen zu können. Zugleich sind das zumeist auch die Gebiete, in denen auch großräumige Siedlungsgrabungen durchgeführt worden sind, so daß neben der Problematik der Besiedlung auch die Ansiedlungen selbst in ausgewählten Beispielen dargestellt werden können.

Im südlichen und südwestlichen Teil Mitteleuropas sind es – sieht man einmal von den provinzialrömischen Funden und Denkmälern ab, die in diesem Zusammenhang unberücksichtigt bleiben sollen – vor allem die merowingerzeitlichen Reihengräberfriedhöfe, die als Unterlagen für siedlungsarchäologische Untersuchungen, soweit die Besiedlungsgeschichte eine Rolle in der Fragestellung spielt, zur Verfügung stehen[27] und entsprechend ausgewertet worden sind.

Leider entziehen sich bisweilen ganze Gruppen von Fundplätzen der Beobachtung bei der Begehung des Geländes. So sind in den überwiegend agrarisch genutzten Gebieten des norddeutschen Flachlandes tiefliegende Körpergräber nur ausnahmsweise bei der Begehung auszumachen, wie umgekehrt die zu den merowingerzeitlichen Reihengräberfriedhöfen gehörenden Siedlungen bisher nur selten gefunden sind, sei es daß sie

---

[24] K. Raddatz, Probleme einer archäologischen Landesaufnahme im niedersächsischen Mittelgebirgsgebiet. Neue Ausgrabungen und Forschungen in Niedersachsen Bd. 7, 1972, 341–380.

[25] T. Mathiassen, Studier over Vestjyllands Oldtidsbebyggelse. Nationalmuseets Skrifter, Arkæol.-Histor. Række II, 1948.

[26] M. Stenberger, Öland under äldre järnåldern, Stockholm 1933; N. Nihlén; G. Boëthius, Gotländska gårdar och byar under äldre järnåldern, Stockholm 1933; O. Klindt-Jensen, Bornholm i folkevandringstiden, Kopenhagen 1957.

[27] G. Fingerlin, a.a.O. (vgl. Anm. 8); K. Schwarz, Karolingisch-ottonischer Landesausbau im östlichen Franken. In: Probleme der Zeit 1970.

unter den heutigen Ortschaften liegen, sei es, daß ihre Spuren an der Oberfläche so schwach erhalten geblieben sind, daß sie nur ausnahmsweise gefunden werden können. In bestimmten Bereichen der Mittelgebirge sind zwar die Ansiedlungen der Eisenzeit gut bekannt, die zu diesen Siedlungsplätzen gehörenden Friedhöfe dagegen fehlen fast vollständig. Das kann, wie man an Gebieten mit großen, durch Bautätigkeit bedingten Erdbewegungen erkennen kann, nicht nur daran liegen, daß diese Begräbnisplätze zu tief liegen, sondern muß damit zusammenhängen, daß es neben den bekannten und in jedem Falle gut auffindbaren Grabarten Bestattungsweisen gegeben hat, die sich unseren heutigen Erkenntnismöglichkeiten weitgehend entziehen.

Dazu kommt, daß die Auswertung oberflächlich beobachteter Fundstellen für Besiedlungsvorgänge ganz entscheidend von der Möglichkeit ihrer chronologischen Einordnung abhängt, und diese ist aus ganz verschiedenen Gründen bisweilen für ganze Fundgruppen vorerst noch nicht gegeben.

b) Die aerotopographische Inventarisation als Ergänzung

Auch bei noch so sorgfältiger Geländebeobachtung entziehen sich bestimmte, auch für die Siedlungskunde wichtige Spuren auf der Erdoberfläche dem Erkennen. Dazu können gehören: ganz ausgeebnete Grabhügel, Wege, Ackersysteme, Ansiedlungen, Verhüttungsplätze u. a. m. Solche Spuren sind dann bisweilen mit erstaulicher Deutlichkeit im Luftbild zu erkennen. Seit im Jahre 1916 das Luftbild durch Theodor Wiegand zum ersten Male zur systematischen Aufnahme archäologischer Denkmäler eingesetzt wurde, hat zunächst die angelsächsische Forschung vor allem unter O. G. F. Crawford diese Methode weiter entwickelt. Heute ist sie zu einem unentbehrlichen, auch methodisch gut abgesicherten Hilfsmittel der Fundplatzinventarisation geworden, das ergänzend neben die terrestrische Inventarisation tritt.

Schon Crawford hat die Bedingungen für das Erkennen von Denkmälern und Fundplätzen im Luftbild methodisch sorgfältig untersucht. Er fand, daß drei Merkmalsgruppen aerotopographische Beobachtungen für die Archäologie ermöglichen:

a) Schattenbildung bei schräger Beleuchtung
b) Merkmale des Bewuchses und
c) Bodenmerkmale, die sich in Erdverfärbungen ausdrücken.

Dazu kommen viele Einzelheiten, wie etwa Feuchtigkeitsmerkmale oder Unkraut- und Saatmarkierungen u. ä. m. In der Analyse solcher Bedingungen und in der Erklärung ihrer Wirkungen durch ergänzende terrestrische Beobachtungen und Untersuchungen sind ihm andere wie etwa

Bradford, Riley und Scollar, dann aber auch Geographen gefolgt, so daß heute diese Fragen einschließlich der Anweisungen für das Anfertigen von Luftbildern zu archäologischen Zwecken gut bearbeitet und in Handbüchern niedergelegt sind.

Crawford hatte erkannt und es im einzelnen auch begründet, daß sowohl Senkrecht- wie Schrägaufnahmen aus der Luft ihre jeweils besondere Bedeutung haben und daß dabei die Flughöhe von Wichtigkeit ist. Scollar hat darüber an zahlreichen Beispielen gezeigt, in welchem Umfange Schrägaufnahmen aus geringer Höhe zusätzlich Erkenntnisse ermöglichen.[28]

War die Luftbildtopographie zunächst auf schwarz-weißes Film- bzw. Plattenmaterial angewiesen und konnte ihre Beobachtungen also nur in der Differenzierung von Grautönen ausdrücken, so eröffnete die Entwicklung hochempfindlicher Farbfilme neue Möglichkeiten, auf deren Bedeutung sehr früh schon Crawford hinwies, als er betonte, daß das Luftbild dem aus der Luft beobachtenden menschlichen Auge deshalb unterlegen sei, weil das Auge nicht nur Schattierungen, sondern Farben registriere. Aus einer heute sehr großen Zahl von Luftbildbänden mit Farbaufnahmen ist der in der farbigen Wiedergabe liegende Fortschritt jedem leicht erkennbar.

Dazu treten zwei weitere Neuerungen, nämlich die Verwendung infrarot-empfindlichen Aufnahmematerials und der Falschfarbenfilm.[29] Insbesondere der Falschfarbenfilm mit seiner für die durch den Chlorophyllgehalt bedingten Grünwerte sensibilisierten Schicht (in der Aufnahme dann als abgestufte Rottöne sichtbar) hat hier die Beobachtungsmöglichkeiten wesentlich verfeinert und verbessert.

Und noch eine weitere Möglichkeit bietet das Luftphoto dem Archäologen: Bei senkrechten Reihenbildaufnahmen mit breiter Überlappung der einzelnen Bilder in einer Reihe entstehen stereoskopisch auswertbare Aufnahmen, die infolge der breiten Basis der Stereoaufnahmen zu starker Überhöhung führen und damit Unterschiede im Relief der Landschaft sichtbar machen, die bei einfachen Aufnahmen aber auch bei terrestrischen Beobachtungen bisweilen überhaupt nicht erkennbar sind.

Um Luftaufnahmen in vollem Umfange siedlungskundlich sichtbar zu machen, müssen ergänzende Kontrollen durch Beobachtungen von der Erde und auf die Deutung gemachter Beobachtungen abzielende spezielle archäologische Untersuchungen treten.

Mit Hilfe des Luftbildes wird die auf konventioneller, terrestrischer Inventarisation beruhende archäologische Fundkarte durch die Schaffung

---

[28] J. Scollar, Archäologie aus der Luft. Düsseldorf 1965.

[29] H. Zimmermann, Nachr. a. Nieders. Urgesch. 42, 1973, 109–122; D. Denecke, a.a.O. 43, 1974, 69–84.

eines Luftbildplanes oder einer Luftbildkarte mit den dazu gehörenden Auswertungsplänen ergänzt, auf denen dann vielfach Fundbeobachtungen dokumentiert werden, die auf anderem Wege nicht zu gewinnen sind. Insofern hat sich die systematische aerotopographische Inventarisation zu einer echten Ergänzung der archäologischen Fundkarte entwickelt.[30]

c) Die Phosphatmethode

Die Phosphatmethode beruht auf der im Jahre 1931 gewonnenen Erkenntnis, daß besonders hoher Phosphatgehalt im Boden weitgehend auf anthropogene Einflüsse zurückzuführen ist, weil Phosphatsäure (H_3PO_4) in pflanzlichen und tierischen Organismen enthalten ist. Phosphatanreicherungen in und bei menschlichen Ansiedlungen gehen im wesentlichen auf drei Quellen zurück:

a) Urin und Fäkalien menschlicher und tierischer Herkunft,
b) Abfall und Mahlzeitrückstände von Fleisch, Fisch, Knochen und Pflanzen und
c) Dung.

Die auf die Ermittlung des Phosphatgehaltes im Boden abzielende Methode kann, als großflächige Untersuchung durchgeführt, der Ermittlung von Siedlungsstätten in der Landschaft dienen – also als eine spezielle Prospektionsmethode zur Auffindung sonst nicht erkennbarer Siedlungen (in seltenen Fällen auch von Gräberfeldern) angewendet werden, wie auch innerhalb einer ausgegrabenen Siedlung als zusätzliche Interpretationsmethode eines archäologischen Befundes für das Erkennen von Funktionen bei Gebäuden oder Gebäudeteilen aber auch anderer Anlagen wie etwa bei Hofplätzen oder Viehpferchen.

Neuerdings haben H. M. Kiefmann und I. Schlede die Möglichkeiten und die Grenzen dieser Methode aufgezeigt, indem sie sie mit den Ergebnissen archäologischer Inventarisation und spezieller Ausgrabungen im Bereich des Ortes Bosau in Holstein konfrontierten.[31] Hier hatte die archäologische Landesaufnahme eine sorgfältige Inventarisation eines Gebietes von etwa 1.5000 × 2.5000 m durchgeführt und an einem Teil der dort ermittelten Fundplätze Ausgrabungen vorgenommen (Abb. 4).

Stellt man diese Karte mit der für das gleiche Gebiet gewonnenen Karte der Verbreitung von Phosphatanreicherungen (Abb. 3) zusammen, so ergibt sich zunächst, daß sich die heutigen Siedlungen Bosau (Nr. 12),

[30] Als eines von vielen Beispielen sei genannt: D. Denecke, Nachr. a. Nieders. Urgesch., 43, 1974, 69–74, bes. Abb. 2 und Taf. 13, 15, 16.

[31] H. M. Kiefmann, Historisch-geographische Untersuchungen zur alten Kulturlandschaftsentwicklung in der Siedlungskammer Bosau, Ostholstein, unter besonderer Berücksichtigung der Phosphatmethode, (ungedr.) math.-nat. Dissertation, Kiel 1975.

Gut Walshagen (Nr. 1) und Klein-Neudorf (Nr. 10) durch besonders starke Phosphatkonzentrationen zu erkennen geben. Fundplätze slawisch-deutscher oder slawischer Keramik wie Nr. 2, Nr. 3, Nr. 6, die auf Ansiedlungen deuten, zeigen ebenfalls eine Phosphatkonzentration wie auch die slawische Burganlage auf dem Bischofswarder (Nr. 4 und Nr. 5).

Für dieses sorgfältig kartierte und intensiv untersuchte Gebiet zeigt sich also eine Koïnzidenz von Siedlungsplätzen und Phosphatkonzentrationen, die die Brauchbarkeit dieser Methode, die in vielen Einzeluntersuchungen früher erwiesen worden ist, unterstreicht. Aber es ergeben sich schon hier und mehr noch in der von Schlede untersuchten Gemarkung Bujendorf in der Gemeinde Süsel (Ostholstein), daß Phosphatanreicherungen auch in Gebieten vorkommen, wie in Mooren und Niederungen, die keinerlei Siedlungen getragen haben.

Dieser Befund hat Anlaß dazu geboten zu überprüfen, wann gesteigerter Phosphatgehalt Ansiedlungen anzeigt und wann nicht, und hat hier zu guten Erkenntnissen geführt, die die Benutzbarkeit der Phosphatmethode weitgehend abgesichert haben. Dazu hat auch beigetragen, daß es gelungen ist, die Differenzen der verschiedenen in der Forschung üblichen Extraktionsmethoden aufzuklären.

Eine andere Möglichkeit dieser Methode gestattet es, Bedeutung oder Funktion von Gebäuden oder Gebäudeteilen ausgegrabener Häuser zu erkennen; sie ist in Skandinavien etwa bei Vallhagar auf Gotland entwickelt worden.

Als Beispiel dafür sei hier der Hof Ullandhaug, 3,5 km südwestlich von Stavanger angeführt (Abb. 5), den Myhre ausgegraben und D. Provan auf den Phosphatgehalt hin untersucht hat.

Der Hof hat hier etwa 200 Jahre, zwischen 350 und 550 n. Chr. Geb., bestanden und ist durch Feuer zerstört worden. Drei Gebäude sind um einen im Süden partiell durch einen Steinwall begrenzten Hofplatz gelagert.

Das Gebäude 1 enthielt sehr wenig Abfall, allerdings einige Herdstellen und einen nur geringen Phosphatgehalt. Es ist offenbar nur kurzfristig oder zeitweilig bewohnt gewesen und hat im wesentlichen als Vorratshaus oder Scheune, vielleicht auch als Stall gedient. Haus 2 enthielt eine dicke Kulturschicht, zahlreiche Funde und einen Herd in der Ecke, dazu einen starken Phosphatgehalt, der in der Nordwestecke am höchsten ist. Der zentrale Herd weist das Gebäude ebenso wie die zahlreichen Funde von Siedlungsabfall als eine von etwa 350 bis 550 bewohnte Anlage aus. Das Haus 3 hat in seiner ganzen Länge von 49 m nur zeitweise bestanden, der südliche Teil wurde aufgegeben, so daß ein Haus von 38 m Länge übrigblieb, an das dann ganz im Süden noch ein Anbau gefügt war. Der südliche Teil des 38 m langen, dauernd bestehenden Hauses besaß

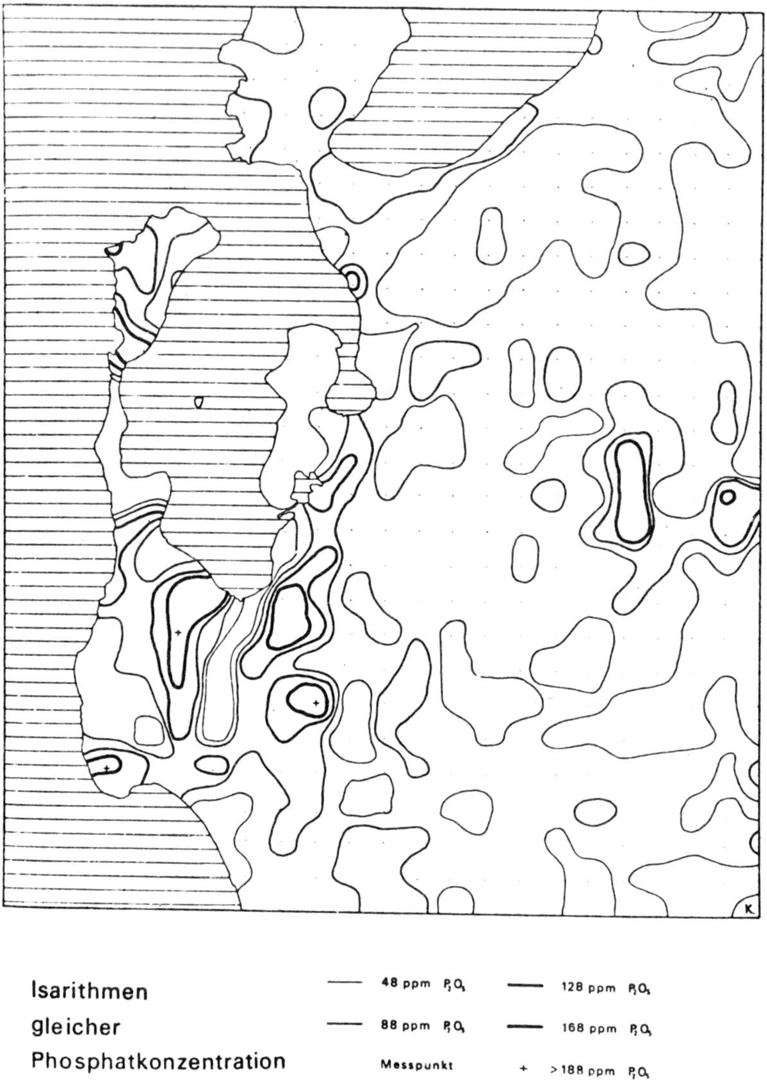

Abb. 3 Karte der Phosphatverteilung in der Umgebung von Bosau, Ostholstein (nach Kiefmann und Schlede)

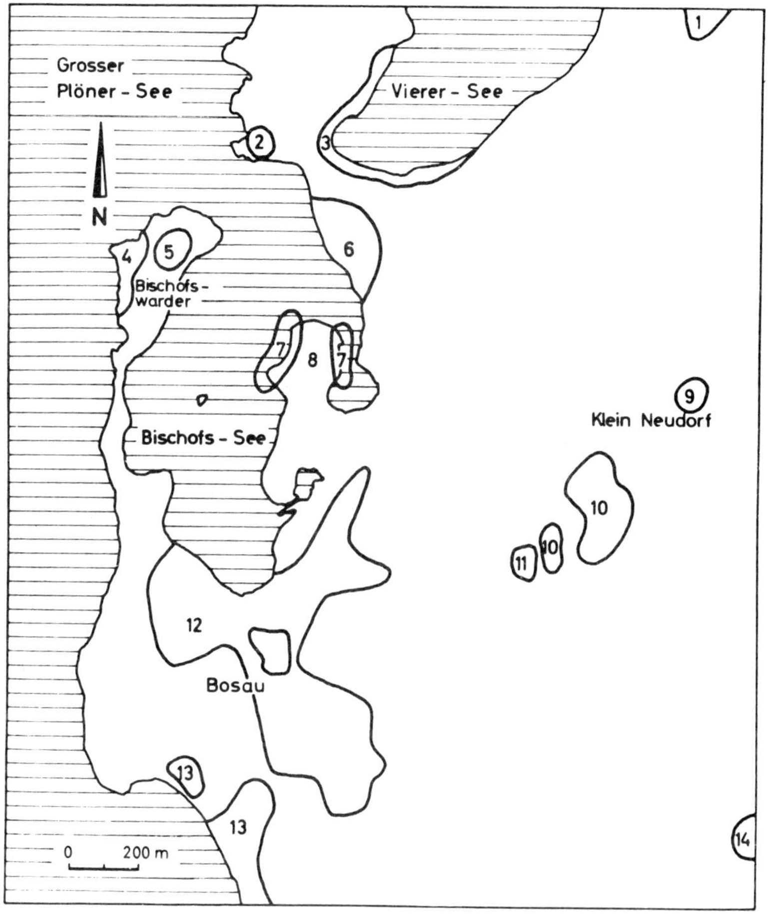

Abb. 4 Siedlungen und Fundstellen aufgrund der archäologischen Landesaufnahme von Bosau, Ostholstein und Umgebung. 1. Heutiges Gut Waldshagen; 2. Streuung slawischer und deutscher Keramik; 3. Fundplatz slawischer und deutscher Keramik; 4. Flintabschläge; 5. Graben-Wall-System des Bischofswarders mit Siedlungsschicht; 6. Fundplatz slawischer Keramik; 7. Fundplatz spätslawischer Keramik; 8. Fundort steinzeitlichen Flintmaterials; 9. „Steinerne Grabanlage", 1820 zerstört; 10. Rezente Siedlung Klein-Neudorf; 11. Fundplatz von Urnen in Steinpackungen (1968); 12. Heutiges Dorf Bosau mit Spuren von Besiedlung aus der römischen Kaiserzeit, der slawischen Periode und der frühdeutschen Zeit; 13. Campingplatz und Siedlung südlich von Bosau; 14. Steinreihen unbekannter Zeitstellung (nach H.-M. Kiefmann, Offa Bd. 29, 1972, 143ff.).

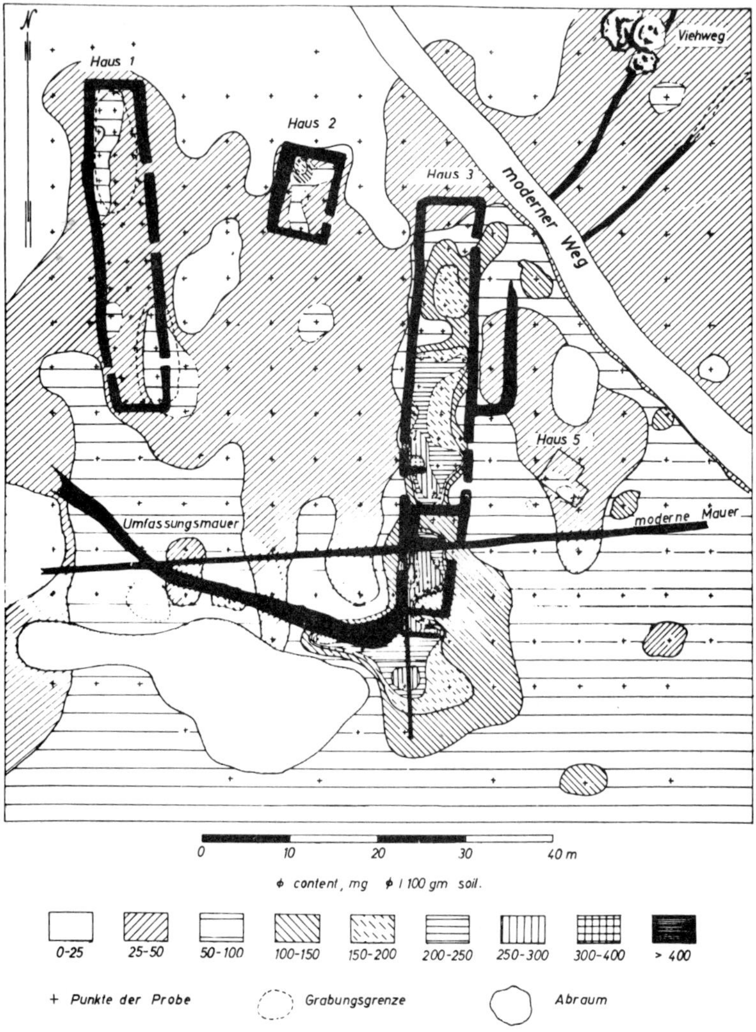

Abb. 5 Hof Ullandhaug, Phosphatwerte (nach Myhre und Provan)

einen Estrich und zahlreiche Herdstellen, dazu eine außerordentlich dicke Kulturschicht und viele Funde, anders der Nordteil, der offenbar als Scheune oder Stall gedient hat, während der 13 m lange Südteil offenbar ständig über 2 Jahrhunderte bewohnt gewesen ist. Der Phosphatgehalt ist nun in dem ständig bewohnten Südteil ganz wesentlich höher als im Nordteil, so daß sich aus der Verteilung der Phosphatwerte hier in gewissem Umfange Rückschlußmöglichkeiten auf die Funktion und die Benutzung der Gebäude und bei Haus 3 auch der einzelnen Gebäudeteile ergeben.

Die Anwendung der Phosphatmethode in der Siedlungsarchäologie gestattet also bei großräumiger Untersuchung das Auffinden und das Abgrenzen von Siedlungen. Bei Burgen läßt sich unter Umständen aus der Höhe des Phosphatgehaltes auf die Rolle der Befestigungen als nur gelegentlich aufgesuchte und dann nur kurz besetzte Fluchtburg oder auf eine lange Zeit hindurch bewohnte Anlage schließen. Auch zeigt etwa die Untersuchung der Wittekindsburg von Rulle bei Osnabrück, daß erhöhter Phosphatgehalt auch die Lage von nur kurzfristig besetzten Gebäuden verraten kann.[32] Daß in Gräbern mit Körperbestattung die Lage der Leiche am Phosphatgehalt auch dann erkannt werden kann, wenn alle organischen Reste vergangen sind, sei nur der Vollkommenheit halber bei dieser Methode noch vermerkt.

Auch sie wird also bei sorgfältiger Erforschung der Besiedlungsgeschichte bestimmter Gebiete in Zukunft noch stärker auch großräumig und flächenhaft eingesetzt werden. Sie ist nur ein Teil der bodenkundlichen Forschung, die auch mit anderen Methoden der Siedlungsarchäologie hilfreich ist.

d) Andere prospektorische Methoden

Einige weitere prospektorische Methoden sollen hier wenigstens kurz erwähnt werden. Dabei ist zunächst die Verwendung von Magnetometern zu nennen. Ihre Wirkungsweise beruht auf der Reflexion elektrischer Impulse im Boden und auf der Veränderung solcher Reaktionen bei Störungen in der Struktur des Untergrundes. Unter günstigen Bedingungen lassen sich mit Magnetometern Gräben, Straßen oder Mauerzüge feststellen und in ihrem Verlauf gut erkennen und verfolgen, wobei allerdings die Klärung des Alters solcher Anlagen von der zusätzlichen Anwendung archäologischer Methoden abhängt. Da, wie vor allem Scollar gezeigt hat, die Anwendung eines Magnetometers von einer Anzahl von Voraussetzungen abhängt, die keineswegs überall gegeben sind, ist die Einsatzmöglichkeit für ein solches Gerät begrenzt. Gleichwohl liefert es dort, wo es angewendet werden kann, gute und wichtige Ergebnisse.

---

[32] H. Gundlach, Nachr. a. Nieders. Urgesch. 40, 1971, 102–111 (mit Literaturzusammenstellung zur Phosphatmethode S. 111).

Weniger als prospektorische Methode als vielmehr als Kontrolle für archäologische Inventarisationsvorhaben konventioneller Art von Wert ist die Pollenanalyse, die weiter unten noch ausführlicher dargelegt werden soll (vgl. S. 63–71). Seit der Entdeckung „synanthroper" Pollen, deren Auftreten – wie bei den Getreidepollen zum Beispiel – ganz ausschließlich von einem Eingreifen des Menschen abhängt, läßt sich auch im Pollenspektrum unabhängig von jedem archäologischen Bemühen erkennen, ob Menschen in einer Landschaft Getreide angebaut haben, um bei diesem Beispiel der Anbauwirtschaft zu bleiben. Insbesondere dann, wenn aus einer Landschaft für die Zeit, in der man mit Getreide anbauenden Bevölkerungsgruppen rechnen muß, keinerlei siedlungsanzeigende Funde vorliegen, die Pollenanalyse aber für diese Zeit den Anbau von Getreide erkennen läßt, wird man mit einer direkten Interpretation einer solchen „Fundleere" als „Siedlungsleere" vorsichtig sein und grundsätzlich zunächst eine „Forschungslücke" vermuten müssen.

Auch bodenkundliche Untersuchungen können ähnlich ausgewertet werden, sowohl hinsichtlich der bodenchemischen Zusammensetzung wie etwa am Beispiel der Phosphatmethode gezeigt wurde, als auch im Hinblick auf die bei der Erstellung von Bodenarten- und Bodentypenkarten beobachteten Bodenstrukturen unterhalb der Pflugschicht.

Jedenfalls stehen dem siedlungsarchäologisch arbeitenden Forscher bei der Geländearbeit außerhalb der konventionellen archäologischen Möglichkeiten zahlreiche Methoden zur Verfügung, deren Anwendung einmal von den örtlichen Geländegegebenheiten, dann aber auch von der technischen Ausstattung und dem technischen Vermögen des einzelnen abhängt.

e) Die Untersuchung von Ansiedlungen und Produktionseinrichtungen

Die verschiedenen Arten der Inventarisation dienen einmal dem Erkennen von Besiedlungsvorgängen, dann aber auch der topographisch genauen Festlegung der einzelnen Siedlungsobjekte; die Untersuchung solcher Punkte ist dann nur durch Ausgrabungen möglich. Gleichwohl läßt unter günstigen Beobachtungsverhältnissen schon eine sorgfältige Begehung des einzelnen Vorkommens im Gelände die Beobachtung zahlreicher Einzelheiten auch ohne Grabung zu. Als Beispiel sei dafür hier der Siedlungskomplex von Klappholz im westlichen Angeln (Schleswig-Holstein) angeführt, ein Platz, auf dem bisher keinerlei Grabungen durchgeführt worden sind, sondern bei dem lediglich eine terrestrische Inventarisation vorgenommen wurde (Abb. 6).

An einem Südhang liegt hier ein durch Scherbenstreuung und Hüttenlehm ausgewiesener Siedlungsplatz der römischen Kaiserzeit. Am oberen

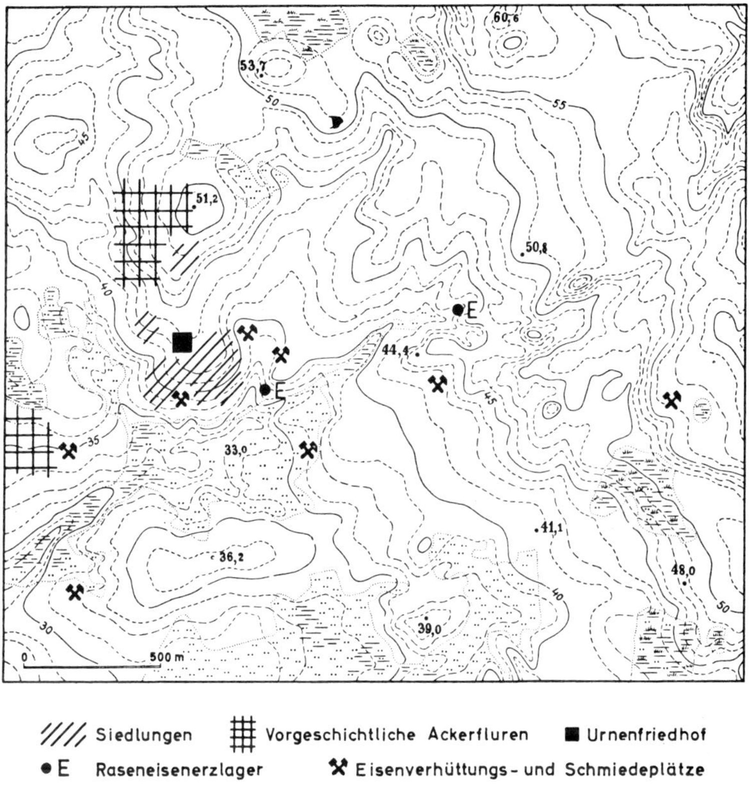

Abb. 6 Siedlungskomplex der römischen Kaiserzeit bei Klappholz in Angeln. Die einzelnen Fundplätze sind ausschließlich durch Feldbegehung festgestellt.

Rande der besiedelten Fläche wurden die Reste eines Urnenfriedhofes der gleichen Zeit festgestellt. Oberhalb von Siedlung und Friedhof waren im heute beackerten vor etwa 100 bis 150 Jahren gerodeten Gelände die schwachen Spuren eines Ackersystems vom Typ der „celtic fields" zu erkennen. Östlich der Siedlung im Niederungsgebiet lagen – heute noch erhalten – mindestens zwei Vorkommen von Raseneisenerz und am Siedlungsrand und südlich davon fanden sich die Spuren mehrerer Verhüttungsplätze der römischen Kaiserzeit.

Hier konnte also allein durch die Geländebegehung ein ganzer Siedlungskomplex mit Elementen agrarischer und handwerklicher Nutzung festgestellt werden, dessen Durchmesser etwa 1000 bis 2000 m betrug. Rechnet man die in Siedlungsnähe anzunehmende Waldweide mit einem nach Art neuzeitlicher Hudewälder gelichteten Wald von einigen 100 m Eindringtiefe hinzu, dann hat man eine gute topographische Vorstellung von einer in das natürliche, mit Eichenmischwald bestandene Waldland eingebetteten Siedlungs- und Wirtschaftseinheit.

Ihre Struktur im einzelnen läßt sich nur durch Grabungen klären, was für alle einzelnen Elemente des ganzen Komplexes, also für Ansiedlung, Gräberfeld, Flurkomplex, Verhüttungsplätze und Eisenerzlagerstätten gilt. Solche komplexe Untersuchungen gehören heute noch zu den ganz seltenen Ausnahmen, immerhin gibt es sie vereinzelt wie etwa in Flögeln, in Gristede oder in Archsum auf Sylt.[33] Solche Grabungen sind mittel-, zeit- und kräfteaufwendig. Sie lassen sich auch nicht nach Art älterer Ausgrabungen durchführen, sondern erfordern die ständige Mitarbeit von Geographen, Bodenkundlern, Botanikern, Zoologen und Technologen, also einer Arbeitsgruppe, die an sich schon schwer zusammenzubringen ist, bei der aber die Abstimmung der einzelnen Arbeiten aufeinander ein hohes Maß organisatorischer Fähigkeiten erfordert. Nimmt man hinzu, daß im Bereich frühgeschichtlicher Siedlungen auch noch die Mitwirkung von Historikern und Philologen (für Orts- und Flurnamenanalyse) notwendig ist, dann gewinnt man erst die richtige Vorstellung von dem Umfang einer solchen Gruppenarbeit, für die die Voraussetzungen verhältnismäßig selten wirklich zu schaffen sind.

Solche nach modernen methodischen Gesichtspunkten durchgeführte Arbeiten werden auf lange Zeit hin nur Ausnahmen bleiben können, die dann aber paradigmatische Bedeutung gewinnen und die auch bei sorgfältig überlegter Forschungsplanung niemals große Flächen abdeckende Erkenntnisse liefern, sondern nur sich zu zeitlichen und räumlichen Ausschnitten zusammenschließende Punktuntersuchungen ergeben.

Ein solches, regional eingegrenztes, aber den langen Zeitraum vom Ende der Bronzezeit bis zum hohen Mittelalter umspannendes Forschungsprogramm stellt das Nordseeküstenprogramm der Deutschen Forschungsgemeinschaft dar[34], das mit den Ausgrabungen in Jemgum, Boomborg-Hatzum, Tofting und Elisenhof einen Querschnitt durch die Marschenbesiedlung vom Ausgang der Bronzezeit bis ins hohe Mittelalter

[33] Zu Flögeln: P. Schmid; K.-E. Behre; H. Zimmermann, Nachr. a. Nieders. Urgesch. 42, 1973, 97–122.
Zu Gristede: D. Zoller, Neue Ausgrabungen und Forschungen in Niedersachsen, 7, 1972, 111–134.
Zu Archsum: G. Kossack; O. Harck; J. Reichstein, Ber. d. Röm.-German. Komm. Bd. 55, 1974, 261–427.

[34] H. Jankuhn, Deutsche Forschungsgemeinschaft, Mitteilungen 1, 1975, 47–50.

lieferte, das mit den Grabungen von Holßel, Midlum, Flögeln und Archsum eine ähnliche Untersuchungsreihe für die marschrandnahe Geest vorlegte und das schließlich mit den Grabungen in Elisenhof und Haithabu die Differenzierung einer bäuerlichen gegenüber einer durch Handel und Handwerk bestimmten frühstädtischen Siedlung zu erkennen versuchte. Ein ähnliches, wenn auch nach etwas anderen Gesichtspunkten ausgerichtetes Forschungsprogramm mit Schwerpunkt auf bäuerlichen Siedlungen, Burgen und frühen Städten stellt der archäologisch-historische Teil im Sonderforschungsbereich 17 in Kiel dar, der sich im wesentlichen auf Ostholstein bezieht.[35]

5. DIE NATURRÄUMLICHEN VORAUSSETZUNGEN

Ähnlich wie bei der Siedlungsgeographie bilden auch für die Siedlungsarchäologie die naturräumlichen Gegebenheiten eine wesentliche Voraussetzung für die geschichtliche Erfassung von Siedlungsvorgängen. Der Mensch greift einerseits durch seine Siedlung und seine Wirtschaft in seine natürliche Umwelt ein und verändert sie, auf der anderen Seite aber bietet die Natur dem Menschen gewisse Voraussetzungen, die er – insbesondere in Zeiten geringerer Naturbeherrschung – respektieren muß, und auf die er sich einzustellen hat. So stellt die natürliche Landschaft mit ihren Gegebenheiten eine wichtige Quelle auch für siedlungsarchäologische Forschungen dar.

Dabei bilden die naturräumlichen Gegebenheiten ein Wirkungsgefüge verschiedener Faktoren, wie Relief, Klima, Boden, Wasserhaushalt, Vegetation und Tierwelt (Abb. 7). Der Eingriff des Menschen in dieses komplizierte Gefüge wird durch seine wirtschaftlichen Ansprüche, seine technische Ausrüstung, seine soziale Organisation und die demographischen Verhältnisse, unter denen er lebt, bestimmt (Abb. 8). Die die naturräumliche Situation bestimmenden einzelnen Faktoren sind für die Gegenwart und die jüngste Vergangeheit leicht zu ermitteln, aber bei allen Versuchen, weiter zurückliegende Perioden zu erforschen, stellt sich die Frage, ob die heute wirksamen Faktoren ohne weiteres auch auf Jahrhunderte oder gar Jahrtausende weiter zurückliegende Zeiträume übertragen werden dürfen, d. h. ob man die heute herrschenden Verhältnisse über längere Zeit als konstant annehmen darf.

Der Historiker ist gewohnt, dieses für den von ihm aus überschaubaren Zeitraum anzunehmen. Indessen zeigen sorgfältige Analysen, daß sich

---

[35] H. Hinz u.a., Bosau I. Untersuchung einer Siedlungskammer in Ostholstein, Neumünster 1974.

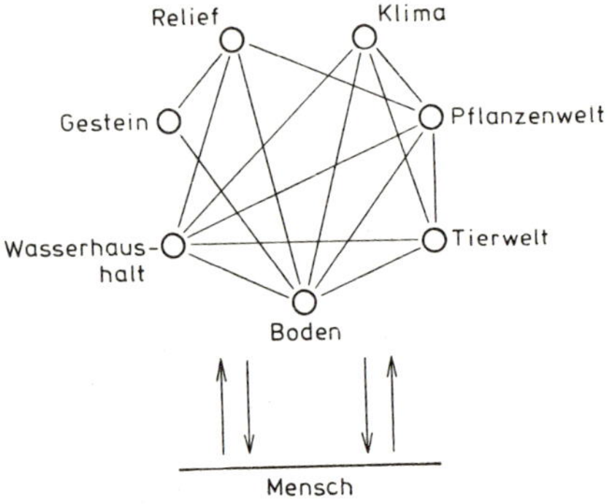

Abb. 7 Wirkungsgefüge verschiedener naturräumlicher Faktoren

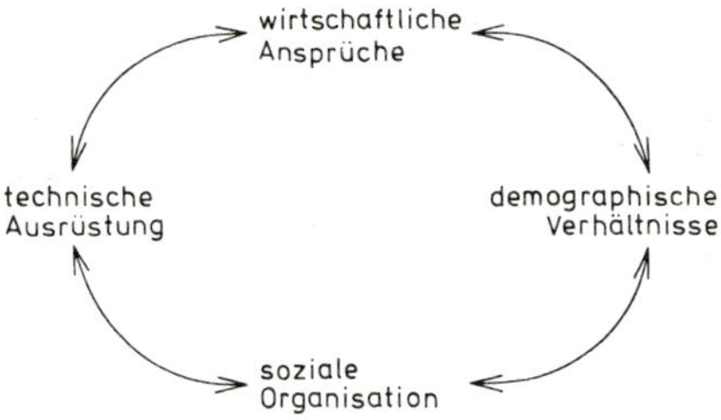

Abb. 8 Schema der die menschlichen Eingriffe in die natürliche Landschaft bestimmenden Faktoren

auch im letzten Jahrtausend Veränderungen vollzogen, durch die sich die Lebensbedingungen des Menschen zwar nicht tiefgreifend aber doch fühlbar gewandelt haben. Das gilt in noch höherem Maße für die Jahrtausende, mit denen sich die Archäologie zu befassen hat.

So ergibt sich also die Notwendigkeit, die einzelnen, die naturräumlichen Gegebenheiten bestimmenden Faktoren daraufhin zu überprüfen, ob und gegebenfalls in welcher Richtung und in welchem Umfange sie sich gewandelt haben, welches also jeweils die Situation war, vor die der Mensch sich gestellt sah.

Diese Faktoren in ihrem zeitlichen Wandel zu untersuchen ist Aufgabe verschiedener naturwissenschaftlicher Disziplinen, mit denen der Archäologe eng zusammenarbeiten muß, will er nicht Gefahr laufen, bei seinen Schlüssen von falschen Voraussetzungen auszugehen. Dabei sind die in

Betracht kommenden naturwissenschaftlichen Disziplinen ihrerseits meist schon wegen der Altersbestimmung auf eine Zusammenarbeit mit der Archäologie angewiesen. So ergibt sich für jeden siedlungsarchäologisch arbeitenden Forscher die Notwendigkeit eines engen Kontaktes und eines kritischen Gedankenaustausches mit einer Reihe naturwissenschaftlicher Nachbardisziplinen. Eine auf Erfahrungsaustausch beruhende Zusammenarbeit ist auch deshalb notwendig, weil einzelne Disziplinen, wie etwa die Paläoethnobotanik oder die Bodenkunde in den letzten Jahrzehnten Methoden entwickelt haben, die es ihnen gestatten, auch völlig unabhängig von der Archäologie siedlungskundliche Erkenntnisse zu gewinnen.

So kann etwa die Botanik nicht nur die sich physiogen wandelnde Vegetation einer Landschaft erfassen, sondern ist auch in der Lage, menschliche Eingriffe durch Siedlungsweise und Bewirtschaftung zu erkennen – also anthropogene Einwirkungen ohne Zuhilfenahme archäologischer Quellen festzustellen (vgl. unten S. 66). Damit gewinnt die Archäologie ein wichtiges Korrektiv für ihre Ergebnisse.

Das gleiche gilt in gewissen Grenzen auch für die Bodenkunde. Auch sie ist in der Lage, aus anthropogenen Veränderungen der Böden auf menschliche Einwirkung durch Besiedlung und Bewirtschaftung zu schließen. So spielen diese beiden Disziplinen im Hinblick auf die Archäologie nicht nur die Rolle von „Hilfswissenschaften", sondern können auch von sich allein aus Ergebnisse zur älteren Besiedlungs- und Wirtschaftsgeschichte beitragen.

Es kann hier nicht die Aufgabe sein, die Veränderungen der Faktoren, die die naturräumlichen Gegebenheiten maßgeblich bestimmen, in allen Einzelheiten abzuhandeln, wohl aber wird es notwendig sein, wenigstens die wichtigsten Wandlungen kurz zu skizzieren.

a) Das Relief

Die großen morphologischen Veränderungen der Erdkruste, wie etwa die Auffaltung der Gebirge waren schon längst abgeschlossen, als die Zeit begann, in der man im Sinne dieser Darstellung von „Siedlungsarchäologie" sprechen kann. Auch die Ausbildung der Moränen, die Entstehung der Urstromtäler oder die Lößablagerungen waren bereits erfolgt. Kleinere Veränderungen der Erdoberfläche, die gleichwohl für den Menschen, seine Siedlungsweise und seine Art zu wirtschaften, wichtig werden konnten, haben sich bis in die Neuzeit hinein abgespielt. Von diesen morphologischen Veränderungen des Reliefs sollen hier nur vier kurz besprochen werden:

1. die eustatischen und die isostatischen Meeresspiegelschwankungen
2. die Entwicklung der Marschen als Siedlungsland und Wirtschaftsgebiet

3. die postglaziale Dünenbildung und
4. die Ablagerung der Auelehme.

1. In der Nacheiszeit änderte sich im mittel- und nordeuropäischen Küstengebiet das Verhältnis von Wasser und Land beträchtlich, und diese Wasserspiegelveränderungen sind bis in die Gegenwart hinein wirksam (Abb. 9).

Die durch sie bedingte Veränderung der Küstenlinie wirkte auf verschiedene Bereiche zurück. Zum Teil verschwand bewohnbares Land unter Meeresfluten, wie zum Beispiel im großen Umfang durch den Einbruch der Nordsee im Atlantikum des 6.–4. Jahrtausends, andererseits tauchte neues besiedelbares Land aus den Meeresfluten auf, wie etwa in Mittelschweden während der Metallzeiten, als z. B. Uppland als bewohnbares und landwirtschaftlich nutzbares Land mit fruchtbarem Boden aus der Hebung mariner Ablagerungen entstand.

Deutlich sichtbar gemacht sind diese tiefgreifenden Veränderungen an der Ostsee. Hier wirken besonders gut erkennbar eustatische Meeresspiegelschwankungen und isostatische Veränderungen[36] der Erdkruste zusammen, in dem sie sich teils in ihrer Wirkung verstärken, teils aufheben oder abschwächen.

Nach dem Abschmelzen des Inlandeises wurde die Ostsee zu einem Eissee mit offener Verbindung zur Nordsee und zum Atlantik (Abb. 10). Die isostatisch bedingte Landhebung im Atlantikum ließ die Ostsee zu einem Binnensee, der Ancylus-See, werden, der aussüßte und an seinen Ufern – in einer feuchtwarmen Klimaperiode – besonders günstige Lebensbedingungen für eine an den Eichenmischwald angepaßte Bevölkerung bot (Abb. 11).

Die mit der „flandrischen Transgression" des Westens parallellaufende Litorinasenkung führte erneut zu Meereseinbrüchen in ein zum Teil schon landwirtschaftlich genutztes Gebiet. Eine zeitweilige Regression des Meeres vor und um Christi Geburt ließ die Besiedlung wieder weiter an die heutigen Küstenlinien und über sie vielleicht hinausgehend vordringen. Um 1000 n. Chr. Geb. waren im südwestlichen Ostseeraum Gebiete bewohnbar, die heute unter dem Einfluß von Überschwemmungen stehen. Damals setzte eine isostatisch bedingte kippende Schollenbewegung der Erdkruste in Nordeuropa ein, durch die das Land in der Südwestecke der Ostsee absank, sich im Norden und Nordosten dieses Seegebietes aber hob (Abb. 12).

---

[36] R. Köster, Junge eustatische und tektonische Vorgänge im Küstenraum der südwestlichen Ostsee, Meyniana II, 1961, 23–81; H. Klug; H. Erlenkeuser; Th. Ernst; H. Willkomm, Offa 31, 1974, 5–18.

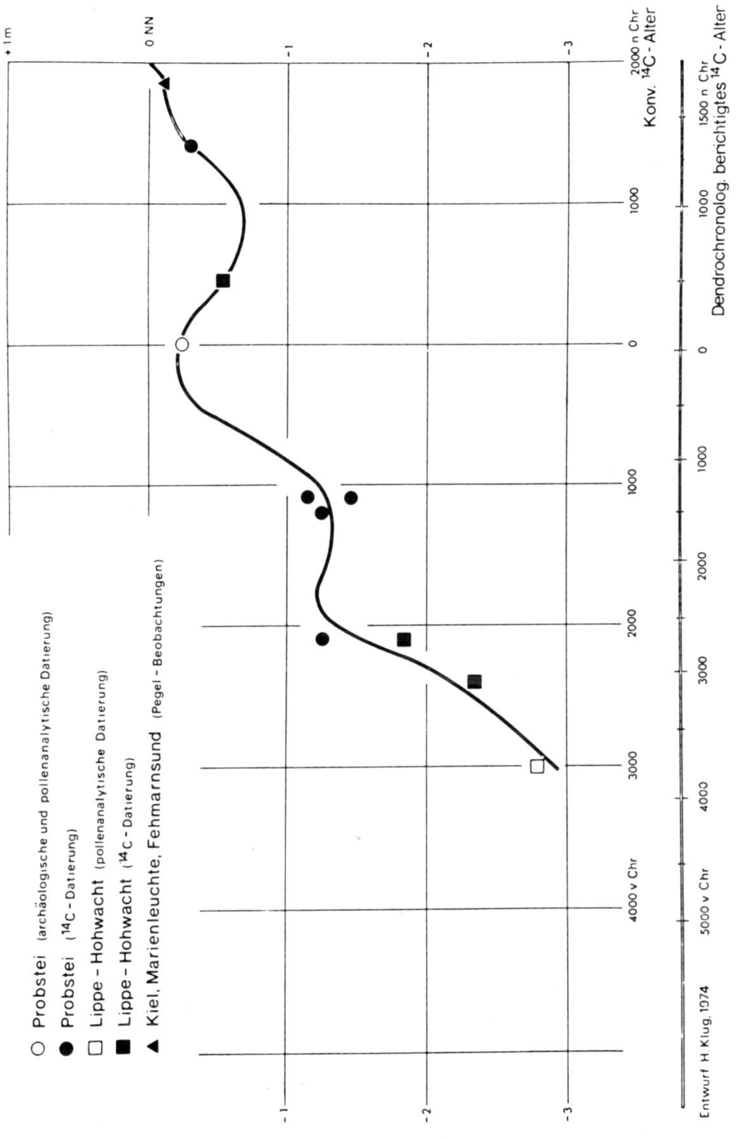

Abb. 9 Meeresspiegelanstieg in vorgeschichtlicher und geschichtlicher Zeit (nach Köster)

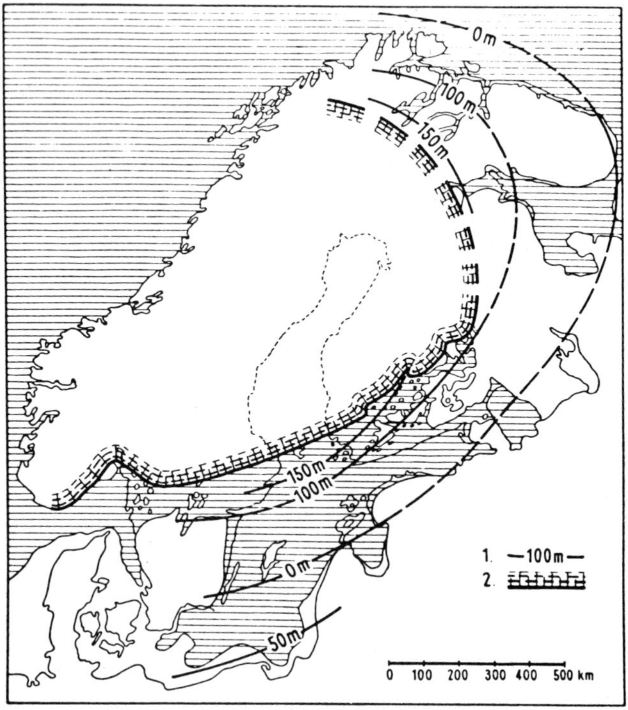

Abb. 10 Karte des Yoldia-Meeres

Der gleichzeitig erkennbare Meeresspiegelanstieg verstärkte den Wasserspiegelanstieg im Südwesten der Ostsee und minderte geringfügig die „Landhebung" im Nordosten.

Während also in Alt-Lübeck und Haithabu noch um 1000 bis 1200 bewohnbare Uferränder der Trave und der Schlei nach der Aufgabe der Besiedlung unter Hochwassereinfluß oder gar überhaupt unter die Wasserspiegelhöhe gerieten, hob sich das Land um Birka so, daß es heute etwa 5 m höher liegt als in der Wikingerzeit.

Diese Veränderungen der Küstenlinie hatten Rückwirkungen auf verschiedene Gebiete. Für alle mit den Wasserwegen an den Küsten und im anschließenden Hinterland zusammenhängenden Fragen haben sich die Uferlinien und die Wassertiefen schiffbarer Wasserwege geändert, so daß man in keinem Falle die heutigen Wasserverhältnisse zugrundelegen darf. Während es fraglich wird, ob die Schlei etwa zur Zeit

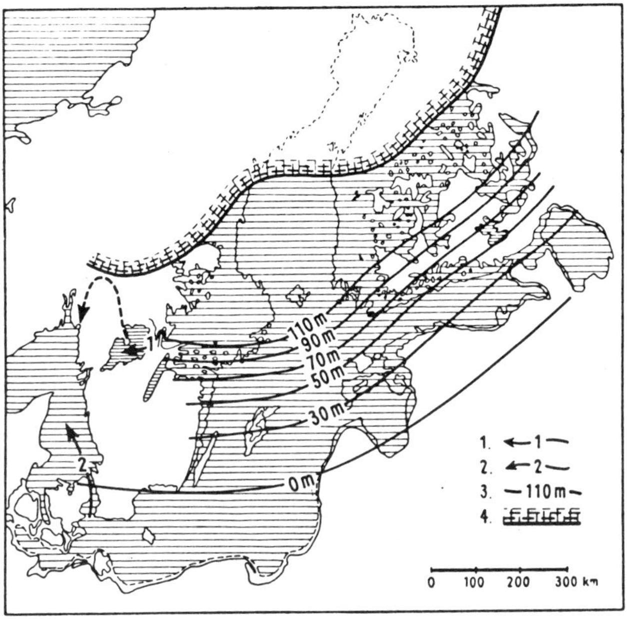

Abb. 11 Karte der Ancylus-See

Haithabus für damals tiefergehende Schiffe befahrbar war, ist sicher, daß der Mälar über die heute zum Teil verlandete Södertälje eine Verbindung zur Ostsee hatte, Birka also auf zwei Wasserwegen von der See her erreichbar war, um nur auf ein Beispiel hinzuweisen. Ähnliche Überlegungen aber müssen auch für die Möglichkeit der Nutzung von Wasserwegen in der Hansezeit angestellt werden.

Die Siedlungsmöglichkeit in Uferrandgebieten der See, aber auch an Flüssen im Hinterland, wird aber noch durch eine andere Auswirkung der Meeresspiegelschwankung beeinflußt.

Mit dem Ansteigen des Meeresspiegels hob sich auch der Spiegel der ins Meer fließenden Flüsse in ihrem Unterlauf, und damit stieg in deren unmittelbarem Einzugsgebiet auch der Grundwasserspiegel an. Dieser Wasserspiegelanstieg im Binnenland während des hohen Mittelalters ist schon seit langem beobachtet worden. Er wird auf verschiedene Ursachen zurückgeführt. Sicher scheint aber zu sein, daß – wenigstens in Küstennähe – dabei auch die Meeresspiegelschwankungen eine mitwirkende Rolle gespielt haben.

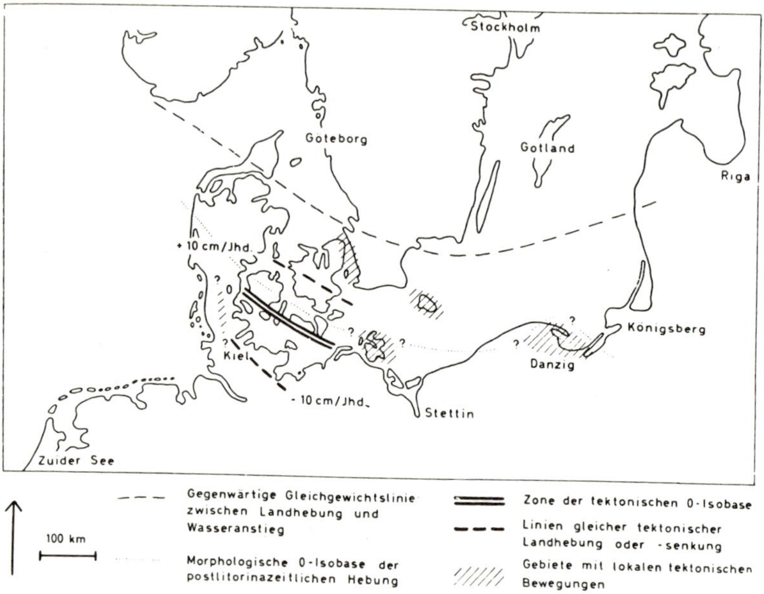

Abb. 12 Senkung und Hebung im Ostseegebiet seit 1000 n. Chr. Geb. (nach Köster)

In keinem Falle darf der Archäologe für weiter zurückliegende Perioden die heutigen Seeküstenlinien seinen Betrachtungen zugrundelegen, und auch der Historiker und Geograph wird die Küstenlinienschwankungen des letzten Jahrtausends sowohl bei verkehrsgeschichtlichen wie auch bei siedlungskundlichen Untersuchungen einzukalkulieren haben.

2. In den verschiedenen Transgressions- und Regressionsphasen der Nordsee kam es bis zum Neolithikum zu erheblichen Ablagerungen der sog. alten Marsch, die im jüngeren Neolithikum und in der älteren Bronzezeit fast in der heutigen Höhenlage begehbar und wohl auch zu bewirtschaften war. Zu Beginn der Eisenzeit um die Mitte des letzten vorchristlichen Jahrtausends war die Marsch mindestens stellenweise ohne Schutzbauten bewohnbar. Eine Transgression, die besonders im Emsgebiet gut erforscht werden konnte, zerstörte diese Möglichkeit bis eine kurze Regression kurz vor und um Chr. Geb. erneut die Möglichkeit zum Wohnen in der Marsch ohne Schutzbauten und zum Getreideanbau auf der ebenen Marschfläche bot (Abb. 13). Die sich um und kurz nach Chr. Geb. anschließende Meerestransgression engte Siedlungs- und

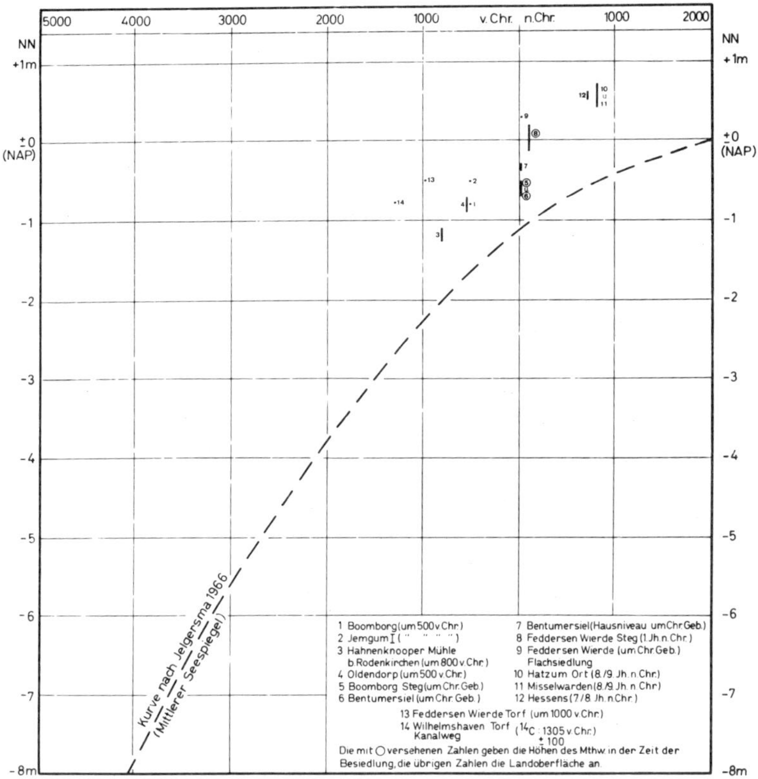

Abb. 13 Trans- und Regressionsphasen der Nordsee in der Eisenzeit (nach Köster)

Wirtschaftsmöglichkeiten wieder ein und zwang die Bewohner zur Errichtung künstlicher Wohnhügel, der sog. Wurten oder Terpen. Erst in frühgeschichtlicher Zeit wurde die sog. jüngere Marsch abgelagert, die zusammen mit dem nach 1000 n. Chr. Geb. beginnenden Deichbau großräumige neue Siedlungsmöglichkeiten bot.

Die Oberflächenveränderungen waren hierbei nur sehr geringfügig, aber im Zusammenwirken mit Trans- und Regressionsphasen des Meeres veränderten sich Besiedelbarkeit und Bewirtschaftungsmöglichkeiten dieser fruchtbaren Zone nicht unerheblich.

3. Die postglaziale Bildung von Wehsandflächen und Binnenlanddünen ist lange Zeit hindurch überwiegend mit natürlichen Ursachen erklärt

worden, bis sich immer deutlicher zeigte, daß bei dieser Bildung auch oder sogar ausschließlich anthropogene Ursachen eine Rolle gespielt haben. Ein so guter Kenner glazialer und postglazialer Verhältnisse wie Woldstedt konnte noch 1955 die Meinung vertreten, daß Binnenland-dünenbildung in der Nacheiszeit deshalb nicht mehr vor sich gegangen sein könne, weil die naturräumlichen Voraussetzungen für solche Vorgänge damals nicht mehr gegeben waren, seit sich der Wald ausgebreitet hatte. Ein Jahr zuvor hatte Mortensen bereits auf anthropogen verursachte Dünenbildungen hingewiesen. Wir verdanken einer gründlichen Untersuchung der Dünen- und Wehsandbildungen in Nordwestdeutschland durch Pyritz die Erkenntnis,[37] daß die postglazialen Bildungen von Wehsandflächen und Dünenbildungen im wesentlichen anthropogener Natur sind. Er führt sie auf die Zerstörung von Heideoberflächen zurück, die auf der einen Seite durch die Abplaggung von Heideflächen zur Gewinnung von Heidesoden für die Eschbodenbildung erfolgte, zum anderen auf die Beweidung von Heideflächen durch Schafherden. Er erkennt in der Neuzeit große Perioden der Dünenbildung als Folge menschlichen Eingriffs in die natürliche Landschaft. Von naturwissenschaftlicher Seite hat Hayen in einer Studie über Klimaentwicklung im Spiegel von Mooruntersuchungen gezeigt, daß sich eine Reihe von xeroklinen Klimaphasen in der Zeit nach Chr. Geb. erkennen läßt, die zu Dünenbildungen geführt hat (Abb. 14). Daß also auch dort, wo menschliche Eingriffe die Entstehung von Wehsandflächen und die Dünenbildungen verursachten, besondere naturräumliche, vor allen Dingen klimatische Voraussetzungen notwendig waren, hat sich immer deutlicher erkennen lassen.

Galten diese Arbeiten im wesentlichen den historischen oder frühgeschichtlichen Epochen, so konnte Waterbolk für die nordöstlichen Niederlande zeigen, daß am Übergang von der Bronze- zur Eisenzeit sich in Drente eine Phase der Entstehung von Binnenlanddünen und Wehsandflächen abzeichnet, durch die alte Äcker vom Typ der „celtic fields" überweht und unbenutzbar gemacht wurden.[38] Er sieht die Ursache dafür in der Zerstörung der natürlichen Vegetation durch den Menschen, die dieser beseitigte, um seine Äcker anzulegen. Trockene Frühjahre und Winter förderten den äolischen Sandtransport. Da es sich dabei nicht um eine vereinzelte Erscheinung, sondern um einen großräumigen Vorgang gehandelt zu haben scheint, wie die Überwehung zahlreicher vorgeschichtlicher Äcker lehrt, wurde die Bevölke-

---

[37] E. Pyritz, Binnendünen und Flugsandebenen im niedersächsischen Tiefland, Götting. Geograph. Abh. 61, Göttingen 1972; weitere Literatur zum Problem der Binnenlanddünen: Archäologie und Geschichte 1, 1976, 272 Anm. 24.

[38] H. T. Waterbolk, Offa 19, 1962, 9–46.

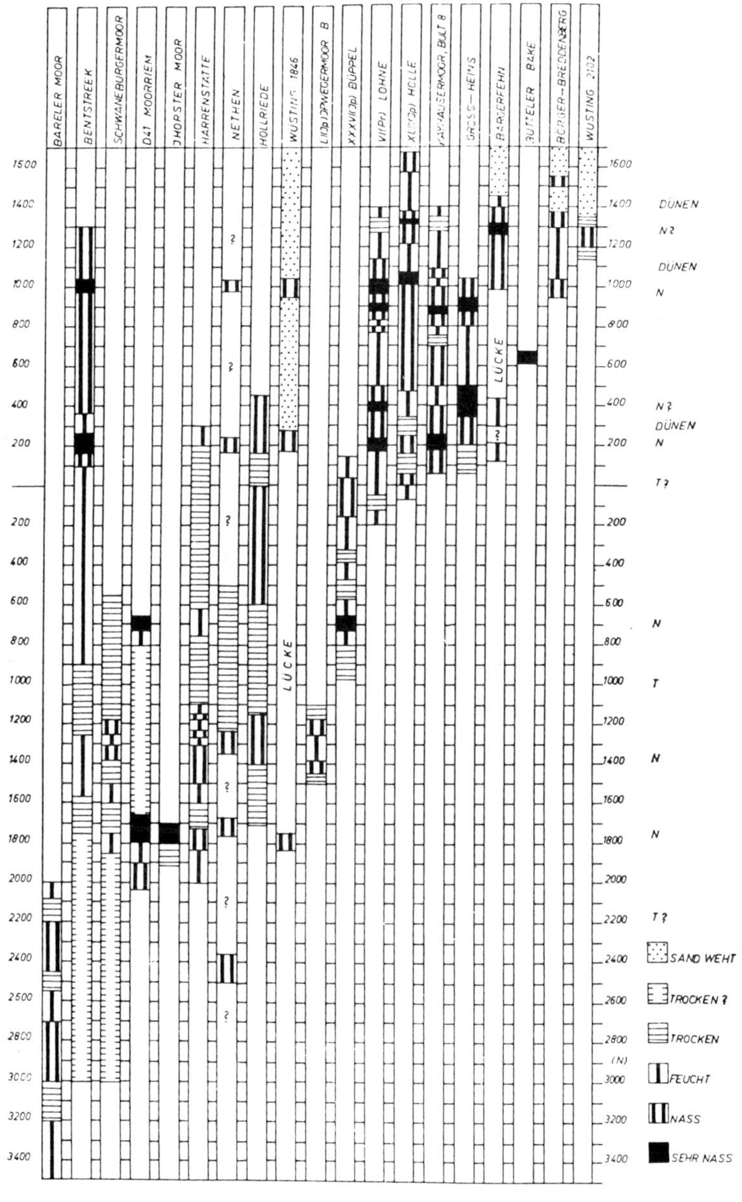

Abb. 14 Xerokline Klimaphasen in Nordwestdeutschland und anthropogen bedingte Dünenbildungen (nach Hayen)

rung der Geest in Drente gezwungen, ihre alten Siedlungs- und Wirtschaftsgebiete aufzugeben. Sie fanden einen Ersatz in der damals stellenweise gerade besiedelbar werdenden westfriesischen Marsch. Damit drang in das später von Friesen besiedelte Marschgebiet die erste dort ansässig werdende Bevölkerungsgruppe ein, die diesen Raum ohne Unterbrechung bis in die Zeit um Chr. Geb. besetzt hielt, als aus antiken Quellen die Friesen als Bewohner dieses Gebietes nachweisbar sind. Hier wird, wie selten, die Entstehung eines Stammesgebietes sichtbar, und, wenn die Zurückführung der Marschbesiedlung an dieser Stelle auf Sandverwehungen im Bereich der Drenter Geest, wie Waterbolk sie sieht, richtig ist, so würde hier sehr deutlich erkennbar sein, welche historischen Folgen im Sieldlungswesen solche Sandverwehungen in der Vorzeit gehabt haben können.

Noch an einer anderen Stelle sind offenbar Wehsandflächen und Dünen als Folge anthropogenen Eingriffs in die Vegetation mit Folgeerscheinungen für Siedlung und Wirtschaft wahrscheinlich gemacht worden. In Nordwestjütland am Ufer des Ringkjøbing Fjordes entstand in der vorrömischen Eisenzeit eine bäuerliche Ansiedlung bei Nørre Fjand mit Viehhaltung und Ackerbau auf „celtic fields" mit Hilfe des Hakenpfluges.[39] Um Chr. Geb. wurden die Äcker und auch die Ansiedlung durch eine Wehsandfläche überdeckt, auf der sofort eine Nachfolgesiedlung entstand.

Solche Sandverwehungen mit Dünenbildungen lassen sich mehrfach auch an anderen Stellen erkennen, und es sei in diesem Zusammenhang nur auf die Dünenbildung im Bereich des frühgeschichtlichen Gräberfeldes von Lindholm Høje bei Aalborg am Limfjord hingewiesen, wo ein bis in das 10. Jahrhundert benutztes Gräberfeld von einer Düne überdeckt wurde, auf der sich dann im 11. Jahrhundert ein neues landwirtschaftliches Gehöft nachweisen läßt. Die an dieser Stelle in das 10. Jahrhundert zu datierende Dünenbildung wurde offenbar ausgelöst durch die Anlage von Ackerfluren auf der Luv-Seite des Gräberfeldhöhenrückens. Die zu diesen Ackerflächen gehörige Siedlung ist von dänischer Seite nördlich des Gräberfeldes ausgegraben worden.

Sowohl die Ergründung der Ursachen für anthropogen bedingte Sandverwehungen und Dünenbildungen, wie auch die Untersuchung ihrer Folgen, kann zu siedlungsgeschichtlichen und auch zu wirtschaftshistorischen Erkenntnissen führen. Natürlich haben auch physiogene Dünenbildungen und Dünenwanderungen gelegentlich Auswirkungen gehabt, wie etwa die Überwehung alten Ackerlandes durch die Dünenkette an der Westseite der Insel Sylt oder die Zerstörung des

[39] G. Hatt, Nørre Fjand an early Iron-age Village Site in West Jutland, 2 Bde., Kopenhagen 1957.

frühmittelalterlichen Handelsplatzes bei Domburg auf der Insel Walcheren, um nur zwei Beispiele zu nennen. So geringfügig auch die Reliefveränderungen durch Sandverwehungen und Dünenbildungen und auch durch Dünenwanderungen sein mochten, für den siedelnden und wirtschaftenden Menschen konnten sie große Bedeutung erlangen.

4. Als viertes Beispiel einer geringfügigen, aber doch folgenreichen Veränderung des Reliefs in historischer Zeit wurde die Auelehmbildung in den Flußtälern Mitteleuropas genannt. Durch sie erhielten die Talauen, die noch zu Beginn des hohen Mittelalters vielfach den Charakter von Schotterfluren mit häufig sich ändernder Wasserführung und zahlreichen Totwasserarmen besaßen, ihren heutigen Charakter.

Daß die Abschwemmung von Löß oder Verwitterungslehm von den Ufern und die Ablagerung dieses sekundär transportierten Materials in den Talauen auf Zerstörung der natürlichen Vegetation in den Uferregionen durch Rodung und Anlage von Getreidefeldern zurückzuführen ist, gilt heute für die überwiegende Zahl der Auelehmbildungen als gesichert.[40] Auch daß dieser Vorgang mit der Ausweitung des Getreideanbaus im hohen und späten Mittelalter zusammenhängt, kann als sicher angenommen werden. Ansätze zu Auelehmbildung allerdings gehen in den Lößgebieten offenbar schon in das Neolithikum zurück, wo in der Zeit der Bandkeramik die Anlage von Äckern auf den mit Löß bedeckten Randterrassen die ersten Abschwemmungen des A-Horizontes bei Schwarzerdeböden zur Folge hatten. Eine zweite Phase der Abschwemmung setzte in der Eisenzeit ein und erreichte dann ihren Höhepunkt im hohen und späten Mittelalter.

Diese Veränderung hatte mehrere Folgen: durch die Entstehung der Talauen wurden natürliche Weiden geschaffen, die konkurrierend neben die älteren Waldweiden traten und durch das allmähliche Verschwinden der Schotterfluren und Totwasserläufe wurde der Lebensraum von Wasservögeln und Fischen eingeengt. Darüberhinaus hatte die Bildung von Auelehmen auch wesentliche Folgen für den Verkehr, denn die Verengung der Flußläufe in den Talauen erschwerte ihre Überquerbarkeit, so daß dort, wo in älterer Zeit Flußläufe leicht zu überwinden waren, größere Schwierigkeiten für den Landtransport entstanden.

Die hier genannten und kurz skizzierten Reliefveränderungen sollen nur veranschaulichen, daß sich bis in die historische Zeit hinein Wand-

---

[40] H. Wildhagen, Holozäne Bodenentwicklung, Sedimentbildung und Geomorphogenese im Flußauengebiet des Göttinger Leinetalgrabens, (agr.) Dissertation, Göttingen 1972; weitere Literatur: Archäologie und Geschichte 1, 1976, 272 Anm. 23.

lungen vollzogen, die für den Menschen folgenreich sein konnten, und verdeutlichen, daß man die heutigen Oberflächenverhältnisse nicht ohne weiteres als seit langer Zeit konstant bestehend betrachten darf, ja, daß selbst in den vom Historiker leichter zu übersehenden letzten Jahrhunderten solche Veränderungen sich abspielten und die Oberfläche spürbar veränderten.

b) Das Klima

Meteorologische Aufzeichnungen, die für größere Gebiete Auskunft über klimatische Entwicklungen geben könnten, existieren erst seit gut 200 Jahren. Für bestenfalls ein Jahrtausend gibt es historische Nachrichten, etwa über gute Weinjahre oder besonders kalte Winter, die wenigstens vereinzelte Anhaltspunkte bieten können, ohne daß sie für sich allein genommen ausreichen würden, um ein Bild des Klimas und seiner Wandlungen zu gewinnen. Für die davorliegenden Zeiten fallen historische Anhaltspunkte überhaupt fort.

Der Archäologe, schon früh konfrontiert mit den Problemen des Eiszeitalters – also grundlegend anderen klimatischen Verhältnissen als heute – hat früh schon nach Möglichkeiten Ausschau gehalten, die klimatische Entwicklung in den Griff zu bekommen. Für die in diesem Zusammenhang wichtigen postglazialen Epochen boten sich dafür vor allem die Botanik und die Zoologie an, sind doch die besten Klimazeugen im Bereich der Pflanzen- und Tierwelt vorhanden. Inzwischen hat vor allem die Vegetationsgeschichte mit Hilfe der Pollenanalyse neue Erkenntnismöglichkeiten für die Klimaentwicklung erschlossen.[41] Nicht alles, was heute das Klima ausmacht, ist auf diesem Wege für die Frühzeit zu rekonstruieren. Die vegetationsgeschichtliche Forschung kann Temperatur- und Niederschlagsklima in groben Umrissen bestimmen. Primär nicht zugänglich sind Klimaelemente wie Luftdruck, Windrichtung und -stärke, Bewölkung und Sonneneinstrahlung.

Für weiter zurückliegende Perioden muß sich der Forscher mit Angaben über Temperatur- und Niederschlagsklima begnügen. Dabei ist zu bemerken, daß man meist mit Jahresdurchschnittswerten rechnet, aber sie reichen für die Rekonstruktion der naturräumlichen Bedingungen nicht aus. Ein modernes Beispiel soll das veranschaulichen. Die mittlere Jahrestemperatur in Rejkjavik ist in der ersten Hälfte unseres Jahrhunderts erheblich gestiegen (Abb. 15); die mittlere Sommertemperatur im

---

[41] F. Firbas, Spät- und nacheiszeitliche Waldgeschichte Mitteleuropas nördlich der Alpen, 2 Bde., Jena 1949 und 1952; F. Overbeck, Botanisch-geologische Moorkunde, Neumünster 1975, bes. 664–668; beide Arbeiten mit erschöpfender Literaturzusammenstellung.

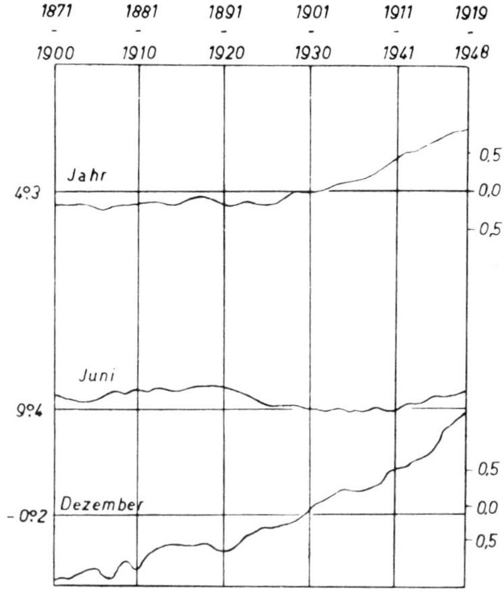

Abb. 15 Mittlere Jahrestemperatur, Winter- und Sommertemperatur der letzten 50 Jahre in Rejkjavik (nach Schwarzbach)

Juni ist dabei gleich geblieben, wohingegen die Wintertemperatur sich für Dezember durch eine starke Erwärmung abzeichnet. Von der mittleren Jahrestemperatur sind also primär die Pflanzen (und wohl auch Tiere) betroffen, die auf kalte bzw. warme Winter reagieren, während die Sommertemperaturen nur relativ geringfügig an der Klimaverbesserung teilnehmen. Die vegetationsgeschichtliche Forschung bemüht sich seit einiger Zeit, Klimazeugen herauszufinden, die Schlüsse auch auf diese verschiedenartige Entwicklung im Sommer und im Winter zulassen, und das gleiche gilt auch für das Niederschlagsklima. Die erste und bis heute noch besonders wichtige Erkenntnis war der Wechsel der Pflanzengesellschaften, vor allem der Waldvegetation, und erst aus den für die speziellen Arten typischen Ansprüchen an Boden, Temperatur und Niederschlag erschlossen sich Aussagemöglichkeiten über das Klima (Abb. 16). Der um 8.000 v. Chr. Geb. abklingenden Eiszeit, der sog. jüngeren Dryaszeit mit einer aufgelockerten Waldtundra folgte im sog. Präboreal – der Vorwärmezeit – eine Birken-Kiefern-Phase mit Temperaturen, die unter den heutigen lagen. Dann trat im sog. Boreal, der frühen Wärmezeit, schnell eine durch Temperaturanstieg gekennzeichnete Klimabesserung ein mit Julitemperaturen, die ein bis zwei Grad über den heutigen lagen und auch mit geringfügig höheren Januarwerten.

Zwischen 6.000 und etwa 3.000 v. Chr. Geb. stiegen die Temperaturen erneut etwas an, und zwar bei zunehmenden Niederschlägen. Dieses feucht-warme Klima begünstigte die Ausbreitung eines wärmeliebenden Eichenmischwaldes mit Eiche, Ulme, Linde und Esche und mit Bestand-bildenden Haselnußbäumen. In diese Zeit fällt im südlichen Mitteleuropa die Ausbreitung der ältesten Bauernkultur – der Bandkeramik – während gegen Ende im nördlichen Mitteleuropa die protoneolithische Ellerbek-Stufe einsetzte. In der frühen Wärmezeit hatte sich das Land soweit gehoben, daß die Ostsee zum Binnenmeer wurde und aussüßte (Abb. 11), man nennt diese Phase nach einer Schnecke (Ancylus fluviatilis) die Ancylussee, durch die das salzige Yoldiameer (nach der Muschel Yoldia arctica so benannt) abgelöst wurde.

Danach setzte um 6.000 zum Beginn des Atlantikums, also in der feucht-warmen Klimaphase der mittleren Wärmezeit, eine auf isostatische Krustenbewegung zurückgehende Landsenkung, die nach einer Strandschnecke Litorina litorea genannte Litorinasenkung ein, die in geringere bis heute andauernde Meeresspiegelschwankungen einmündete (vgl. oben S. 47 Abb. 13).

Dem feucht-warmen Atlantikum folgte eine noch immer warme etwas trockenere Klimaphase, die sog. späte Wärmezeit (das Subboreal), das nach oszillierenden Klimaschwankungen im 2. vorchristlichen Jahrtausend um 800 v. Chr. Geb. in die feucht-kalte „Nachwärmezeit" ausmündete. Entgegen älteren Vorstellungen, daß sich in frühgeschichtlicher und geschichtlicher Zeit das Klima stabilisiert habe, lassen sich auch in den beiden nachchristlichen Jahrtausenden bemerkenswerte Schwankungen feststellen. Nach einer trocken-warmen Phase vor Chr. Geb. folgte in den Jahrhunderten nach Chr. Geb. eine Abkühlung etwa auf das heutige Temperaturklima bei steigenden Niederschlägen. Das änderte sich erneut in der Zeit zwischen 800 und 1.500 n. Chr. Geb. (Abb. 16). Seit dem Beginn der Zeitrechnung setzte sich auch in Norddeutschland die Buche als Bestand bildender Baum durch. Die Erwärmung um 800 n. Chr. Geb. ging parallel zu einem Anstieg der Niederschläge und war gekennzeichnet durch eine Klimabesserung, die über den heutigen Verhältnissen lag. Die milden Winter jener Jahrhunderte begünstigten Fahrten der Skandinavier um das Nordkap ins Weiße Meer und bildeten den Hintergrund der Besiedlung Grönlands durch die Normannen.

Dann tritt um 1.500 oder bald danach erneut ein Wandel ein, eine stärkere bis in die Mitte des 19. Jahrhunderts reichende Abkühlung, mit kalten schneereichen Wintern und stärkeren Gletschervorstößen – die

500—700 n. Chr.	besonders trocken
800—1200 n. Chr.	mehr Niederschlag als heute, milde Winter, wenig Eis (Normannen-Züge im Nord-Atlantik; Besiedelung von Grönland durch Normannen!)
16. Jhd. — Ende des 19. Jhd.	*„Kleine Eiszeit"*; dabei:
1. Hälfte des 17. Jhd.*	
1810—1820	Gletschervorstöße
1850—1860	
1680—1740	„Interglazial" innerhalb der „Kleinen Eiszeit"; trocken, milde Winter
seit Ende des 19. Jhd.	Gletscherrückgang (Abb. 159—160); Winter werden milder
seit Mitte des 20. Jhd.	Aufhören des Gletscherrückgangs.

Abb. 17 Schema der sog. „kleinen Eiszeit" (nach Schwarzbach)

sog. „kleine Eiszeit" – sowie feuchte Sommer (Abb. 17). Seit etwa 1850 läßt sich eine Klimabesserung feststellen.

Also selbst für die vom Historiker überblickbaren Zeiträume in Mittel- und Nordeuropa sind die klimatischen Verhältnisse nicht konstant. Ihre Wandlungen haben sich offenbar auch auf die Lebensbedingungen der Menschen ausgewirkt.

Hier waren es nicht nur die sich verändernden Sommer- und Wintertemperaturen, die fühlbar wurden, sondern auch die Veränderungen der Schnee- und Waldgrenzen im Hochgebirge als direkte Folge davon. Ein für Norwegen entworfenes Diagramm (Abb. 18) läßt deutlich werden, mit welchen Wandlungen man hier rechnen muß, und ähnlich wie in Skandinavien liegen die Verhältnisse wohl auch in den Alpen. Wenn hier in der Bronzezeit etwa noch in 2000 m Höhe Siedlungen agrarischen Charakters standen, und zwar nicht nur nach Art der Almwirtschaft mit Viehhaltung, sondern auch mit Getreidebau, so ist das nur unter den besonderen klimatischen Verhältnissen der sog. späten Wärmezeit möglich.

Im Anschluß daran stellt sich die Frage, ob nicht die Almwirtschaft als Folge einer Klimaverschlechterung entstand, als durch die Degression der Schneegrenze ganzjährige agrarische Wirtschaft im Hochgebirge nicht mehr möglich war, wohl aber die Hochweiden in der Mattenregion saisonal noch in Anspruch genommen werden konnten. Daß ein Herunterdrücken der Schneegrenze um mehrere hundert Meter durch die damit eintretende Sperrung von Hochpässen auch das Verkehrswesen betraf, ist

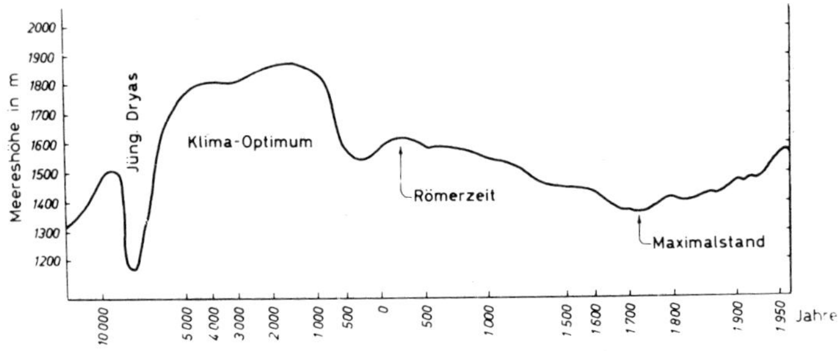

Abb. 18a Schneegrenze in Norwegen in den letzten 12000 Jahren (nach O. Liestöl, umgezeichnet von Schwarzbach)

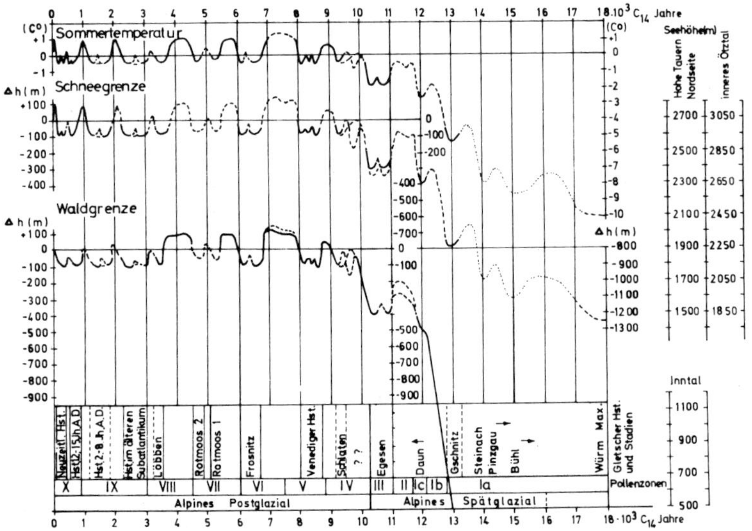

Abb. 18b Sommertemperaturen, Schneegrenze und Waldgrenze im Bereich der Ostalpen (nach Patzelt)

sicher. Auch daß es bei der Besiedlung Islands noch Wald gab und Getreidebau dort möglich war, ist nur unter veränderten Temperaturverhältnissen denkbar.

Aber nicht nur am Rande der Oikumene – also in den Hochgebirgen oder den subpolaren Regionen – sondern auch im mitteleuropäischen Bereich wirkten sich solche Klimaveränderungen aus. Der Rückgang der anspruchsvolleren Getreidearten wie etwa des Weizens und das Vordringen resistenter Arten wie etwa des Roggens und des Hafers hängen entscheidend auch mit den Wandlungen des Temperatur- und vielleicht auch des Niederschlagsklimas zusammen.

Auch in der Tierwelt hatten die Klimaveränderungen Folgen. So existierte noch im Neolithikum die Sumpfschildkröte, deren nördlichstes Vorkommen heute in Mitteldeutschland liegt, bis nach Skandinavien, von den tiefgreifenden Veränderungen der postglazialen Fauna durch das Aussterben kälteliebender Tiere wie des Mammuts und des wollhaarigen Nashorns oder durch den Rückzug des Rens in subarktische Gebiete ganz abgesehen. Das Verschwinden dieser in der Tundra lebenden Herdentiere, die in der späten Eiszeit eine sichere Ernährung der auf sie spezialisierten Rentierjäger gewährleistete, wirkte sich in tiefgreifenden Veränderungen der Lebenshaltung aus, denn der vordringende Wald mit seinen diesem Biotop angepaßten Waldtieren schuf ganz andere Lebensbedingungen.

Aber nicht nur diese am Übergang von Eiszeitalter zur Nacheiszeit eintretenden Veränderungen der Tier- und Pflanzenwelt waren wichtig, sondern auch die sich in der Nacheiszeit bis in die „historischen“ Epochen vollziehenden klimabedingten Wandlungen von Flora und Fauna müssen bei jedem Versuch, Siedlungsweise und Wirtschaftsform zu erschließen, berücksichtigt werden.

c) Der Boden

Anders als beim Klima herrschte bei der Beurteilung des Bodens in der Forschung lange Zeit hindurch die Vorstellung von der besonders ausgeprägten Konstanz der Qualität vor. Daß der Boden ein durchaus „variables System“ (Scheffer) bildet, hat sich mit steigender Deutlichkeit erst in den letzten Jahrzehnten erkennen lassen und beginnt erst allmählich sich auch bei der siedlungsarchäologischen Forschungsrichtung durchzusetzen.[42] Galt früher die geologische Karte, also die kartographische Darstellung des Gesteins, als geeignete Grundlage für Siedlungskarten, so tritt jetzt zunehmend neben sie die Bodenkarte mit der Darstellung des „Bodentyps“ neben der Angabe der „Bodenart“.

Der Boden hat unter siedlungsarchäologischem Aspekt eine doppelte Bedeutung, nämlich:

a) als Produktionsstandort landwirtschaftlicher Erzeugnisse sowohl pflanzlicher wie tierischer Herkunft und

---

[42] B. Meyer, „Bodenkunde und Siedlungsforschung“ In: Hoops Reall. 2. Aufl., Bd. III, Lfg. 1/2, 1976, 117–120.

b) als Lagerstätte mineralischer Rohstoffe für die Ansiedlung gewerblicher Produktionsstätten.

Die Variabilität des Bodens ist vornehmlich für die erstgenannte Aufgabe von Bedeutung: sie wird sowohl durch physiogene wie durch anthropogene Einwirkungen gesteuert.

Bei den natürlichen Einwirkungen auf den Boden gewinnen vor allem lithogene, hydrogene, klimatogene und biogene Faktoren an Bedeutung – also der Gesteinsuntergrund, die Wasserführung, das Klima, sowie der Einfluß von Pflanzen- und Tierwelt, besonders der Mikroorganismen (vgl. Abb. 7).

Der anthropogene Einfluß wirkt sich als Folge der Veränderung des Pflanzenbewuchses durch den Menschen, der Bodenerschöpfung durch Anbau und der künstlichen Zufuhr und Kumulation von Nährstoffen – also durch „Exhaustation" (Bodenerschöpfung durch Pflanzenbau) oder Schaffung von Akkumulationsflächen (Düngung, Eschböden) aus.

Besonders nachdrücklich sind in den letzten Jahrzehnten die Degradationserscheinungen bei Lößböden oder in den glazialen Sandaufschüttungsböden Norddeutschlands und Dänemarks untersucht und beschrieben worden. Dazu kommen die Umwandlungen bei Böden aus tonigen und kalkigen Substraten der mitteleuropäischen Mittelgebirgsschwelle.

Bei den mitteleuropäischen Lößböden hat sich ein „bodentypologischer Entwicklungsprozeß" (Scheffer, Meyer) durch das allmähliche Absinken der Entkalkungszonen vollzogen (Abb. 19). Dadurch entwickelten sich aus einem fruchtbaren Schwarzerdeboden mit darunter liegendem stark kalkhaltigen C-Horizont (Typ I. und II. Abb. 19) Parabraunerdeböden (Typ III.–V.) und schließlich Pseudoparabraunerden (Typ VI.).

Diese Entwicklung erfolgte unter klimatischen Einflüssen in verschieden langen Zeiträumen. Während die Siedler der Bandkeramik in Mitteldeutschland im wesentlichen einen fruchtbaren Schwarzerdeboden vorfanden, begann im Jungneolithikum und in der Bronzezeit eine Entkalkung und dann eine „Verbraunung" des Bodens, der die Stadien der Typen IV und V (Abb. 19) in der Eisenzeit erreichte, so daß auch bei Standortgleichheit neolithischer und eisenzeitlicher Ansiedlungen, die Bodenqualität eine durchaus unterschiedliche war, wobei zu beachten bleibt, daß die Degradation der Lößböden nicht schematisch in allen Landschaften synchron verlief, sondern örtlich ganz verschiedene Entwicklungsgeschwindigkeiten vorliegen können. So konnte sich der Lößboden im Laufe einiger Jahrtausende von guter Schwarzerde zu weniger ertragreicher Griserde entwickeln und seine Qualität als Standort ackerbaulicher Produktion erheblich verändern.

Dazu kam als wesentlicher, die Struktur und die Ertragfähigkeit des Bodens merkbar verändernder Eingriff die Entwicklung vom autarken

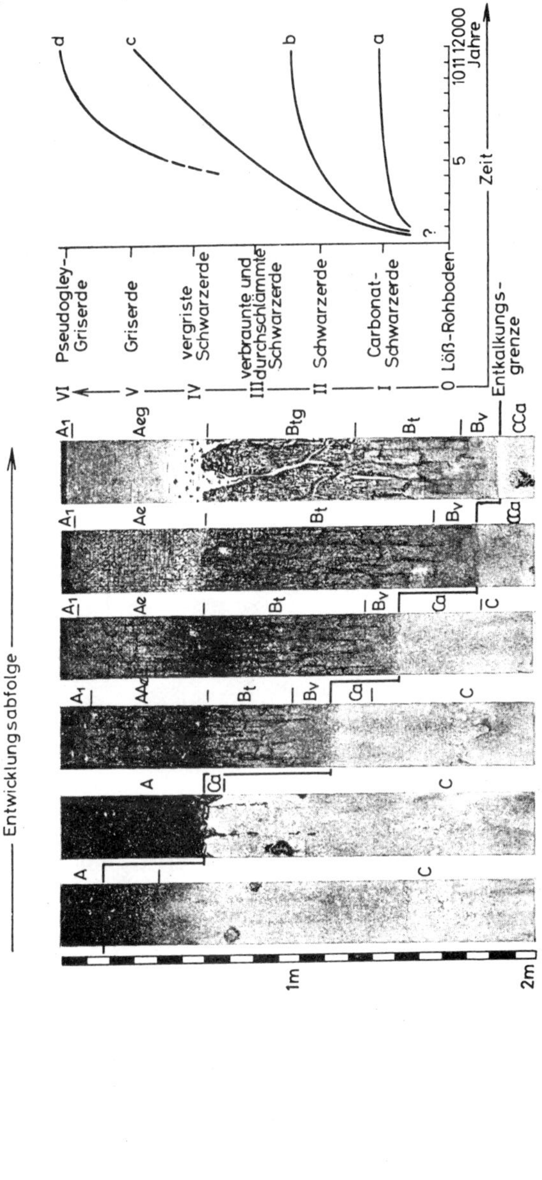

Abb. 19 Entwicklungsreihe von Böden aus kalkhaltigem Jungwürm-Löß (nach Scheffer)

Bauernbetrieb mit sich immer wieder regenerierendem Boden zu dem seit der Entstehung nicht agrarischer Konsumentenzentren, die aus der Umgegend versorgt werden mußten, nicht nur Nahrungsmittel sondern mit ihnen auch Nährstoff exportierenden Betrieb; mit zunehmender Entfernung vom Konsumentenzentrum führte er zu einer zunehmenden Verarmung der Nährstoffe im Boden und einer stärkeren Anreicherung an Phosphaten in der unmittelbaren Nähe der Konsumentenzentren nach Art der sog. Thünenschen Kreise.

Ist dieser letztgenannte Vorgang auch auf das Mittelalter beschränkt, so haben sich anthropogen bedingte Strukturveränderungen im Boden schon weit früher abgespielt, wenn zumeist auch nur in längeren Zeiträumen.

Weit kurzfristiger konnte sich der Boden auf Grund natürlicher Einflüsse oder als Folge menschlicher Eingriffe in den sandigen Geestlandschaften der glazialen Aufschüttungsgebiete Norddeutschlands und Dänemarks ändern.

In diesen nährstoffarmen Böden kam der Mensch schon früh, spätestens jedenfalls zur Eisenzeit, zu einer Wirtschaftsform mit intentioneller Konzentration von Nährstoffen in den siedlungsnahen agrarischen Wirtschaftsflächen, denen im weiteren Umkreis „Exhaustationsflächen“ entsprechen, die durch die Entnahme von Waldstreu oder Heideplaggen entstanden (Abb. 20). Die anthropogen geförderte Entstehung größerer Heideflächen (seit der Bronzezeit) führte durch Beweidung mit Schafen und Plaggenhieb zu temporärer Ausbildung von Wehsandflächen und Dünenbildung. Die Podsolierung der Böden erschwerte eine Inkulturnahme solcher Flächen.

Ähnliche Wandlungen machten auch die nährstoffreichen Kalkstein- und Schiefertonböden im Mittelgebirgsland durch.

Diese knappe Übersicht ergibt, daß sich der Boden in der vom Siedlungsarchäologen zu bearbeitenden Zeitspanne erheblich gewandelt hat, und zwar sowohl unter klimatischen Einflüssen wie auch als Folge menschlicher Eingriffe. Die Degradation der Böden – also ihre sinkende Standortgüte – war einmal die Folge von natürlichen Veränderungen der Struktureigenschaften, zum anderen aber auch die Erschöpfung des Nährstoffgehaltes, dessen Ersatz durch künstliche Maßnahmen des Menschen eine der großen Leistungen früher Ernährungstechnik und -wirtschaft darstellt. Der menschliche Anteil an der Veränderung der Bodenqualität beruht einmal auf der Wirtschaftsform, und es ist leicht einzusehen, daß etwa eine extensiv betriebene Viehaltung andere Einwirkungen auf den Boden zeitigt als ein intensiv betriebener Ackerbau. Dazu kamen dann die verschiedenartigen Auswirkungen der sich wandelnden Agrartechnik beispielsweise mit der Einführung des Wendepfluges oder dem Beginn

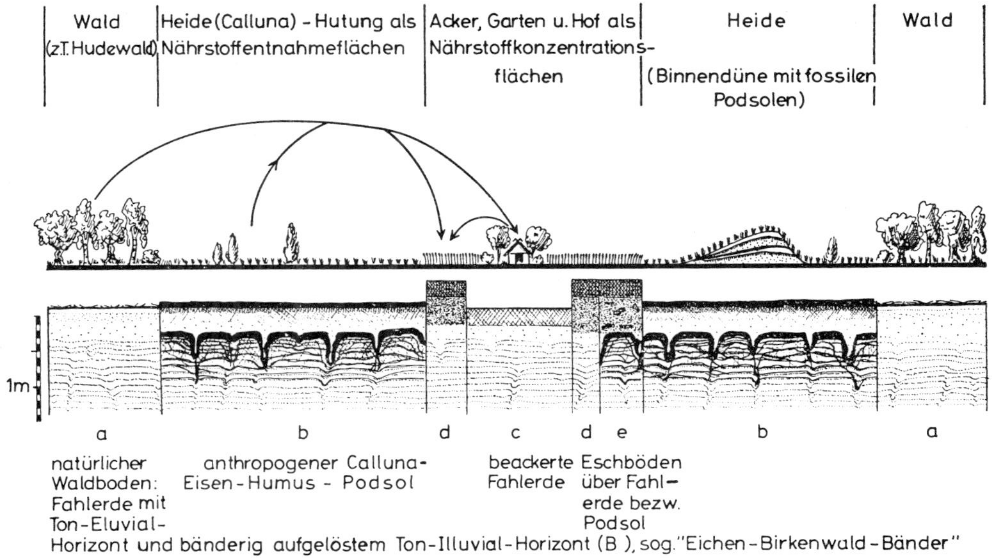

Abb. 20 Anthropogene Bodendifferenzierung und -vergesellschaftung aufgrund der Bodennutzungsform in den nordwestdeutschen Sandgebieten, Leitschema (nach Scheffer)

intentioneller Bodenmelioration durch Ent- bzw. Bewässerung und dem künstlichen Ersatz der Nährstoffe durch Düngung.

Aus alledem ergibt sich, daß der Archäologe die heute angetroffenen Bodenverhältnisse nicht ohne weiteres in weiter zurückliegende Zeiten übertragen darf, ja, das ist noch nicht einmal dem mittelalterlichen Historiker bei der Behandlung siedlungsgeschichtlicher Vorgänge im frühen und hohen Mittelalter erlaubt. Hier wird bei allen Fragen siedlungs- und wirtschaftsgeschichtlicher Art, die mit der Besiedelbarkeit und der Ertragsfähigkeit des Bodens zusammenhängen, zunächst die Frage nach dem jeweiligen Zustand des Bodensubstrats zu klären sein.

Das ist eine methodisch schwierige Frage, denn nicht überall und nicht für alle älteren Perioden läßt sich der jeweilige Zustand des Bodens mit hinreichender Sicherheit ermitteln. Hierfür ist der Bodenkundler auch seinerseits auf eine enge Zusammenarbeit mit dem Archäologen angewiesen, der ihm zu verschiedenen Perioden „begrabene" und damit in ihrer bodengenetischen Entwicklung gehemmte Böden etwa unter Hügelgräbern und Wallanlagen nachweisen und ihm damit Beobachtungsmaterial an „subfossilen" Böden bieten kann. Es wird – wenigstens in absehbarer Zeit – wohl nicht möglich sein, in bestimmten Landschaften Bodenkarten für einzelne vor- und frühgeschichtliche Perioden zu erarbeiten, wohl aber wird es bei einer genügend großen Zahl von bodenkundlichen Untersuchungen möglich sein, tendenzielle Entwicklungen im Boden als Siedlungs- und Wirtschaftssubstrat zu erkennen und der siedlungsarchäologischen Beurteilung zu Grunde zu legen.

d) Der Wasserhaushalt

Die Erkenntnis, daß sich im Binnenland – also außerhalb des unmittelbaren Bereichs von Meerestrans- und -regressionen – der Grundwasserhaushalt im Laufe der Jahrtausende wiederholt geändert hat, ist in ihrer siedlungsgeschichtlichen Bedeutung erst verhältnismäßig spät gewonnen worden, die Ursachen für diese Erscheinungen sind heute weithin noch unbekannt.

Daß ein stärkeres Absinken des Grundwassers in leicht durchlässigen, an sich schon trockenen Sandböden sowohl für die Ertragfähigkeit des Bodens beim Anbau von Nutzpflanzen wie auch für die Versorgung von Mensch und Vieh mit Trinkwasser von entscheidender Bedeutung sein konnte, ist ebenso leicht einzusehen wie die Erkenntnis leicht zu gewinnen ist, daß bei schweren an Hohlformen reichen tonigen Böden ein Grundwasseranstieg zu stärkerer Verwässerung (dabei zur Beschleunigung von Moorbildung) und damit zum Unbrauchbarwerden bestimmter Areale für menschliche Siedlung und Wirtschaft führen kann.

Bis zur Entwicklung eines für die Wasserversorgung ausreichenden Brunnenbaus bestimmte sich der Standort menschlicher Ansiedlungen ganz wesentlich von der Wasserversorgung her, wie auch die Anlage agrarisch genutzter Wirtschaftsflächen von der Grundwasserversorgung der Pflanzen abhängig war.

Die Veränderungen des Grundwasserstandes sind bisher vor allem bei der Siedlung der römischen Kaiserzeit und des frühen Mittelalters in Tornow, Krs. Calau beobachtet worden (Abb. 21).[43] Es ist vielleicht mehr als eine bloß zeitliche Koïnzidenz, wenn das Ansteigen des Grundwasserstandes in Tornow zur Zeit der kaiserzeitlichen und völkerwanderungszeitlichen Siedlung K III und K IV (Abb. 21) mit dem an anderen Stellen beobachteten Feuchterwerden des Klimas (Abb. 16) zusammenfällt.

Der Siedlungsarchäologe wird bei der Verlagerung von Siedlungsgebieten jeweils auch die Frage zu klären haben, wieweit Probleme des Grundwasserhaushaltes bei der Aufgabe alter und der Besiedlung neuer Areale mitgewirkt haben.

Veränderungen im Wasserhaushalt haben sich nicht nur auf den Grundwasserstand ausgewirkt. Hebungen und Senkungen des Wasserspiegels bei Binnenseen und Flüssen sind von ihnen ebenso abhängig wie das Moorwachstum und die Lage der Quellhorizonte. Ganz besonders deutlich sind solche Wasserspiegelschwankungen bei den neolithischen und bronzezeitlichen Uferrandsiedlungen, den sog. Pfahlbauten, und hier schon seit langem als Ursachen für das zeitweilige Aufsuchen und das Wiederaufgeben von Siedlungsstandorten an Seeufern angeführt worden.

e) Die Pflanzenwelt

Die Vegetationsgeschichte ist für siedlungsarchäologische Überlegungen aus verschiedenen Gründen von großer Bedeutung. Im Vordergrund steht dabei die Geschichte des Waldes:[44] Er behindert auf der einen Seite die Anlage von Siedlungen und Wirtschaftsflächen, die ihm nur durch Rodung abzugewinnen sind. So war denn auch der Mensch vom Beginn seiner durch Ackerbau bedingten Seßhaftigkeit an gezwungen, den Wald – wenn auch meist nur in geringem Umfang – zu beseitigen, und Waldrodung gehört schon seit dem Beginn des Neolithikums in Mitteleuropa zu den Aufgaben früher bäuerlich wirtschaftender Bevölkerungsgruppen.

---

[43] E. Lange, Botanische Beiträge zur mitteleuropäischen Siedlungsgeschichte, Berlin 1971.

[44] Zusammenfassend: F. Overbeck, a.a.O. (vgl. Anm. 41). F. Firbas, a.a.O. (vgl. Anm. 41).

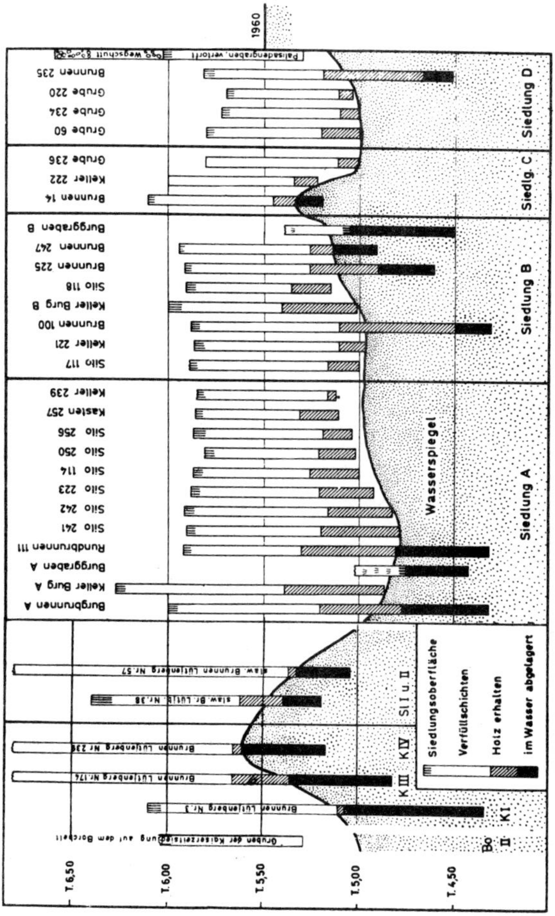

Abb. 21 Tiefen von Brunnen und Vorratsgruben auf der kaiserzeitlichen und frühmittelalterlichen Siedlung von Tornow, Kr. Calau (nach J. Herrmann)

Auf der anderen Seite bot der Wald dem Menschen in großem Umfange Holz als Rohmaterial für Bauten, für Geräte und für Feuerung. Außerdem lieferte er direkt Nahrungsmittel, die, wie etwa die Haselnüsse in Zeiten optimalen Klimas ganz wesentlich zur Fettversorgung mit beitrugen oder Wildfrüchte, vor allem Beeren aller Art und Pilze. Von besonderer Wichtigkeit aber war die Rolle des Waldes als Viehweide, und zwar nicht nur durch Eichel- und Bucheckernmast für die Schweinehaltung, sondern in den Zeiten fehlender Wiesen auch für die Haltung von Pferden, Rindern und Ziegen und für die Gewinnung von Laubheu als Winterfutter, seit es von der Eisenzeit ab nötig wurde, einen Teil der Haustiere im Winter aufzustallen. Die große Bedeutung der Waldnutzung brachte es dabei mit sich, daß der Wald dem Menschen der Frühzeit wesentlich mehr Nutzen und Hilfe bot als etwa in jüngeren historischen Epochen. Dabei war die Nutzbarkeit des Waldes zu wirtschaftlichen Zwecken sehr abhängig von seiner Zusammensetzung, die sich in der langen Zeit, über die sich siedlungsarchäologische Untersuchungen erstrecken können, durchaus wandelte. Die Art des Waldes war wesentlich für seine leichtere oder schwerere Rodbarkeit, denn Buchenbestände sind auch dann, wenn man die Stämme stehen lassen will, schwer zu roden, zumal ihre breiten, flach liegenden Wurzelkränze ein Herumpflügen mit dem Hakenpflug nicht gestatten oder doch sehr erschweren. Dazu kommt, daß ein Eichenmischwald wegen des starken Lichteinfalls und des dadurch bedingten dichteren Unterbewuchses an Kräutern und vor allem an Strauchgewächsen für eine Brandrodung mindestens gute Möglichkeiten schafft.

Aus all diesen Gründen ist für jede Art siedlungsarchäologischer Betrachtung – gerade im Hinblick auf die Standortwahl für Siedlungsplätze und Wirtschaftsflächen – die möglichst genaue Einbeziehung vegetationsgeschichtlicher Untersuchungen von entscheidender Bedeutung.

Dazu kommt noch eine andere Erkenntnismöglichkeit, die die Vegetationsgeschichte dem Siedlungsforscher – und zwar nicht nur dem Archäologen – bietet: Jede Siedlungstätigkeit in bewaldetem Gebiet ist mit Eingriffen in den natürlichen Bestand an Bäumen und Sträuchern verbunden. Nun hat insbesondere die Pollenanalyse Methoden entwickelt, die es gestatten, wesentliche Eingriffe in den natürlichen Vegetationsgesellschaften zu erkennen. Aus dem prozentualen Verhältnis von Baum- zu Kräuterpollen und seinen Veränderungen läßt sich Lichtung im geschlossenen Waldbestand und Verwaldung offener Flächen mit gewisser Deutlichkeit ablesen. Solche Veränderungen im Vegetationsbild können naturbedingt sein, und sind es in frühpostglazialer Zeit, als sich die Tundra mit Wald zu bestocken begann, häufig auch gewesen. Die baumlose Tundra der älteren Dryaszeit, die beginnende Bewaldung im Alleröd und die stärkere Waldlichtung in der jüngeren Dryaszeit (Abb. 16) lassen sich gerade an dem wechselnden Prozentverhältnis von Baum- und Kräuterpollen zueinander ablesen. Seit aber der Wald in der Wärmezeit Einzug in Mittel- und Nordeuropa hielt, ist Waldlichtung im wesentlichen anthropogen bedingt. Damit bietet die vegetationsgeschichtliche Forschung – ganz unabhängig von der Archäologie – die Möglichkeit, Ent- und Verwaldungsvorgänge zu erkennen und damit eine wichtige Kontrollmöglichkeit für archäologische Deutungen von Be- und Entsiedlungsvorgängen, deren Wert umso höher ist, als die botanischen Untersuchungen gänzlich unabhängig von archäologischen Beobachtungen sind.

Noch eine weitere Aussagemöglichkeit botanischer Untersuchungen ist für die Siedlungsarchäologie wichtig: Im Jahre 1936 gelang Firbas der Nachweis von Getreidepollen oder, richtiger gesagt, die Trennung der Pollen von Wildgräsern von denen der Kulturgetreide.[45] Er selbst erkannte sofort die große Bedeutung dieser Entdeckung für die siedlungsgeschichtliche Forschung, denn dadurch wurde es möglich, Perioden des Getreideanbaus von solchen zu unterscheiden, in denen Getreide nicht angebaut worden ist, wenn dieser Anbau nach Ausweis ausreichender pollenanalytischer Untersuchungen für eine gewisse Zeit aufhört, dann ist mit großer Wahrscheinlichkeit mit einer Entvölkerung zu rechnen, auf jeden Fall aber muß, wenn andere Indizien für Besiedlungskontinuität sprechen, mit einer Veränderung der Wirtschaftsform gerechnet werden.

Diese Art der Betrachtung gewann zunehmend an Bedeutung, seit es gelang, andere „synanthrope“ Pollen, also Pollen von Pflanzen, deren Auftreten oder deren besondere Häufigkeit erkennbar mit der Anwesenheit von Menschen zusammenhing, auszumachen. Dazu gehören – aus ganz verschiedenartigen ökologischen Bedingungen – der schmalblättrige Wegerich (Plantago lanceolata), Sauerampfer (Rumex), verschiedene Meldenarten und einige andere Pflanzen mehr. Einige dieser Pflanzen sind – wie Plantago lanceolata, Rumex und die Chenopodiaceen – zudem an Viehhaltung als Pflanzen auf Viehtriften gebunden, so daß ihr verstärktes Auftreten nicht nur für Anwesenheit von Menschen spricht, sondern auch Viehhaltung bezeugt oder bezeugen kann. Setzen nun gleichzeitig mit den Zeugnissen für Getreideanbau auch die Pollen solcher siedlungsindizierenden Pflanzen aus, so gewinnt die Annahme eines Siedlungsabbruches oder doch wenigstens einer starken Siedlungsverdünnung an Wahrscheinlichkeit. Dabei ist allerdings zu berücksichtigen, daß die verhältnismäßig geringe Flugweite solcher Pollen Aussagen über Besiedlung und Bewirtschaftung nur für einen gewissen Umkreis um die Entnahmestelle der Pollenprobe gestattet. Will man solche Aussagen für eine ganze Landschaft machen, so setzt das ein Netz von Pollenuntersuchungen voraus.

---

[45] Zeitschr. f. Botanik 31, 1937, 447–478.

Liegen solche geographisch einigermaßen gleichmäßig gestreuten Pollenuntersuchungen vor, wie das – um nur einige Beispiele zu nennen – für das nordwestliche Jütland, für das südöstliche Mecklenburg oder für Ostholstein der Fall ist, so gewinnt ihre Aussage für die Besiedlung und in gewissem Umfange auch für die Bewirtschaftung einer solchermaßen untersuchten Landschaft einen hohen Wert.

Schon bei dem heutigen Stand pollenanalytischer Forschungen sind siedlungsarchäologische Untersuchungen in Gebieten, die die Möglichkeit zur Pollenanalyse bieten, ohne Einbeziehung der Botanik wenig sinnvoll.

An dieser Stelle aber interessiert nicht nur das Ineinandergreifen archäologischer und botanischer Untersuchungen zur frühen Siedlungs- und Wirtschaftsgeschichte, sondern die Vegetationsgeschichte eines Raumes als Voraussetzung für dessen Besiedlung.

Dafür kann die Botanik – anders als die Bodenkunde – schon heute großräumig gültige Zustandsvorstellungen auch unter Einbeziehung der ökologisch bedingten regionalen Differenzierungen bieten, wobei allerdings der Wandel der Vegetation, soweit er auf natürliche, d. h. meist auf klimatische Ursachen zurückgeht, nur in längeren Zeiträumen erfolgte.

Als Beispiel sei hier auf eine von Bertsch entworfene Karte der Waldbedeckung Mitteleuropas im ersten nachchristlichen Jahrtausend hingewiesen (Abb. 22), die die Ergebnisse zahlreicher einzelner Pollenuntersuchungen zusammenfaßt (Abb. 23).

Betrachtet man die Wandlungen des Waldbildes nach dem Abschluß der Eiszeit auf Grund von vegetationsgeschichtlichen Untersuchungen in Nord- und Nordwestdeutschland, ohne auf regionale, standortbedingte Differenzierungen einzugehen (Abb. 16), so ergibt sich folgendes Bild:
Einer baumlosen Tundra folgte beim ersten größeren Wärmeeinbruch, der Alleröd-Phase (der ein kurzer Wärmevorstoß, der sog. Bölling-Vorstoß vorausgegangen war), ein Birken-Kiefernwald, der bei der zweiten zwischen 8 000 und 9 000 v. Chr. angesetzten sog. jüngeren Dryas-Zeit wieder zu einer Parktundra gelichtet wurde.

In der dann folgenden Vorwärmezeit zogen zunächst ein Birken-Kiefernwald und dann größere Haselbestände ein. Diese boten den damals in mesolithischer Wirtschaftsweise von Jagd und Fang lebenden Bevölkerungsgruppen willkommene Nahrungsmittel. Es folgte im Klimaoptimum des 6./5. Jahrtausends der Eichenmischwald mit Eiche, Ulme, Linde und Esche, der das vegetationsgeschichtliche Milieu der ältesten Bauernkulturen ausmachte. Das feuchtwarme Klima bot dem Laubwald optimale Daseinsbedingungen, so daß gerade zur Zeit der ersten Ausbreitung bäuerlicher Lebens- und Wirtschaftsweise ein dichter Laubwald die von agrarisch wirtschaftenden Bevölkerungsgruppen in Besitz genommenen

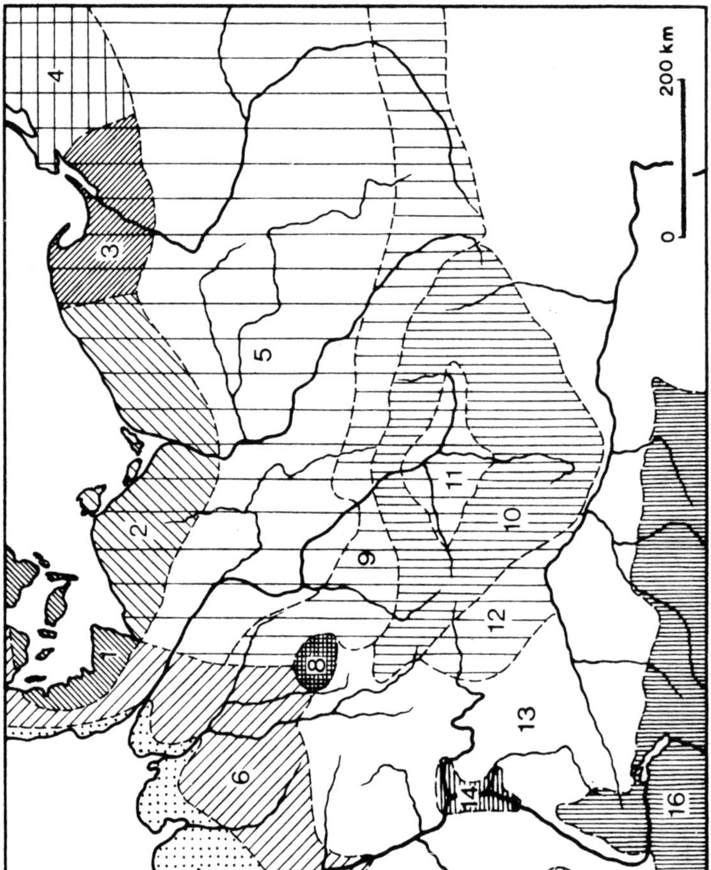

Abb. 22 Die Waldbedeckung Mitteleuropas im ersten nachchristlichen Jahrtausend (nach Bertsch)

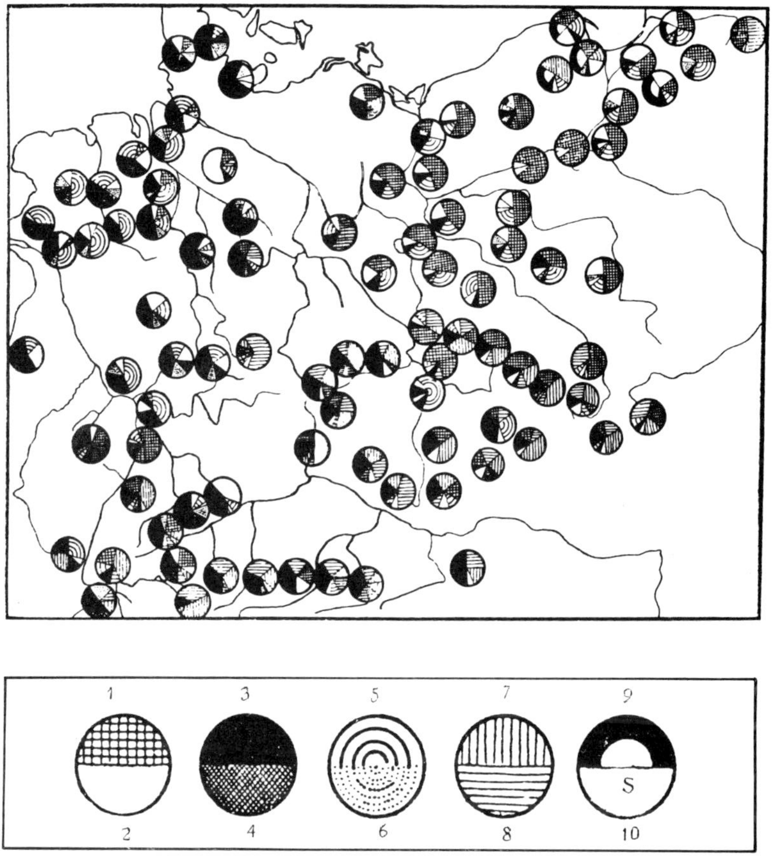

Erklärung zu der Waldkarte.
1. Kiefer. 2. Birke. 3. Rotbuche. 4. Eichenmischwald. 5. Erle. 6. Hasel. 7. Tanne. 8. Fichte. 9. Weißbuche. 10. Weide.
Bei zwei Kreisausschnitten bedeutet der größere die Birke, der kleinere den Rest.

Abb. 23 Die Verbreitung der einzelnen pollenanalytischen Untersuchungen, die die Grundlage für die Karte der Waldbedeckung in Abb. 22 geliefert haben (nach Bertsch)

Gebiete bedeckte. Dieses muß deshalb besonders betont werden, weil die lange vorherrschende Gradmannsche Steppenheide-Theorie von der Existenz größerer steppenartiger Freiflächen mit vorherrschender Steppenvegetation für die Zeit des ältesten Bauerntums in Mitteleuropa ausging.

Die botanischen Untersuchungen haben selbst für die Trockengebiete im Regenschatten des Harzes um den Gaterslebener See[46] solche Steppengebiete nicht erkennen lassen, sondern dort einen allenfalls etwas lichteren Laubwald nachgewiesen und gerade auch für dieses Gebiet die Waldlichtung nicht als Voraussetzung für die Ausbreitung bäuerlicher Kulturen sondern als deren Folgen erkennen lassen.

Die Ausbreitung der Bandkeramik als der frühesten Bauernkultur dieses Raumes führte hier also zu Waldlichtung für Siedlungsplätze und Ackerfelder. Ähnliche Beobachtungen sind auch an anderen Stellen im Zusammenhang mit dem Erscheinen der bandkeramischen Kultur gemacht worden, so daß auf dem Wege einer Zusammenarbeit von Archäologie und Botanik für das 5. Jahrtausend in Mitteleuropa eine Periode räumlich begrenzter Waldlichtung nachgewiesen werden konnte.

Seit dem ausgehenden 4. Jahrtausend beginnt eine Abkühlung bemerkbar zu werden, während der sich im Eichenmischwald immer stärker die Eiche durchsetzt und die Buche, die in Mitteldeutschland schon seit langem wuchs, in das norddeutsche Gebiet einzudringen begann. Ein im letzten vorchristlichen Jahrtausend feststellbarer mit einem Feuchtigkeitsanstieg verbundener Temperaturabfall veränderte das Waldbild in seiner Zusammensetzung nicht wesentlich, führte aber zu einem Wachstum der Moore.

Während das frühe und hohe Mittelalter eine Klimaverbesserung brachte, setzte sich im Norden die Buche als bestandsbildender Baum durch. Eine erneute Klimaverschlechterung im 16.–19. Jahrhundert – die sog. kleine Eiszeit (s. oben S. 55 Abb. 17) – fällt mit dem Beginn moderner Forstwirtschaft zusammen, durch die dann die Waldzusammensetzung weit stärker vom Menschen bestimmt wurde.

In den Bereich der sich – durch natürliche, vornehmlich klimatische Faktoren bedingt – verändernden Pflanzenwelt gehören in gewissem Sinne auch die sich wandelnden Wachstumsbedingungen für Kulturpflanzen. Der Rückgang des Weizenanbaus in Norddeutschland und Dänemark in nachneolithischer Zeit und das in der Eisenzeit erfolgende Durchsetzen anspruchsloser Getreidearten wie Roggen und Hafer gehören in diesen Zusammenhang wie auch der Rückgang der nördlichen Verbreitungsgrenze des Weines, die noch im Neolithikum in Südschweden lag.

Ein solch grober, zudem die regionalen Differenzierungen nicht berücksichtigender Überblick, der überdies in der hier dargelegten Form auch nur das nördliche Mitteleuropa betrifft, soll an einem ausgewählten Beispiel lediglich verdeutlichen, welchen Wandlungen die Pflanzenwelt

[46] H. Müller, Zur spät- und nacheiszeitlichen Vegetationsgeschichte des mitteldeutschen Trockengebietes. Nova Acta Leopoldina N.F. 16, 1953, Nr. 110.

Mitteleuropas in den letzten 10 000 Jahren unterlag und dartun, wie wichtig es ist, die jeweilige vegetationsgeschichtliche Situation zu erfassen und nicht später bezeugte Verhältnisse zurückzuprojizieren. Das gilt nicht nur für die „vor- und frühgeschichtliche" Zeit, sondern auch für die „historischen" Perioden des Mittelalters und der frühen Neuzeit.

f) Die Tierwelt

Weit weniger empfindlich als die Pflanzenwelt hat die Tierwelt auf die sich im Laufe der seit dem Abklingen des Eiszeitalters verflossenen Jahrtausende vollziehenden Veränderungen der Umweltbedingungen reagiert.

Gewiß hat das Verschwinden der kälteliebenden Herdentiere wie Wildpferde und Ren, von denen die auf dieses Wild spezialisierten Jägergruppen gut leben konnten, und das anschließende Einziehen einer Waldfauna den Menschen zu einer tiefgreifenden Veränderung seiner Lebenshaltung gezwungen, ihn wohl auch stellenweise in eine Krise gestürzt und ihn zu einer Erschließung neuer Nahrungsquellen veranlaßt. Diese Schwierigkeit mag mit dazu beigetragen haben, daß sich – allerdings erst nach mehreren Jahrtausenden – eine völlig neue Lebens- und Wirtschaftsweise durchsetzte, aber die Langsamkeit, mit der das erfolgte – an der nördlichen Lößgrenze lebten über Jahrhunderte bäuerlich wirtschaftende Bevölkerungsgruppen im Süden in der unmittelbaren Nachbarschaft von Jägern und Sammlern im Norden – läßt doch erkennen, daß der äußere Zwang zur Annahme der neuen Wirtschaftsform verhältnismäßig schwach war.

Die Wildfauna hat sich jedenfalls nur langsam und in keiner Weise mit katastrophalen Folgen für den Menschen gewandelt, nachdem einmal die kälteliebenden Herdentiere verschwunden waren.

Hier boten die domestizierten Tiere einen vollständigen Ersatz. Sieht man von Schaf und Ziege ab, die in domestizierter Form aus dem Südosten, dem Lebensbereich ihrer Wildformen, eingeführt wurden (wie auch – wenn auch wesentlich später – das Haushuhn), so war es wohl mehr die Domestikationsidee als das domestizierte Rind, Schwein oder Pferd, die eingeführt wurden, seit wir wissen, daß die neolithischen Hausrinder und Hausschweine aus einer heimischen Wildform gezüchtet worden sind.[47]

Die Einführung anderer Haustiere wie des Haushuhns oder der Hauskatze war nicht das Ergebnis sich verändernder ökologischer Bedingungen, sondern das Resultat von intensiven Handels- und Kulturbeziehungen.

---

[47] G. Nobis, Werden und Frühentwicklung der Haustierwelt Nordwest- und Mitteldeutschlands, Beiträge z. Frühgeschichte der Landwirtschaft Bd. 3, 1957.

g) Großräumliche Wandlungen der naturräumlichen Voraussetzungen für die Siedlungstätigkeit

Faßt man die knappe Übersicht über die einzelnen, dem Archäologen meist durch die Vermittlung naturwissenschaftlicher Nachbardisziplinen bekannt gewordenen Faktoren der naturräumlichen Entwicklung in den letzten 8 000 bis 10 000 Jahren zusammen, so wird man feststellen müssen, daß sich der Mensch auch in den Epochen, in denen er als „bäuerlich' wirtschaftendes Wesen eine gewisse Seßhaftigkeit (wenn auch nicht in dem strikten heute üblichen Wortsinn) kannte und übte, stärkeren Wandlungen der Umweltfaktoren gegenübersah.

Schon die Ausbreitung neolithischer Bauernkulturen erfolgte unter einem feuchtwarmen Klima, das anspruchsvollen Laubbäumen gute Existenzmöglichkeit bot und jedenfalls günstigere klimatische Bedingungen schuf, als sie heute bestehen. Dazu kommt, daß vor dem endgültigen Einbruch der Nordsee und dem Durchbruch des Ärmelkanals die Grenze zwischen kontinentalem und ozeanischem Klima weiter im Nordwesten lag als heute, die mitteldeutschen Lößgebiete des Raumes um Hannover und Braunschweig damals also unter einem ähnlichen kontinental getönten Klimaeinfluß standen, wie heute etwa Böhmen und Mähren. Das wieder bedeutet, daß man bei der Rekonstruktion des Klimas nicht nur die höhere Wärme und die stärkeren Niederschläge gegenüber der heutigen Situation zu berücksichtigen hat, sondern daß auch das Verhältnis von sommerlicher und winterlicher Durchschnittstemperatur ein anderes war als heute. Was das für das Gedeihen anspruchsvoller, höhere Sommertemperaturen erfordernder Getreidearten bedeutete, liegt ebenso auf der Hand wie die Auswirkungen verhältnismäßig kälterer Winter. Mindestens für das mittlere und südwestliche Mitteleuropa wird sich die Veränderung im Verhältnis von ozeanischem und kontinental getöntem Klima gegenüber der gegenwärtigen Situation wohl ausgewirkt haben.

Der Übergang zu einer weit ungünstigeren Klimasituation im letzten vorchristlichen Jahrtausend erfolgte allmählich, allenfalls in Schüben, so daß von einem „Klimasturz" oder „Fimbulwinter' wohl nicht gesprochen werden kann, und die einzelne lebende Generation die klimatischen Wandlungen ihrer Zeit jedenfalls nicht als Katastrophe empfunden haben wird.

Die wohl primäre Erhöhung der Niederschläge, die geänderte Verdunstung und die durch erhöhte Wolkenbildung verminderte Sonneneinstrahlung hatten vermutlich auch Folgen im Anbau von Nutzpflanzen. Das Vorherrschen längerer Winter mit höherem Schneefall schränkte die winterliche Viehhaltung im Freien stärker ein und zwang verstärkt zur Aufstallung des Viehs mit allen sich daraus ergebenden Veränderungen der

Wirtschaftsweise, wie sie sich allein aus dem Zwang zu einer Winterfutter-Vorratswirtschaft und zur Aufstallung mindestens der Muttertiere bei Rind und Pferd ergaben. Der verstärkte Zwang zum Stallbau beeinflußte die Siedlungsweise maßgeblich. Welchen Einfluß der zu vermutende – aber noch nicht konkret erwiesene – Anstieg des Grundwasserspiegels auf schwere und leichte Böden ausübte, ist noch nicht genauer untersucht. Als Arbeitshypothese wird mit der Vernässung schwerer, schlecht entwässerter Böden der Jungmoräne die sich im letzten vorchristlichen Jahrtausend abspielende Verlagerung des Siedlungsschwergewichtes aus manchen jungglazialen Tongebieten in die durchlässigeren Sand- und sandigen Lehmgebiete der vorletzten Vereisung in Nordwestdeutschland und Jütland erklärt.[48]

Mit Sicherheit hängt mit diesem Feuchterwerden des Klimas in den mitteldeutschen Schichtstufenlandschaften eine neue „Generation" von Kantenabbrüchen zusammen, durch die Randbereiche der Plateaus abbrachen und abrutschten.[49] Siedlungsgebiete sind dadurch vermutlich nicht betroffen worden, möglicherweise sind aber Wege und Ackergebiete verschüttet. In jedem Falle lassen sich – wenn auch vorerst nur in Einzelfällen – partielle Störungen von Befestigungen durch solche Randabbrüche erkennen.

In welchem Zusammenhang dieser Klimawechsel mit einer etwaigen Verlagerung zyklonaler Störungsbahnen in den gemäßigten Klimazonen gestanden hat, ist noch nicht untersucht und es bleibt eine, wenn auch ansprechende Vermutung von A. W. Brögger,[50] daß sich in jener Zeit die Seefahrtbedingungen in Nord- und Ostsee grundlegend geändert hätten und den Anstoß zur Entwicklung hochbordiger Schiffe mit hochgezogenen Steven, wie sie etwa im Nydamschiff vorliegen, gegeben hätten, weil die alten, flachbordigen Schiffe nach der Art des Hjortspringbootes dem rauher gewordenen Wetter und der gröberen See nicht mehr gewachsen waren. Ob dann die kurze Phase der Erwärmung und Austrocknung unmittelbar vor Chr. Geb. mit dem zu vermutenden Einfluß auf den Grundwasserstand eine Bedeutung für die damals zu beobachtende neue Wahl von Siedlungsböden gehabt hat, bleibt schon deshalb fraglich, weil mit dieser klimatischen Veränderung auch von ihr unabhängige technologische Wandlungen, wie zunehmende Eisengewinnung und -verarbeitung mit der Bereitstellung größerer Eisenmengen für schwerere zur Rodung notwendige Eisengeräte und die Entwicklung des schwereren Streichbrettpfluges parallelliefen. Durch sie mag die damals zu beobachtende, mit Rodung

[48] H. Jankuhn, Archaeologia Geographica Jg. 3, 1952, 23–35, wieder abgedruckt in: Archäologie und Geschichte I, 1976, 69–104.

[49] H. Jankuhn; F. Köhncke, Göttinger Jahrb. 7, 1959, 37–70.

[50] A. W. Brögger, Arkeologi og Historie, 1937, 20ff.

verbundene Inanspruchnahme schwerer Böden im nördlichen Mitteleuropa gefördert, wenn nicht überhaupt erst ermöglicht worden sein. Dafür mögen auch soziale Strukturveränderungen von Bedeutung geworden sein, auch wenn heute noch nicht klar erkennbar ist, ob die sich im archäologischen Quellenmaterial, und zwar in den „Fürstengräbern" der Jahrzehnte um Chr. Geb. niederschlagende Wandlung der Sozialstruktur eine Voraussetzung oder aber eine Folge der neu einsetzenden Rodungsperiode ist.

Die Klimabesserung der karolingischen Zeit, die bis zum Ende des Mittelalters anhielt, hat – sieht man einmal von den Nordatlantikexpeditionen der Skandinavier ab – vorläufig noch keine erkennbaren Auswirkungen im Bereich des Siedlungswesens gezeitigt. Sicherlich wird man die Vorschiebung der Nordgrenze des Weinbaus damit in Zusammenhang bringen können. Gekoppelt mit anthropogenen Eingriffen hat sie möglicherweise den Anlaß zu Dünenbildungen geliefert.

Alles in allem haben sich in dem von der Siedlungsarchäologie zu bearbeitenden Zeitraum von 8 bis 10 Jahrtausenden beträchtliche großräumig wirkende Veränderungen der Umwelt abgespielt, auf die der Mensch reagiert hat, wobei bisher weitgehend die Veränderungen im Bereich kleinklimatischer Siedlungsfaktoren unberücksichtigt bleiben, nachdem ihre Bedeutung für Siedlung und Wirtschaft gerade eben von Sielmann eingehend dargestellt worden ist, wie weiter unten gezeigt werden soll.[51]

---

[51] vgl. S. 105 Anm. 75.

II. BEISPIELE FÜR SIEDLUNGSARCHÄOLOGISCHE UNTERSUCHUNGEN

6. DIE ERFORSCHUNG DER BESIEDLUNG

a) Beispiele für Besiedlung

Die quellenmäßige Grundlage für die Erforschung der Besiedlung und die dafür zur Verfügung stehenden Methoden sind oben bereits kurz dargestellt worden. Hier sollen lediglich einige Beispiele für die einzelnen, dem Archäologen zugänglichen Besiedlungsvorgänge kurz dargestellt und erläutert werden, wobei natürlich nur exemplarisch vorgegangen, nicht aber die Fülle der bisher erforschten Sachverhalte vorgelegt werden kann.

Will man über die rein pragmatische Darstellung von Besiedlungsquerschnitten zu bestimmten Perioden hinaus auch die Frage nach den Triebkräften der Besiedlung beantworten – und sie stellt sich sofort bei diachronischen Längsschnitten von Besiedlungsvorgängen in einer Landschaft –, dann muß man sich immer wieder ins Bewußtsein rufen, daß Besiedlungsvorgänge von bestimmten Faktoren beeinflußt oder gesteuert werden (Abb. 24).

Die naturräumlichen Voraussetzungen sind einmal wichtig für die Eingrenzung von Siedlungsmöglichkeiten, sie können zum anderen aber auch wesentliche Bedeutung als Antriebskräfte für Verlauf und Richtung von Besiedlungsvorgängen gewinnen, wenn es sich etwa darum handelt, bestimmte, leicht bebaubare und Ertrag versprechende Areale zu besetzen oder wichtige Lagerstätten in Besitz zu nehmen.

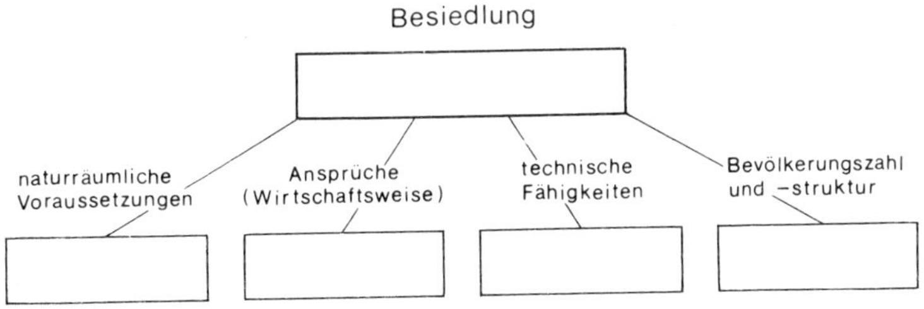

Abb. 24 Schema der bei der Besiedlung wirksamen Faktoren

Die Ansprüche der Siedler richten sich nach ihrer gewohnten Wirtschaftsweise und Lebenshaltung, so werden etwa auf Anbau von Weizen eingestellte Ansiedler nur unter dem Druck besonders schwerwiegender Anlässe auf den gewohnten Boden verzichten. Die technischen Möglichkeiten endlich setzen scharfe Grenzen, die ohne technische Innovationen nicht zu überschreiten sind. Endlich sind die Bevölkerungszahl und die soziale Struktur von entscheidender Bedeutung für den Siedlungsvorgang selbst.

Siedlungsbilder können über längere Zeit konstant bleiben, wenn ein Gleichgewicht der siedlungsbestimmenden Faktoren eingetreten ist, sie können sich kurzfristig und intensiv ändern, wenn sich einzelne Faktoren – etwa die Bevölkerungszahl – stärker wandeln.

Die kausale Bedingtheit sich entwickelnder Siedlungsvorgänge – also die Dynamik der Besiedlung in ihren Ursachen – zu erforschen und sie damit historisch zu verstehen, gehört zu den schwierigsten Aufgaben siedlungsarchäologischer Forschung, die sich oft damit begnügt, zeitlich differenzierte Zustandsbilder der „Besiedlung" eines Gebietes aneinanderzureihen. Zur Erklärung von Verschiedenheiten wird zumeist ein sehr kleiner Katalog hypothetischer Ursachen wie „Übervölkerung" oder „Klimaverschlechterung" und wenige andere Faktoren angeführt. Die oft gewiß multikausalen Anstöße zu erfassen, ist bisher kaum jemals möglich gewesen, doch bleibt die Aufdeckung solcher Ursachenverflechtungen ein wichtiges Ziel der Forschung.

1. Besiedlungsbild nach Grabfunden

Die Grabfunde eignen sich für die Darstellung der Besiedlung in den Perioden und in den Räumen, für die sie gleichmäßig stark und ohne durch Selektion bestimmte Lücken vorliegen. Das ist einmal für die ältere Bronzezeit mit ihren Grabhügelfeldern und für die vorrömische Eisenzeit und römische Kaiserzeit dort der Fall, wo etwa im keltischen Bereich große Körpergräberfelder oder im germanischen Gebiet Urnenfriedhöfe vorliegen. In Gebieten mit merowingerzeitlichen Reihengräberfriedhöfen eignen sich diese dafür, doch darf dabei nicht übersehen werden, daß selbst im ostfränkischen Gebiet Bereiche wie Mittel- und Nordhessen trotz ihrer Zugehörigkeit zum Frankenreich außerhalb der Wetterau kaum Reihengräberfriedhöfe geliefert haben.

Der große Vorzug einer Darstellung besiedelter Räume aufgrund von Friedhöfen liegt in der meist gut bestimmbaren Chronologie der Grabfunde, die es gestatten, auch den Zeitfaktor für Besiedlungsvorgänge in Ansatz zu bringen. Darüberhinaus bieten gut untersuchte und sorgfältig bearbeitete Friedhöfe zusätzlich die Möglichkeit, paläodemographische

Abb. 25 Die merowingerzeitlichen Reihenfriedhöfe im südwestdeutschen Alemannen-Gebiet aus dem 6. und 7. Jahrhundert (nach H. Steuer)

Entwicklungen zu erkennen und darzustellen. Legt man etwa die Karte der merowingerzeitlichen Reihengräberfriedhöfe des südwestdeutschen Alemannen-Gebietes aus dem 6. und 7. Jahrhundert zugrunde (Abb. 25), so gewinnt man zwar eine Vorstellung der Abhängigkeit besiedelter Gebiete von den orographischen und hydrographischen Gegebenheiten, nicht dagegen eine klare Vorstellung der jeweils gleichzeitig bestehenden Ansiedlungen. Die geringere Standortstabilität vor- und auch noch frühgeschichtlicher Ansiedlungen kann sehr leicht dazu führen, daß Ansiedlungen nur kurzfristig am gleichen Platz bestehen, dann aber öfter verlegt werden.[52]

Ob in einem solchen, bei Ansiedlungen selbst gelegentlich nachweisbaren Falle auch die Friedhöfe verlegt werden, zumal wenn die Ansiedlungen sich nur geringfügig verlagerten, ist noch nicht untersucht. Hier könnte die Standortgebundenheit der Friedhöfe größer sein als die der Siedlungen. In der Tat zeigt sich, daß die großen Friedhöfe der Merowingerzeit, die im 6. Jahrhundert beginnen, meist bis zum Ende dieser Grabsitte im 7. Jahrhundert am gleichen Platz liegenbleiben. In der Nähe solcher Ansiedlungen später einsetzende Friedhöfe wird man in aller Regel als Sepulturen von Ausbausiedlungen ansehen dürfen (vgl. unten S. 87–89). Jedenfalls sollte man, wenn man Friedhöfe einer Darstellung des besiedelten Gebietes zugrundelegt, mindestens die grobe zeitliche Gliederung der Gräberfelder berücksichtigen.

2. Besiedlungsbild nach Ansiedlungen

Anders liegen, allerdings meist nur vom Forschungsstand her, die Verhältnisse bei Besiedlungskarten aufgrund von Siedlungen. Es gibt Gebiete, wo, wie etwa auf den großen Ostseeinseln Gotland und Öland, in Norwegen oder auf Grönland, eine Bauweise mit Häusern aus Sodenwänden auf Feldsteinfundamenten vorherrscht, bei der auch nach der Zerstörung oder Verödung der Häuser auch ohne Grabungen oberflächlich leicht erkennbare Hausspuren übrigbleiben, die bei Inventarisationsarbeiten im Gelände sicher auszumachen und kartographisch gut festzulegen sind. Siedlungskarten solcher Gebiete können einen hohen Grad an Sicherheit aufweisen, wenn feststeht, daß neben diesen leicht erkennbaren Hausbauten keine anderen aus stärker vergänglichem Material existierten.

Das kann aufgrund zahlreicher Grabungen z. B. für Öland und für Gotland gesagt werden, so daß die dort gewonnenen Karten der Verteilung von Ansiedlungen weitgehend die Besiedlung der Inseln im 3. bis 5./6. Jahrhundert richtig wiedergeben.[53] Unklar bleibt allerdings die feinere Datierung, und man wird auch einer solchen Karte nicht mit völliger Si-

[52] R. Schindler, Archaeologia Geographica 2, 1952–1955, 51–60; C. J. Becker, Acta Archaeologica 42, 1971, 79–110.

[53] M. Stenberger, Öland under äldre järnåldern, Stockholm 1933; J. Nihlén; G. Boëthius, Gotländska gårdar och byar under äldre järnåldern. Studier till Belysning av Gotlands äldre odlingshistoria, Stockholm, (Norrköping) 1933.

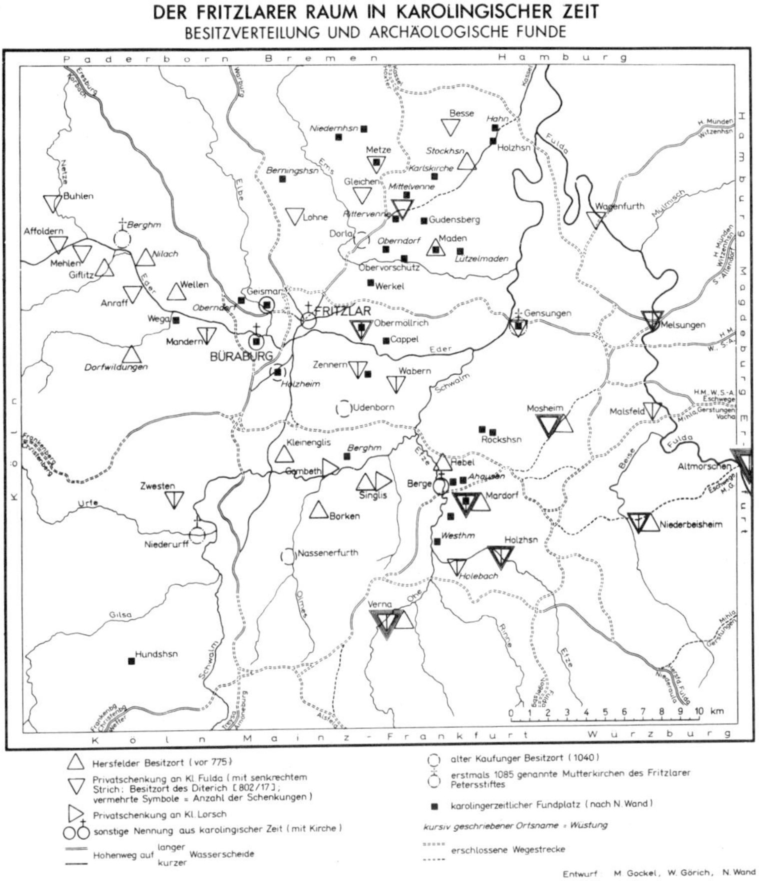

Abb. 26 Karte der karolingischen Siedlungen im Wabern-Fritzlarer Becken nach archäologischen und historischen Quellen (nach Gensen)

cherheit eine Antwort auf die Frage abgewinnen können, welche Ansiedlungen zu einem bestimmten Zeithorizont wirklich gleichzeitig bestanden.

Weit schwieriger liegen die Verhältnisse dort, wo auf der Oberfläche nur geringfügige Spuren alter Ansiedlungen zu erkennen sind. Die damit verbundenen Schwierigkeiten sind oben bereits umrissen worden (vgl.

S. 13–16). Legt man etwa das Wabern-Fritzlarer Becken zugrunde,[54] so zeigt sich deutlich (Abb. 26), daß auch im frühgeschichtlichen Bereich weder die historische Erwähnung noch die topographisch-archäologische Fundaufnahme für sich allein genommen, ein erschöpfendes Bild der Besiedlung vermittelt. Für die Zeit vor dem Einsetzen schriftlicher Quellen, in der also die Kontrolle durch die historische Bezeugung fortfällt, bleibt die Auffindung der Ansiedlungsreste selbst vielfach die einzige, wenn auch gewiß lückenhafte Möglichkeit zur Festlegung der Besiedlung. Dabei bleibt zu bedenken – was oben schon bei den Friedhöfen vermerkt wurde – daß die Standortstabilität von Ansiedlungen bisweilen gering ist. Nimmt man hinzu, daß Ansiedlungen beim heutigen Forschungsstand noch schwieriger zu datieren sind als Gräberfelder, so wird man bei der Beantwortung der Frage, welche der archäologisch nachgewiesenen Siedlungen wirklich gleichzeitig nebeneinander bestanden haben, vorerst noch sehr vorsichtig sein müssen. An Orten, an denen dann genügend Grabungen vorliegen, wird man mit weit größerer Sicherheit Anfang und Ende der Besiedlungen – unter Umständen auch eine Unterbrechung bei gleichbleibendem Standort – nachweisen können.

3. Siedlungskarten auf Grund von erschöpfender Inventarisation aller „siedlungsanzeigenden" Funde

Dort, wo die archäologische Landesaufnahme eine erschöpfende Inventarisation aller siedlungsanzeigenden Funde vorgenommen hat, ist vielleicht das vollständigste Bild der Besiedlung zu gewinnen. Das Beispiel Klappholz in der Landschaft Angeln (Abb. 6) zeigt deutlich, was man auch ohne Grabung an Resten beobachten kann: den Siedlungsplatz selbst, den Urnenfriedhof, die Ackerflur, Raseneisenerzlager und Verhüttungsplätze. Ähnlich läßt der Platz Esmarch-Süderfeld, ebenfalls in Angeln gelegen, eine solche Siedlung mit Siedlungsplatz, Urnenfriedhöfen, Verhüttungs- oder Verarbeitungsplätzen, Opferplatz und Ackerfluren erkennen (Abb. 27). Durchforscht man mit solchen Methoden der Inventarisation große Gebiete, dann ergibt sich ein relativ vollständiges Bild. Da aber bei einem solchen Vorhaben keineswegs alle Elemente, die oben genannt wurden, an jedem Siedlungsplatz nachgewiesen werden konnten, ergibt sich, daß eine noch so sorgfältige Inventarisation, auch mit gut geschulten Kräften, keineswegs wirklich alle Siedlungselemente ausmachen kann.

---

[54] N. Wand, Die Büraburg bei Fritzlar. Burg – „oppidum" – Bischofssitz in karolingischer Zeit, Marburg 1974, bes. 155–163; R. Gensen, Die Frühgeschichte des Fritzlarer Raumes. In: Fritzlar im Mittelalter. Festschrift zur 1250-Jahrfeier, Fritzlar 1974, 10–40.

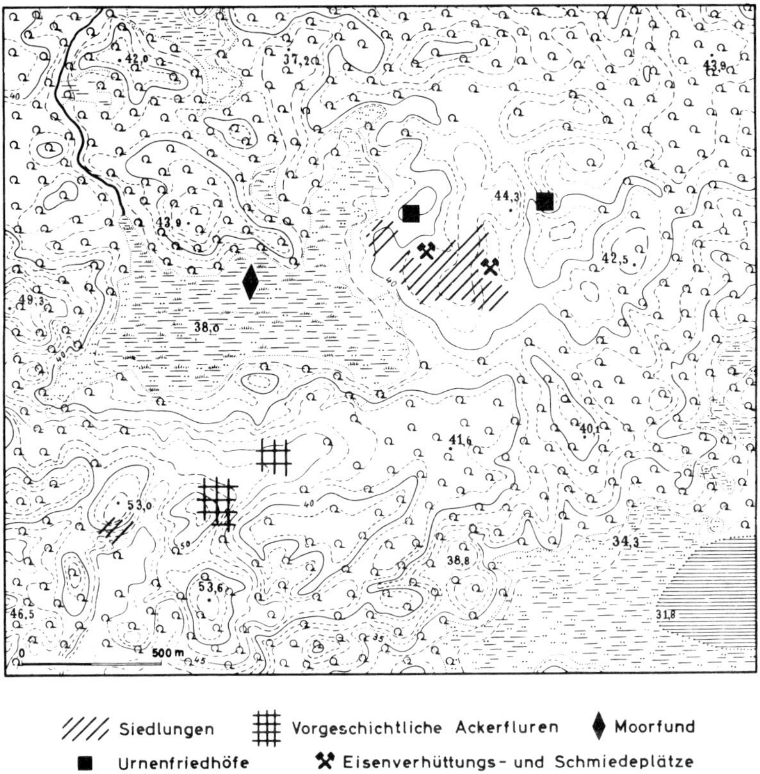

Abb. 27 Fundplätze der römischen Kaiserzeit in der Gemarkung Esmark-Süderfeld in Angeln, Kr. Schleswig

Über die Gründe dieser Erscheinung, die mannigfaltiger Art sein können (vgl. oben S. 24f.), soll hier nicht weiter gesprochen werden. Immerhin stellen solche Karten der archäologischen Landesaufnahme, von denen hier als Beispiel eine Karte von Südwestangeln wiedergegeben ist (Abb. 28), die bisher vollständigste Erfassung von Ansiedlungen dar, denn man wird in der Nähe eines Urnenfriedhofs eine Ansiedlung annehmen dürfen (ob umgekehrt zu jeder nachgewiesenen Ansiedlung auch ein Urnenfeld gehört, ist schon nicht mehr ganz so sicher), und man wird in der Nähe von Ackerfluren auch die dazugehörende Siedlung zu vermuten haben. Bei Verhüttungsplätzen oder Verarbeitungsstellen für Eisen ist die Annahme einer dazugehörenden Dauersiedlung nicht gesichert, da man sich auch Schmieden oder Rennfeueröfen außerhalb der geschlossenen Siedlungen vorstellen kann.

Bei aller Vollständigkeit einer solchen Karte zur Besiedlung eines bestimmten Raumes haftet ihr insofern ein Unsicherheitsfaktor an, als die Zeitstellung jeder Siedlung nur mit einer Ausgrabung auf jedem einzelnen Platz oder bei einem Absammeln der Oberflächenfunde über einen längeren Zeitraum hinweg zu sichern ist.

Wie schon bei den Friedhöfen ist mehr noch bei den Ansiedlungen der Zeitansatz nur im Rahmen der archäologischen Zeitstufen möglich, die jeweils zwei, drei oder mehr Generationen überspannen können, ohne daß – bisher wenigstens – in den meisten Fällen eine feinere Einordnung möglich wird. Der Archäologe wird also als „gleichzeitig" ansehen, was in eine nicht weiter zu untergliedernde Zeitstufe gehört, und sie kann 100 bis 200 Jahre umspannen. Nimmt man die Instabilität der Siedlungsplätze hinzu, so wird man mit der Möglichkeit rechnen müssen, daß in einem gewissen Raum auch archäologisch „gleichzeitige" Ansiedlungen sich zeitlich überhaupt nicht berührt zu haben brauchen. Das ist gewiß ein Mangel, und die Forschung hat sich darum bemüht, feinere Methoden der chronologischen Gliederung zu entwickeln. Eine solche Methode stellt etwa die Dendrochronologie dar. Aber sie setzt die Erhaltung von Holz voraus. Dort, wo diese Bedingungen gegeben sind, etwa bei neolithischen oder urnenfelderzeitlichen Ansiedlungen Südwestdeutschlands und der Schweiz, oder bei frühgeschichtlichen Ansiedlungen des Nordseeküstenbereichs oder im östlichen Schleswig-Holstein wird man bald zu wesentlich gesicherteren Zeitansätzen gelangen können.

b) Schwerpunktverlagerungen in der Besiedlung

In der Siedlungsforschung herrschte lange Zeit uneingeschränkt die Vorstellung von der Konstanz der einmal in früher Zeit besetzten Siedlungsräume, die dann nur durch Vergrößerung an den Rändern oder durch randliche Schrumpfung verwandelt worden wären. Dieses Vorstellungsmodell trifft zweifellos für manche Gebiete zu, aber keineswegs für alle. Neben solchen Ausbau- und Verödungsvorgängen gibt es Schwerpunktverlagerungen der Besiedlung, bei denen altbesiedelte Landschaften die Hauptmasse ihrer Besiedlung verloren – ohne allerdings wohl ganz zu veröden – und andere angrenzende Landschaften verstärkt besiedelt wurden. Solche Vorgänge unterscheiden sich nur graduell vom Landausbau, zumeist dadurch, daß die Kernlandschaften eine bemerkbare Entsiedlung erkennen lassen. Von Interesse für weiterführende Interpretationen sind solche Verlagerungen dann, wenn dabei verschiedene Biotope bevorzugt werden, weil sich dann die Frage nach den Ursachen leichter beantworten läßt.

Als Beispiel soll auf eine solche Verlagerung im nordwestlichen Jütland verwiesen werden,[55] wo sich sehr verschiedene ökologische Bereiche unmittelbar berühren (Abb. 29). Den Nordteil des Kartenblattausschnittes nimmt wenig entkalkter Tonboden der Jungmoräne (Würm-Vereisung) ein, der ein bewegtes Profil besitzt und teilweise wegen abflußloser Hohlform schlecht zu entwässern ist. An ihn schließen sich Geschiebesande der letzteiszeitlichen Endmoräne an, und diesen vorgelagert sind tiefentkalkte Sanderflächen, durch die sandige, ebenfalls tiefentkalkte Grundmoränenkuppen der vorletzten (Riss-) Vereisung aufkragen.

Für landwirtschaftliche Nutzung bieten die schweren Böden gute Voraussetzungen, allerdings auch stärkere Bewaldung, während die schneller zur Erschöpfung neigenden leichteren Böden im Südteil des Kartenblattausschnittes nur einen leichteren Eichen-Birken-Wald trugen, allerdings mit einfachen Ackergeräten auch leichter zu bewirtschaften waren. Während das ältere Neolithikum die schweren Böden bevorzugte, gewann im Jungneolithikum mit dem Erscheinen einer neuen, der sogenannten Einzelgrabkultur, der leichtere Sandboden an Bedeutung. In der Bronzezeit konzentrierte sich der Schwerpunkt der Besiedlung auf die Grenzzonen zwischen Alt- und Jungmoräne, während sich in der vorrömischen Eisenzeit (Abb. 29) eine deutliche Schwerpunktverlagerung auf die leichten Sandböden hin und um Christi Geburt eine erneute Rückverlagerung (Abb. 30) auf die schweren Böden abspielte.

Da sich ähnliche Schwerpunktverlagerungen auch in anderen Grenzgebieten zwischen Jung- und Altmoräne, wie etwa in Schleswig-Holstein vollzogen,[56] und zudem die beiden Biotope recht unterschiedlich ausgestattet waren, wird man keine zufällige Entwicklung annehmen dürfen. Für die Beantwortung der Frage nach den Ursachen eines solchen Wandels bieten sich grundsätzlich zwei verschiedene Möglichkeiten an: die Deutung als Folge naturräumlicher Wandlungen und die Erklärung durch anthropogene Faktoren. Beide Ursachenkomplexe können sich überkreuzen.

Bei der jungneolithischen Inanspruchnahme der leichteren Sandböden durch eine neu auftretende, archäologisch gut erkennbare und meist mit dem Auftreten einer neuen Bevölkerungsgruppe erklärten Kulturgruppe[57] hat man an zwei Erklärungsmöglichkeiten gedacht: einmal könnte

---

[55] H. Jankuhn, Archaeologia Geographica, Jg. 3, 1952, 23–35; wieder abgedruckt in: Archäologie und Geschichte 1, 1976, 69–104.

[56] H. Jankuhn, a.a.O.

[57] J. Brøndsted, Nordische Vorzeit Bd 1, Steinzeit in Dänemark, Neumünster 1960, 287–310.

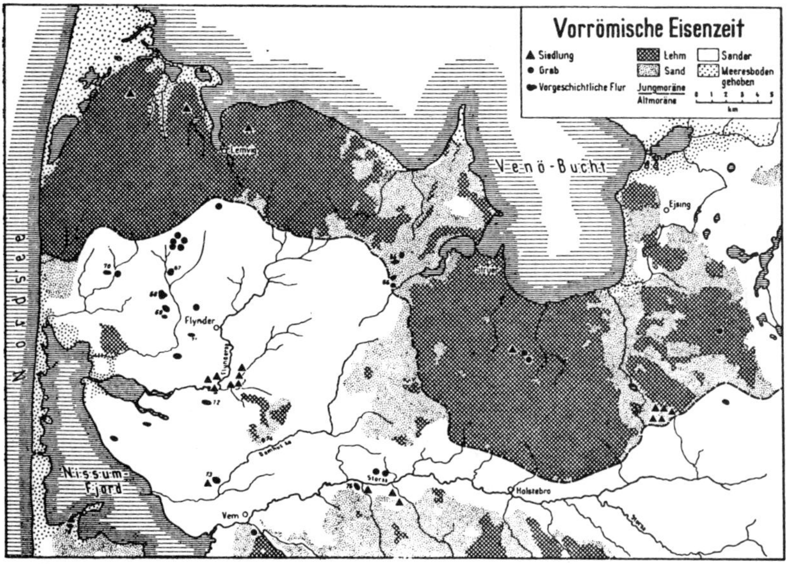

Abb. 29 Nordwestjütland südlich des Limfjordes mit Besiedlung der vorrömischen Eisenzeit (nach T. Matthiassen, H. Jankuhn und M. Müller-Wille)

der bessere Boden durch die alteingesessene Gruppe der Megalithkultur „besetzt" gewesen sein, zum anderen könnten die neueindringenden Träger der Einzelgrabkultur für ihre Wirtschaftsform auf den leichteren Böden bessere Voraussetzungen gefunden haben, so daß nicht – jedenfalls nicht primär – ein ethnischer Unterschied, sondern eine Verschiedenartigkeit der Wirtschaftsform für die geographische Verteilung maßgebend gewesen wären.

Eine Entscheidung in dieser Alternative ist aufgrund der Grabfunde nicht zu treffen. Dagegen würde sich bei verstärkten Untersuchungen auf Siedlungsplätzen mit Sicherheit die Wirtschaftsform beider Gruppen klären lassen und die Frage zu beantworten sein, ob unterschiedliche Wirtschaftsformen verschiedenartige Ansprüche an die naturräumlichen Gegebenheiten stellen und sich daraus unter Umständen die Wahl verschiedener Biotope erklären läßt.

Die sich seit der Bronzezeit abzeichnende Bevorzugung der Randgebiete zwischen Alt- und Jungmoränen, also eines Gebietes, an dem die

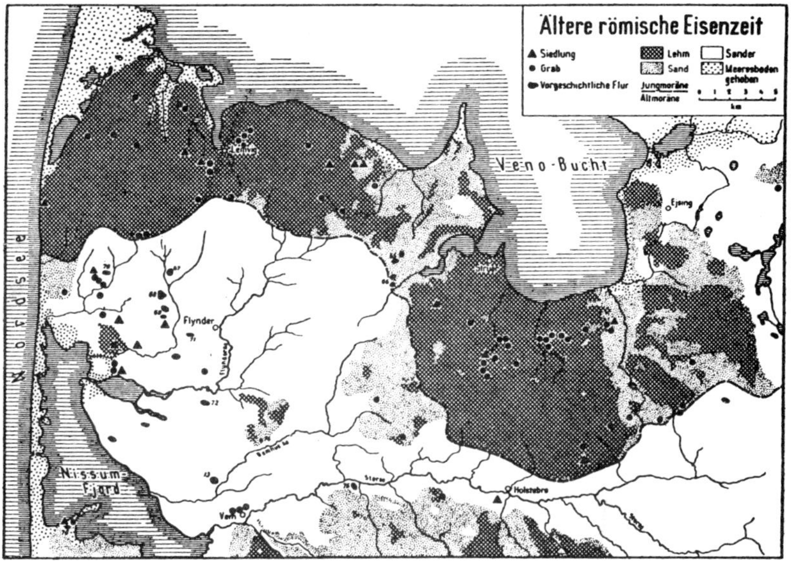

Abb. 30 Nordwestjütland südlich des Limfjordes mit der Besiedlung zur älteren römischen Kaiserzeit (nach T. Matthiassen, H. Jankuhn und H. Müller-Wille)

beiden verschiedenen Biotope unmittelbar aneinander stoßen, und die in der vorrömischen Eisenzeit deutlich erkennbare Bevorzugung der leichteren Böden und die weitgehende Räumung der schweren Tonböden im Jungmoränengebiet fallen in eine Zeit starker Veränderungen. So fällt der ältere Teil der vorrömischen Eisenzeit, in dem die schweren Böden weitgehend geräumt werden, mit einer zu Versumpfung (etwa im Harz) führenden Feuchtphase und mit einer Kaltphase zusammen.

Im jüngeren Teil der vorrömischen Eisenzeit und in der römischen Kaiserzeit vollzieht sich eine Klimaerwärmung und ein Trockenerwerden des Klimas. Ob die sich in der gleichen Zeit am Südufer der Nordsee abspielende Meeresregression mit ihrer Rückwirkung auf den Grundwasserspiegel im küstennahen Raum auch noch bis in den Nordwesten der jütischen Halbinsel wirksam war, ist unsicher. Da aber auch an der Ostküste der jütischen Halbinsel um Chr. Geb. entweder ein Stillstand des Meeresspiegelanstieges oder ein geringfügiger Rückgang beobachtet werden konnte (vgl. Abb. 12), wird man auch für Nordwestjütland mit einem ähnlichen Ablauf der Veränderungen im Bereich der Küstenlinie rechnen können.

Wie sich nun diese Veränderungen im Temperatur- und Niederschlagsklima und die vermutete Wandlung im Grundwasserstand auf die Siedlungsart des Menschen und auf seine Wirtschaftsweise ausgewirkt haben können, läßt sich nicht mit Sicherheit sagen, daß aber eine Verfeuchtung der schweren Tonböden den Ackerbau erschwerte und sich nur auf Waldweide günstig auswirkte, und daß leichte Sandböden unter verstärkten Niederschlägen – jedenfalls für eine gewisse Zeit – ackerbaulich günstiger nutzbar waren als in reinen Trockenperioden, läßt sich wohl sagen. Hier mögen also in der Tat die erkennbaren naturräumlichen Veränderungen mitgewirkt haben. Die kurz vor Chr. Geb. erkennbar werdende Rückwendung zu den schweren Böden mag auch andere mitwirkende Ursachen gehabt haben. Die Inanspruchnahme selbst kleiner Anbauflächen war ohne Rodung nicht möglich, und welche Rodungsart auch immer man anwandte, jede war von der Verfügung über schwere Rodegeräte – und das heißt in dieser Periode von vornherein von Eisen – abhängig. Das in diese Zeit fallende Aufkommen des schweren Streichbrettpfluges, der sich gerade auch für die Beackerung schwerer Böden eignete, mag hinzugekommen sein. Ob die sich um Chr. Geb. abzeichnende Wandlung der Sozialstruktur, wie sie sich jedenfalls archäologisch erkennbar im Auftreten der sogenannten „Fürstengräber" andeutet, eine Voraussetzung oder eine Folge der mit Rodung verbundenen Inanspruchnahme solcher schwerer Böden war, läßt sich mindestens jetzt noch nicht erkennen.

Man wird also für solche Schwerpunktverlagerungen im Bereich der Siedlungsgebiete sowohl naturräumliche wie anthropogene Ursachen in Betracht zu ziehen haben, und bei den letzteren sich verändernde wirtschaftliche Ansprüche, technische Möglichkeiten und soziale Strukturwandlungen zu berücksichtigen haben.

Solche schwerpunktmäßige Verlagerung von Siedlungsgebieten vollzieht sich nicht nur auf der jütischen Halbinsel. Der Vorstoß der Bevölkerung von der Geest in Drenthe (Niederlande) in die westfriesische Marsch zu Beginn der Eisenzeit – hier also der Übergang von leichtem auf schwere Böden – und die Rückwendung auf die leichten Böden der Geest in der Kaiserzeit stellt einen ähnlichen Vorgang, allerdings gerade unter entgegengesetzten Voraussetzungen dar, doch ist es auch hier möglich, wenigstens begründete Vermutungen über die Ursachen für die Verlagerung der Siedlungsräume anzustellen (vgl. oben S. 84f.).

Wahrscheinlich wird man auch im Mittelgebirge einen Wechsel von Tal- und Hanglagen erkennen können, wenn hier die Voraussetzungen durch umfangreiche Inventarisationsarbeiten des archäologischen Materials geschaffen sein werden.

c) Erweiterung der Siedlungsgebiete durch Ausbauvorgänge

1. Der Landesausbau

Als Landesausbau wird hier ein Vorgang bezeichnet, der zur Anlage von Ausbausiedlungen in der näheren Umgebung fester alter Kernsiedlungen führt, ohne daß diese dadurch erkennbar geschwächt werden. Solche Anlagen von Ausbauhöfen oder -dörfern wird es wohl zu sehr verschiedenen Zeiten gegeben haben, ohne daß man sie heute bei dem weitgehenden Fehlen von Siedlungsuntersuchungen immer schon gut erkennen kann. Nur dort, wo die Anlage neuer Siedlungsstellen in gewisser Entfernung von der Muttersiedlung auch zur Anlage neuer Friedhöfe geführt hat, läßt sich der Vorgang bei dem derzeitigen Stand der Forschung näher studieren, obwohl auch beim Aufspüren von Siedlungsstellen und dem sorgfältigen, über längere Zeit durchgeführten Absammeln datierbarer Oberflächenfunde solche Ausbauvorgänge zu erkennen sind.

Bei dem Studium dieses Ausbaus aufgrund von Friedhöfen wird man immer damit rechnen müssen, daß es auch Ausbauhöfe gegeben haben wird, die weiterhin den alten Friedhof der Muttersiedlung benutzten, der Anlage von Ausbauhöfen also keineswegs immer auch die Anlage neuer Friedhöfe entsprochen haben muß. Nur die Berücksichtigung beider Quellengruppen – also der Siedlungen und der Friedhöfe – kann hier wirklich gesicherte Erkenntnisse vermitteln.

Am Beispiel Hailfingen (Abb. 31) ist der Vorgang der Anlage von Ausbauhöfen besonders deutlich an den Friedhöfen zu erkennen.

Südlich des heutigen Ortes neben dem alten, leider nicht untersuchten Siedlungsplatz (Abb. 31, Nr. 5), liegt der Kernfriedhof der Muttersied-

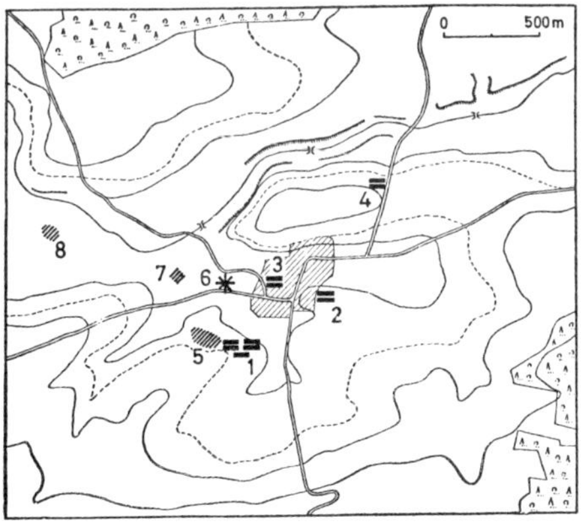

Abb. 31 Hailfingen mit den Friedhöfen der Merowingerzeit 1–4 Reihengräber; 5, 7 u. 8 Siedlungsstellen; 6 Burgstelle (nach H. Stoll)

lung (Abb. 31, Nr. 1), der im frühen 6. Jahrhundert belegt wird. Im 7. Jahrhundert entstehen kleine, offenbar zu einzelnen Höfen oder kleinen Höfegruppen gehörende Friedhöfe (Abb. 31, Nr. 2, 4, 5). Die geringe Entfernung von der Kernsiedlung begründet die Vermutung, daß hier vom Mutterdorf im 7. Jahrhundert Ausbauhöfe abgespalten sind, deren Sepulturen dann bald wieder an den Friedhof bei der Kirche herangezogen wurden.

Solche zu Ausbausiedlungen gehörenden Friedhöfe meist des 7. Jahrhunderts lassen sich vielfach im Bereich der Reihengräberfriedhöfe nachweisen. Ihre Deutung als Hinweis auf Ausbauvorgänge ist allerdings von dem Altersverhältnis zwischen dem alten Kernfriedhof und den Grabplätzen der Ausbaufriedhöfe abhängig, denn nicht immer müssen zwei auf ein altes Dorf bezogene Friedhöfe in dieser Richtung gedeutet werden. Bisweilen erklärt sich das Nebeneinander zweier Gräberfelder auch durch die ethnisch verschiedenartige Herkunft der Bewohner. Böhner hat bei Wintersdorf an der Sauer,[58] einem Ort mit zwei Friedhöfen wahrscheinlich gemacht, daß der östliche Friedhof den Bestattungsplatz der kontinuierlich seit der Spätantike bis in die fränkische Zeit hier siedelnden und bestattenden Provinzialbevölkerung darstellt, während das westliche, rheinfränkische, in das ausgehende 5. oder beginnende 6. Jahrhundert – also in die Landnahmezeit – zurückreichende Gräberfeld zugewanderten Franken zugeschrieben werden muß.

Aber nicht nur Anlage von Ausbausiedlungen in unmittelbarer Nähe des Mutterdorfes, sondern auch das Vorschieben neuer Siedlungen in das weitere Vorfeld alter Kernsiedlungen ist für diesen Landesausbau typisch und für die Merowingerzeit auch nachzuweisen. Am Beispiel des Breisgaus läßt sich zeigen, wie sich um die alten Siedlungen des 6./7. Jahrhunderts von Mengen und Tiengen (Abb. 32) jüngere Ausbausiedlungen des 7. Jahrhunderts gruppieren, wobei etwa im Mühlbachtal die mit Schutt angereicherten Gebiete oberhalb von Uffhausen hin bis nach Biezighofen erst im späteren 7. Jahrhundert besiedelt werden. Auch solche Vorgänge sind an verschiedenen Stellen beobachtet und beschrieben worden.

Durch eine chronologische Analyse der einzelnen Gräberfelder läßt sich dabei zeigen, daß die verhältnismäßig dichte Belegung eines Gebietes in der Merowingerzeit das Ergebnis solcher Ausbauvorgänge vornehmlich im 7. Jahrhundert darstellt.[59]

---

58 K. Böhner, Die fränkischen Altertümer des Trierer Landes 1. Teil, Berlin 1958, 309.

59 G. Fingerlin, Zur alamannischen Siedlungsgeschichte des 3.-7. Jahrhunderts. In: W. Hübener (Hrsg.), Die Alemannen in der Frühzeit, Freiburg 1974, 45–88, bes. im Vergleich der Karten Abb. 1, Abb. 5 u. Abb. 9.

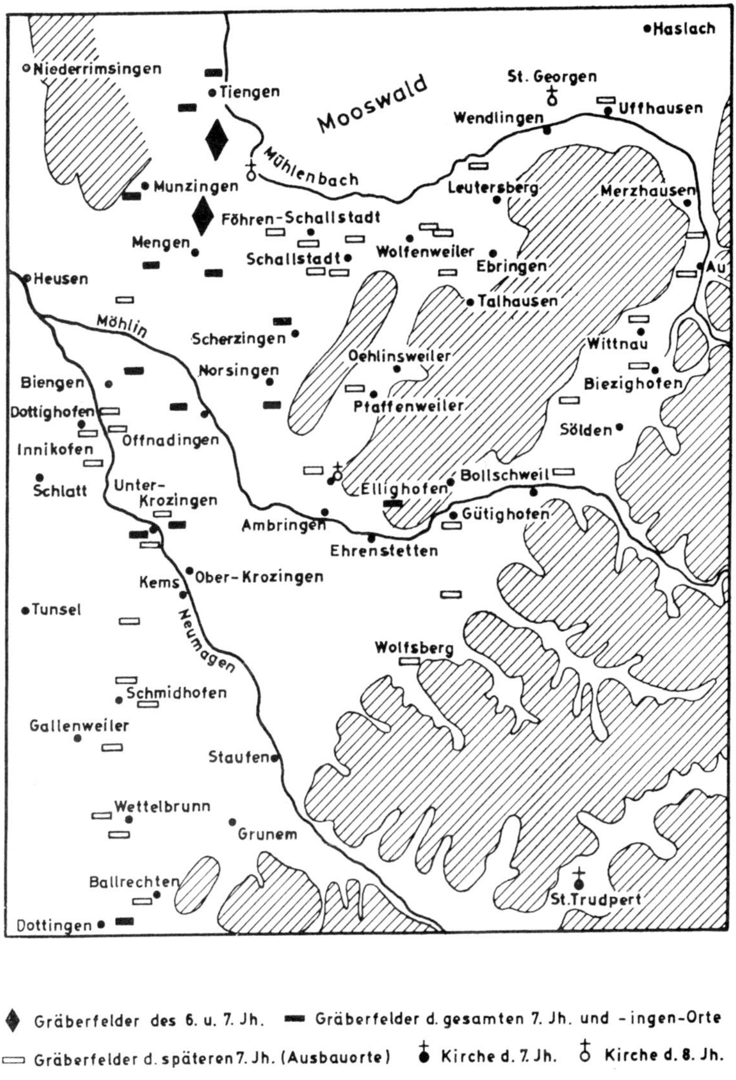

Abb. 32 Ausbauvorgänge der Merowingerzeit im Breisgau aufgrund der Reihengräberfelder des 6. und 7. Jh. (nach Steuer)

2. Die Binnenkolonisation

Nur graduell von dem hier beschriebenen Landesbau unterschieden ist das, was hier „Binnenkolonisation" genannt wird. Damit wird die Inbesitznahme größerer un- oder dünnbesiedelter Landstriche durch Bevölkerungsgruppen verstanden, deren Herkunft nicht unbedingt aus dem unmittelbar angrenzenden, dichter besiedelten Landesteil angenommen zu werden braucht. Auch diesem Vorgang der Erweiterung besiedelten Landes entspricht in der Regel keine archäologisch erkennbare Besiedlungsausdünnung an anderer Stelle. Auch hier handelt es sich in der Regel um zusätzliche Landnahme in unbesiedeltem oder nur dünn besiedeltem Gebiet.

Den Zustand des neu in Nutzung genommenen Landes vor Beginn der Landnahme wird man nur selten allein mit archäologischen Quellen erfassen können, denn aus dem häufigen Fehlen aller Funde aus der Zeit vor dem Beginn der Neubesiedlung auf fehlende Vorbesiedlung überhaupt zu schließen, würde einen Schluß e silentio und damit ein großes Risiko bedeuten, zumal nachdem sich an verschiedenen Stellen gezeigt hat, daß die „Fundleere" eines Raumes keineswegs immer einer „Siedlungsleere" entsprechen muß, sondern auch andere Ursachen verschiedener Art haben kann (vgl. oben S. 24f.). Einen sichereren Weg zur Kenntnis der Besiedlungsverhältnisse bzw. der naturräumlichen Situation vor dem Beginn der Neusiedlung eröffnen in der Regel die für die Klärung solcher Fragen geeigneten naturwissenschaftlichen Disziplinen, bisweilen auch – jedenfalls in frühgeschichtlichen Perioden – die Ortsnamenforschung.

Am deutlichsten ist die von K. Schwarz herausgearbeitete Neubesiedlung der Oberpfalz und Oberfrankens in karolingisch-ottonischer Zeit zu erkennen (Abb. 33). Schwarz hat nicht nur die Landnahme, sondern auch den Ausbau des karolingischen Herrschaftssystems mit archäologischen Mitteln durch Aufnahme und Untersuchung der landesherrlichen Burgen und der Kirchenorganisation in diesem im 9. und 10. Jahrhundert neu erschlossenen Gebiet untersucht.[60] Vorerst noch nicht erforscht ist der Anteil der von Osten in diesen Raum eingewanderten Siedler slawischen Volkstums, das sich in der Hauptsache nordöstlich von Bamberg offenbar unter fränkischer Hoheit niedergelassen hatte. So ist die Situation in Nordostbayern nicht nur ein gutes Beispiel für einen solchen großräumigen Landesausbau, der hier als Binnenkolonisation bezeichnet wird, sondern zugleich paradigmatisch für die Beteiligung verschiedener ethnischer Gruppen und die organisatorische Durchdringung des neu in Besitz

---

[60] K. Schwarz, Der frühmittelalterliche Landesausbau in Nordost-Bayern, archäologisch gesehen. In: Ausgrabungen in Deutschland, gefördert von der Deutschen Forschungsgemeinschaft 1950–1975, Bd. 2, Mainz 1975.

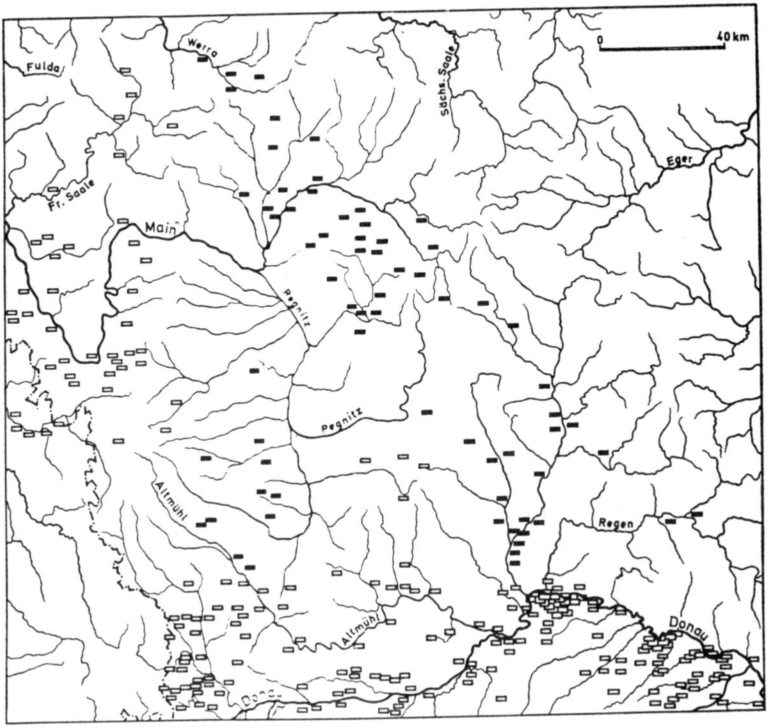

Abb. 33 Frühmittelalterlicher Landausbau in Nordostbayern. Merowingerzeitliche (▭) und karolingerzeitliche (▬) Reihengräberfelder (nach K. Schwarz und Roth)

genommenen Raumes, wobei allerdings der Zustand dieses Gebietes in der unmittelbar der Landnahme vorangehenden vorkarolingischen Zeit noch unklar bleibt.

Als zweites Beispiel für diesen Vorgang soll das von Dannheimer untersuchte Mittelfranken im Regnitz-Rezat-Gebiet, also im südwestlichen Teil des eben für Nordostbayern beschriebenen Vorganges dargestellt werden (Abb. 34).

Die offenbar von Süden in das Gebiet des Oberlaufs der Altmühl und in das Rezat-Regnitz-Gebiet eindringende Besiedlung der Karolingerzeit greift hier ganz eindeutig auf Sandboden, also auf Böden zweiter Wahl, über. Wenigstens für den südwestlichen Zipfel der für Nordostbayern beschriebenen Landnahme wird man ein Knapperwerden des besseren Bodens und ein Ausweichen auf leichtere Böden vermuten dürfen. Sollten

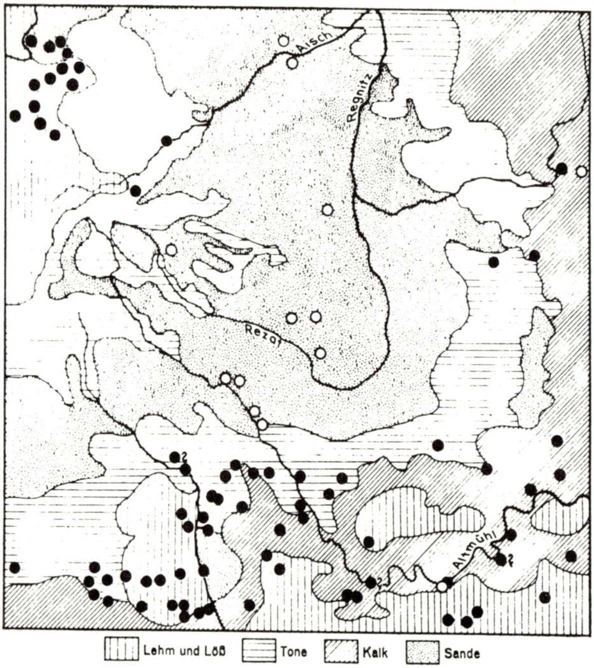

Abb. 34 Merowingerzeitliche (•) und karolingisch-ottonische (○) Reihengräber in Mittelfranken und seinen Nachbargebieten in ihrer Beziehung zum Boden (nach Dannheimer)

die Verhältnisse im Bereich des Niederschlagsklimas in Nordostbayern ähnlich gewesen sein wie in Norddeutschland, so würde das Einsetzen einer feuchteren Klimaphase zu Beginn der Karolingerzeit die Inbesitznahme sandiger Böden vielleicht erleichtert haben. Indessen liegen für das nördliche und nordöstliche Bayern leider keine ähnlichen, subtilen Untersuchungen über die Klimaentwicklung in frühgeschichtlicher Zeit vor wie für Nord- und Nordwestdeutschland, und man wird eine so weiträumige Übertragung der für Norddeutschland gewonnenen Daten wohl nicht wagen dürfen, sondern nur die Frage stellen können, wieweit niederschlagsklimatische Entwicklungen dabei eine Rolle gespielt haben könnten. Ebenso wichtig allerdings wäre die Beantwortung der Frage, ob die Neusiedler auf den höher gelegenen Sandgebieten sich etwa in ihrer Wirtschaftsform von den Bewohnern der tiefer liegenden Lehm-, Ton- und Kalkböden unterschieden haben.

d) Der paläodemographische Hintergrund des Landesausbaus

Während das Fehlen von Siedlungsuntersuchungen leider die Beobachtung wirtschaftlicher Entwicklungen im Altsiedelland und im neu besiedelten Gebiet unmöglich macht, gestatten die gut untersuchten Reihengräberfelder die Darstellung demographischer Erscheinungen (Tabelle, Abb. 35).

Die auf der Grundlage von Analysen der großen Friedhöfe frühgeschichtlicher Zeit entwickelten paläodemographischen Methoden müssen zwar auf das feine Instrumentarium moderner demographischer Forschungsmöglichkeiten verzichten, können aber gleichwohl, wenn auch mit etwas gröberen Methoden und dadurch notwendig werdenden größeren Toleranzen, gewisse Grundlinien der Bevölkerungsentwicklung feststellen. Sie können vor allem

1. die quantitative Veränderung der sich in der Bestattungsgemeinschaft eines Friedhofes spiegelnden Population und
2. die quantitative Entwicklung solcher Bevölkerungsgruppen in ihrer anthropologischen Konstitution und ihrem Gesundheitszustand untersuchen.

Für den unter 2 genannten Punkt ist eines der eindrucksvollsten Beispiele die aufgrund des Skelettmaterials vom Friedhof von Herjulfsnes auf Grönland feststellbare starke Degeneration der Grönländer vor ihrem Aussterben.[61] Die quantitativen Veränderungen von Populationen gestatten – in Zusammenarbeit mit der Siedlungsarchäologie – die Untersuchung des Verhältnisses von Bevölkerungswachstum und Nahrungsspielraum.

Für die Erforschung der Bevölkerungsentwicklung in einer hinter einem Gräberfeld stehenden Population, die die Forschung schon seit langem interessiert hat, sind erst in jüngster Zeit neue Gesichtspunkte maßgebend und neue Formeln für die Errechnung entwickelt worden.[62] Während früher die Forschung direkt aus der Gesamtzahl der Bestatteten auf einem Reihengräberfriedhof die Zahl der gleichzeitig Lebenden ermitteln zu können glaubte, hat die Tatsache, daß Säuglinge und Kleinkinder oftmals nicht auf den Friedhöfen beigesetzt worden sind, zu einer die Zahlen erheblich verändernden Korrektur gezwungen. Hier haben schwedische und ungarische Forscher aufgrund von Sterbetafeln und statistischen Ermittlungen aus dem Mittelalter und der älteren Neuzeit – also aus Epochen noch vor dem Einsetzen medizinischer Vorsorgemaßnahmen – für die Ermittlung der Gesamtzahl der in einer „Friedhofsgemeinschaft" Gestorbenen (D) – also nicht der auf dem Friedhof Begrabenen – als

[61] P. Nørlund, Wikingersiedlungen in Grönland, Leipzig 1937.

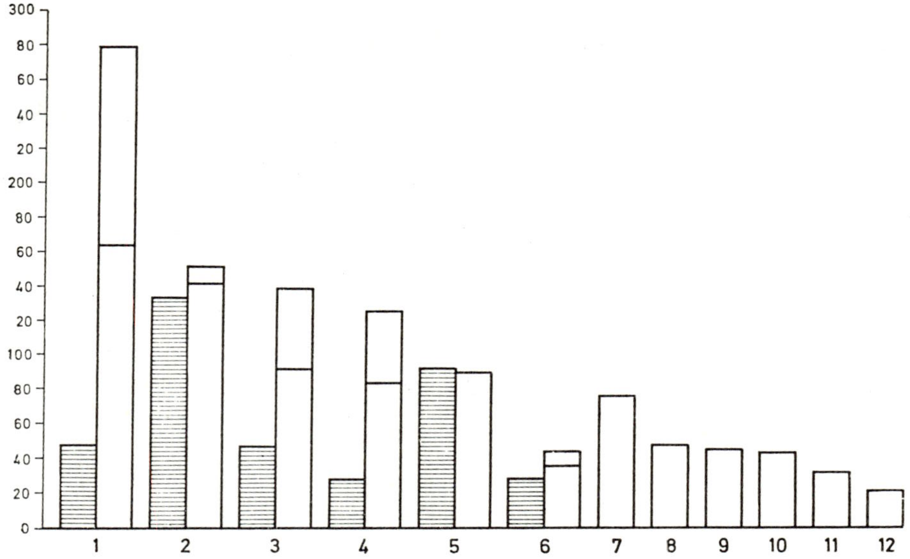

Abb. 35 Tabelle der Bevölkerungsvermehrung aufgrund demographischer Untersuchungen an merowingerzeitlichen Reihengräberfeldern Süd- und Westdeutschlands (nach Donath und Ullrich)

1 Hailfingen	4 Bülach	7 Grimmelshofen	10 Beggingen-Löbern
2 Junkersdorf	5 Marktoberdorf	8 Pulling	11 Lörrach-Stetten
3 Herten	6 Köln-Müngersdorf	9 Eisenach	12 Basel

= 6. Jh. = 7. Jh.

Faktoren die mittlere Lebenserwartung Neugeborener (= e) und den Belegungszeitraum des Friedhofs (= t) in Ansatz gebracht. Die druchschnittliche Bevölkerungszahl (= P) einer solchen Population ergibt sich aus der Formel

$$P = K + \frac{D \cdot e_0^0}{t}$$

wobei K als Korrekturfaktor in Höhe von 10% der Bruchzahl hinzugefügt wird.

Daß bei einem solchen Verfahren der Chronologie nicht nur der Merowingerzeit im ganzen, sondern auch ihrer Unterteilung eine große Bedeutung zukommt, ist leicht einzusehen. Die bisher vorgelegten Berechnungen von Bevölkerungszahlen gehen von einem Chronologie-Schema aus, das in den letzten Jahren eine gewisse Modifizierung erfahren hat. Die bisher errechneten Zahlen werden sich also bei Berücksichtigung dieser Wandlung noch geringfügig verändern.

Immerhin bieten die Zahlen einen größenordnungsmäßigen Hinweis auf die Bevölkerungsentwicklung merowingerzeitlicher Bestattungsgemeinschaften, auch wenn die Unterschiede zwischen dem „6. Jahrhundert" und dem „7. Jahrhundert" nicht ganz so krass ausfallen werden wie sie auf der Abb. 35 erscheinen.

Bestehen bleibt mit Sicherheit eine erhebliche Bevölkerungszunahme im jüngeren Teil der Merowingerzeit und die große Zahl der Friedhöfe, die nur Beisetzungen des „7. Jahrhunderts" aufweisen, spiegelt die in diesem Zeitraum neu angelegten Ausbausiedlungen wider.

Zur Erklärung des oben Gesagten über die Veränderungen im Bereich der Chronologie der Merowingerzeit sei nur bemerkt, daß den Berechnungen eine Chronologie zugrundeliegt, die davon ausging, daß man auf archäologischem Wege die Trennung der älteren von der jüngeren Merowingerzeit um etwa 600 n. Chr. Geb. festlegen konnte, sich hier also für das archäologische Material zwei etwa gleich große Zeitabschnitte von 500 bis 600 n. Chr. und von 600–700 n. Chr. ergaben. Die durchaus richtig gesehene Grenze zwischen der älteren und der jüngeren Merowingerzeit verschiebt sich um etwa eine Generation, sie liegt also nicht bei 700 n. Chr., sondern bei 660/670 n. Chr. Geb. Der bisher als Ende des archäologischen Materials von den Reihengräberfriedhöfen angenommene Zeitpunkt verschiebt sich ebenfalls um einige Jahrzehnte weiter rückwärts, so daß man es nicht mit zwei etwa gleich langen Zeiträumen von je 100 Jahren (500–600 und 600–700 n. Chr.) zu tun haben dürfte, sondern

[62] P. Donat; H. Ullrich, Zeitschr. f. Archäol. 5, 1971, 234–265.

mit etwas ungleich langen Abschnitten von etwa 500–560/70 und von 560/70–660/70 n. Chr.[63]

Wenn sich als Folge dieser neu gewonnenen chronologischen Einsichten auch die in dem beigefügten Diagramm sichtbar gemachten Unterschiede zwischen dem „6. Jahrhundert" und dem „7. Jahrhundert" ein wenig mildern, so ändert sich doch nichts an der Tatsache einer starken Bevölkerungsvermehrung im jüngsten Teil der Merowingerzeit, also in jenem Zeitabschnitt, in dem der verstärkte Landesausbau beginnt.

Über die Ursachen dieser „Bevölkerungsexplosion" seit dem ausgehenden 6. Jahrhundert soll hier nicht gesprochen werden, einige Gesichtspunkte lassen sich aus allgemeinen methodischen Überlegungen gewinnen, wie etwa das Abschneiden der Expansionsmöglichkeiten nach der Abwanderung der Langobarden nach Italien im Jahre 568 n. Chr. Damit war die während der ganzen „Völkerwanderungszeit" mögliche Abwanderung als Ventil für einen Bevölkerungsüberschuß verstopft. Andere, innere Entwicklungen mögen hinzugekommen sein, doch kann dieses Problem hier nicht weiter verfolgt werden. Jedenfalls wird man, wie schon bei der Frage nach den Ursachen der „Schwerpunktverlagerung" dargelegt, wirtschaftliche Veränderungen und politisch-soziale Strukturwandlungen ebenfalls im Auge behalten müssen.

Für die hier erörterte Frage nach den Ursachen für die Gewinnung neuen Siedlungslandes durch Ausbau und Binnenkolonisation wird man die starke Bevölkerungszunahme in der jüngeren Merowingerzeit als einen wesentlichen, wenn vielleicht auch nicht den allein maßgebenden Faktor zu berücksichtigen haben.

e) Wüstungsvorgänge und Wüstungsperioden

Die Wüstungsproblematik ist im wesentlichen von der geographischen und der wirtschaftsgeschichtlichen Forschung entwickelt worden. Dabei stand die große Wüstungsperiode in der 2. Hälfte des 14. Jahrhunderts im Mittelpunkt des Forschungsinteresses. Für sie ergab sich ein übereinstimmend große Teile Europas erfassender „Wüstungsvorgang", der die Forschung dazu berechtigte, von einer „Wüstungsperiode" zu sprechen und nach ihren überregional wirksamen Ursachen zu fragen. Hier stellt sich nun die Frage, ob mit solchen „gebündelten Wüstungsvorgängen" auch für die älteren Zeitabschnitte zu rechnen ist.

---

[63] Durch die Entdeckung des Arnegunde-Grabes in Saint-Denis und die Auffindung des reichen Frauengrabes unter dem Kölner Dom hat sich die Chronologie im oben angegebenen Sinne geändert, vgl. T. Sjøvold, Viking Bd. 27, 1964, 55–81.

Dabei muß zunächst auf eine grundsätzlich andere Ausgangssituation für die älteren Zeitabschnitte hingewiesen werden. Im hohen und im späten Mittelalter war – durch die Grundherrschaft verursacht – die Platzkonstanz der Siedlungen trotz geringfügiger Verschiebungen einzelner Hausplätze relativ groß. Das war, wenigstens zu einem bestimmten Teil, in der Frühzeit anders. Hier war die Platzgebundenheit einer Ansiedlung keineswegs immer so groß wie später. Natürlich konnten aus individuellen Ursachen einzelne Höfe zu allen Zeiten aufgelassen werden und wüst liegenbleiben, aber auch ganze Gruppensiedlungen – Dörfer – konnten aufgegeben und bisweilen in unmittelbarer Nähe neben dem alten Standort – manchmal nur 100 m entfernt davon – wieder aufgebaut werden. Dabei wird zweifellos nicht nur ein einzelner Hof, sondern ein ganzes Dorf „wüst", und es entsteht auch ein Wüstungsplatz, den man sogar ausgraben kann, ohne daß ein solcher Vorgang als „Wüstwerden" im späteren Sinne bezeichnet werden muß. Das erschwert die Erforschung von „Wüstungsperioden", die doch voraussetzen, daß Ansiedlungen in der von ihnen bewirtschafteten Landschaft aufhören zu existieren.

Um diese Frage sicher beurteilen zu können, ist die Siedlungsarchäologie zu der oben bereits erwähnten Erforschung kleinräumiger Siedlungslandschaften übergegangen (vgl. oben S. 38f.).

1. Archäologische Gesichtspunkte

Ohne die Ausgrabung ganzer Ansiedlungen oder doch wenigstens großer Teile von ihnen und ohne die Absicherung, daß diese Ansiedlungen nicht in unmittelbarer Nähe wieder aufgebaut worden sind, wird man mit archäologischen Mitteln allein nicht viel aussagen können.

Allerdings kann sich das Aufhören der Besiedlung oder ihre starke Ausdehnung auch durch den Abbruch von Gräberfeldern zu erkennen geben, doch ist eine solche Ausdeutung mit großen Fehlermöglichkeiten behaftet. Über ein nur scheinbares Aufhören der Friedhöfe in Mittelschweden am Beginn der Eisenzeit, das sich als Fehlinterpretation erwies, ist schon oben (vgl. S. 8–13) gesprochen worden. Eine zweite Möglichkeit, durch ein nur scheinbares Aufhören der Friedhöfe einer Landschaft zu falschen Ausdeutungen zu gelangen, ergibt sich dann, wenn ein Wandel von leicht erkennbaren zu schwer erkennbaren Bestattungen eintritt, etwa beim Übergang von leicht auffindbaren Urnenbestattungen in geringer Tiefe zu tief angelegten Körperbestattungen.

Lange Zeit hindurch hat man für Nordwestdeutschland im 4. und 5. nachchristlichen Jahrhundert mit dem Aufhören der Urnenfriedhöfe eine Siedlungslücke, also einen Wüstungsvorgang angenommen, bis sich zunehmend erkennen ließ, daß hier mindestens in großen Teilen des Gebietes ein Wechsel der Bestattungsform vorlag,[64] also von einem durch den Abbruch von Friedhöfen angezeigten Aufhören der Besiedlung nicht gesprochen werden kann.

Eine sorgfältige chronologische Analyse von Friedhöfen in Verbindung mit demographischen Untersuchungen läßt, wie das Beispiel des Friedhofes von Mahndorf bei Bremen lehrt,[65] gelegentlich auch eine Ausdünnung der Bevölkerung erkennen. Bei Mahndorf konnte der Ausgräber und Bearbeiter Grohne wahrscheinlich machen, daß eine in der jüngeren römischen Kaiserzeit etwa 80 gleichzeitig lebende Personen umfassende Bestattungsgemeinschaft in der Völkerwanderungszeit auf etwa 15 gleichzeitig Lebende schrumpfte, die dann bis zum Beginn der Karolingerzeit wieder auf etwa 70 bis 75 Personen anwuchs. Stellt man dazu die an verschiedenen Stellen der nördlicher gelegenen Marsch beobachtete Tatsache, daß ein großer Teil der Wurtensiedlungen ebenfalls im 5. Jahrhundert aufgelassen wurde,[66] dann wird man auch den Befund von Mahndorf als Zeugnis für einen starken Bevölkerungsrückgang nehmen dürfen.

Auch bei Ansiedlungen wird aus einem Aufhören einer Ansiedlung nicht ohne weiteres auf einen Wüstungsvorgang geschlossen werden können. Das Beispiel von Grøntoft in Jütland z. B. lehrt,[67] daß eine Ansiedlung kurzfristig immer wieder aufgegeben werden und in unmittelbarer Nähe des alten Standortes wieder aufgebaut werden konnte, mit dem Wüstwerden des Dorfplatzes also kein eigentlicher Wüstungsvorgang verbunden war.

Allerdings zeigen Siedlungen, die z. B. in der Nordseemarsch unter ganz bestimmten naturräumlichen Bedingungen stehen, daß die auf Wurten auf andere, neu errichtete Wohnhügel oder in die flache Marsch hingegeben wurden, ohne daß zur gleichen Zeit neue Wurten in annähernd gleicher Zahl entstanden, so daß eine Verlegung der Siedlungen von Wurten auf andere, neu errichtete Wohlhügel oder in die flache Marsch hinein in der Völkerwanderungszeit weitgehend ausgeschlossen werden kann.

---

[64] Kurzprotokoll der „Niedersächsisch-westfälischen Tagung über frühmittelalterliche Siedlungsgeschichte“ vom 12.–14. 10. 1953 in Georgenhütte/Osnabrück. In: Westfälische Forschungen Bd. 7, 1953–1954, 266–287; für Kontinuität der Entwicklung: A. Genrich, Nachr. a. Nieders. Urgesch. H. 30, 1961, 9–54.

[65] E. Grohne, Mahndorf, Frühgeschichte des Bremischen Raumes, Bremen-Horn 1953.

[66] P. Schmid, Neue Ausgrabungen und Forschungen in Niedersachsen 4, 1969, 158–169.

[67] C. J. Becker, Acta Archaeol. 42, 1971, 79–110. Weitere Literatur: Archäologie und Geschichte Bd. 1, 1976, 242 Anm. 60.

Hier läßt sich also in der Marsch ein „gebündelter" Wüstungsvorgang erkennen. Auch für die jüngerkaiserzeitlichen und völkerwanderungszeitlichen Höfe Südwestnorwegens läßt das plötzliche Aufhören der Siedlungen in den Gebirgstälern um 500 oder bald danach eine solche regionale Wüstungsphase vermuten, während die sehr gut untersuchten Verhältnisse auf Öland und Gotland im Hinblick auf das auch hier zu beobachtende Wüstwerden der Höfe im 6. Jahrhundert hinsichtlich der Annahme eines einheitlichen Wüstungsvorganges noch schwer zu deuten sind.

Immerhin läßt auch ein großräumiger Überblick über ausgegrabene Ansiedlungen in Mitteleuropa doch erkennen, daß trotz aller sicherlich „individuell", das heißt nur vom Einzelfall her erklärbaren Wüstungen, sich zu einem gewissen Teil das Wüstwerden ausgegrabener Siedlungen doch auf bestimmte Jahrhunderte konzentriert. Die von W. Janssen vorgelegte Tabelle[68] zeigt einen solchen Schwerpunkt im 4., 5. und 6. nachchristlichen Jahrhundert, einen zweiten in der Karolingerzeit und einen dritten im 12. Jahrhundert.

Von dem erstgenannten Vorgang in der Spätantike werden große Teile Mittel- und Nordeuropas erfaßt, durch ihn wurde eine wesentliche Voraussetzung für die Entstehung des historischen Bevölkerungsbildes in Mitteleuropa mit der Einwanderung neuer ethnischer Gruppen in bevölkerungsleer oder -arm gewordene Gebiete geschaffen, wie etwa der Westslawen in das östliche Mitteleuropa, der Dänen in den Südosten der jütischen Halbinsel und der Nordfriesen in das heute nach ihnen benannte Gebiet Westschleswigs. Die mit dem Wüstwerden von Ansiedlungen der vorgeschichtlichen oder der frühgeschichtlichen Zeit verknüpfte Problematik hinsichtlich der Ursachen und auch der Auswirkungen ist von der siedlungsarchäologischen Forschung noch nicht aufgegriffen worden.

2. Paläoethnobotanische Ergebnisse

Ob Landschaften durch Wüstungsprozesse verödeten, läßt sich allein mit archäologischen Methoden nicht sicher feststellen. Dafür bietet die Vegetationsgeschichte, wie sie sich mit Hilfe der Pollenanalyse erforschen läßt, ein verhältnismäßig sichereres Hilfsmittel. Schon das Fortfallen der An-

[68] W. Janssen, Methodische Probleme archäologischer Wüstungsforschung, Nachr. d. Akad. d. Wiss. in Göttingen I. Phil.-Hist. Kl. Jg. 1968, Nr. 2, 39; in ergänzter Form: W. Janssen, Dorf und Dorfformen des 7. bis 12. Jahrhunderts im Lichte neuer Ausgrabungen in Mittel- und Nordeuropas. In: H. Jankuhn; R. Schützeichel; F. Schwind (Hrsg.), Das Dorf der Eisenzeit und des frühen Mittelalters. Siedlungsform – wirtschaftliche Funktion – soziale Struktur, Abhandlungen der Akad. d. Wiss. in Göttingen, Phil.-Hist. Kl., Dritte Folge, Nr. 101, Göttingen 1976.

zeiger für Getreidebau und der mit diesem verbundenen Ackerunkräuter legt einen Schluß auf das Aufhören mindestens des Anbaus nahe. Solche Untersuchungen sind an verschiedenen Stellen durchgeführt worden. Erstmalig wurde die Frage, ob die Fundleere in der Landschaft Angeln zwischen 500 und 800 n. Chr. Geb. als „Siedlungsleere" oder aber als „Forschungslücke" aufzufassen sei, untersucht, und dabei wurden die auch heute noch üblichen Grundsätze entwickelt.[69] Später sind Untersuchungen mit gleicher Zielsetzung im nördlichen Niedersachsen durchgeführt worden. Das Abbrechen der Getreidepollenkurve als Indiz für Siedlungsuntersuchungen wurde für die Beantwortung der Frage nach dem Kontakt von Restgermanen der Völkerwanderungszeit und einwandernden Slawen des frühen Mittelalters im östlichen Mitteleuropa herangezogen.[70] Die Unterbrechung des Getreideanbaus allein wird allerdings kein völlig sicheres Indiz für die Verödung einer Landschaft abgeben.

Entfallen aber auch die Anzeiger für Viehhaltung unter den Kräutern, (vgl. oben S. 66), so wird die Wahrscheinlichkeit eines starken Rückganges der acker- und viehwirtschaftlichen Nutzung eines Gebietes durch den Menschen noch größer. Endlich führt jede menschliche Ansiedlung im natürlichen Waldland Mittel- und Nordeuropas zu einer Auflichtung des Waldes, und sie läßt sich am Verhältnis der Baumpollen zu den Kräuterpollen meist deutlich ablesen, wie umgekehrt die Verödung eines vom Menschen genutzten Gebietes mit der Verwaldung einhergeht. Auflichtung natürlichen Waldlandes wie auch Verwaldung verödeten „Kulturlandes" lassen sich mit Hilfe der Pollenanalyse bisweilen unterstützt von der Bodenkunde gut erkennen, und darauf abzielende Untersuchungen gehören heute zu den notwendigen Kontrollen siedlungsarchäologischer Feststellung von Rodung und Wüstung.[71]

f) Eigene Aussagen der Botanik und Bodenkunde

Wenn hier von begleitenden oder kontrollierenden Untersuchungen im botanischen und bodenkundlichen Bereich gesprochen wurde, so sollte

---

[69] H. Jankuhn; R. Schütrumpf, Siedlungsgeschichte und Pollenanalyse in Angeln, Offa Bd 10, 1955, 28–45; mit Nachträgen wieder abgedruckt in: Archäologie und Geschichte Bd. 1, 1976, 1976, 40–66 (Nachträge 66–68).

[70] E. Lange, Botanische Beiträge zur mitteleuropäischen Siedlungsgeschichte, Ergebnisse zur Wirtschaft und Kulturlandschaft in frühgeschichtlicher Zeit, Berlin 1971; dazu: H. Jankuhn, Rodung und Wüstung in vor- und frühgeschichtlicher Zeit, Vorträge und Forschungen Bd 18, 1975, 79–129; wieder abgedruckt in: Archäologie und Geschichte Bd. 1, 1976, 213–262, bes. 253f.

[71] H. Jankuhn, a.a.O. (vgl. Anm. 70) und H. Schmitz. In: 37.–38. Ber. d. Röm.-German. Komm. 1956–1957, 206–214; dazu auch: F. Overbeck, Botanisch-geologische Moorkunde, Neumünster 1975, 527f., 532.

dadurch nicht der Eindruck entstehen, daß damit die Funktionen beider Disziplinen für die Siedlungskunde erschöpft seien.

Eine auf die Klärung der Vegetationsgeschichte ausgerichtete Botanik, wie auch die Bodenkunde, können auch für sich allein und ohne jede Anlehnung an archäologische, geographische oder historische Untersuchungen Aussagen zur Besiedlungsgeschichte einer Landschaft und bis zu einem gewissen Grade auch zu ihrer wirtschaftlichen Nutzung machen (vgl. oben S. 66).

Die Zahl der vegetationsgeschichtlichen Arbeiten, die ohne engere Verbindung etwa zur Siedlungsarchäologie Aussagen über menschliche Besiedlung und wirtschaftliche Nutzung bestimmter Räume machen, ist dort, wo die Voraussetzungen für ihren Einsatz gegeben sind, d. h. also dort, wo Moore oder Seeablagerungen Pollen konserviert haben, schon heute groß, und besiedlungsgeschichtliche Forschungen im archäologischen Bereich werden in Zukunft ohne eine solche enge Zusammenarbeit jedenfalls dort wo die Voraussetzungen dafür gegeben sind, kaum noch möglich sein.

Das gleiche gilt für die Bodenkunde. Nachdem sie in der Lage ist, die organogenen Einwirkungen auf den Boden zu erkennen und dabei anthropogene Einflüsse sichtbar zu machen, vermag sie die menschliche Einwirkung auf den Boden meist besser zu erfassen als die Archäologie. Das Studium der Auelehmbildung etwa (vgl. oben S. 51f.) hat in den Mittelgebirgen wesentlich dazu beigetragen, Besiedlung und Bewirtschaftung der Flußufergebiete zu erkennen; während umgekehrt im glazialen Aufschüttungsgebiet des nördlichen Mitteleuropa über das Studium der Exhaustationsprozesse vornehmlich magerer Böden oder der Dünenbildung menschliche Eingriffe in den Boden schon in früher Zeit weit besser sichtbar gemacht werden können, als mit archäologischen Methoden allein.

Die Verbindung beider Disziplinen mit der Archäologie ist bisher in der Hauptsache an die Sicherung der Chronologie geknüpft, wenn hier allerdings auch die ^{14}C-Methode und andere rein naturwissenschaftliche Datierungsmethoden (wie z. B. die Dendrochronologie) sowohl Botanik wie auch Bodenkunde weitgehend unabhängig gemacht haben.

g) Methodische Möglichkeiten und Grenzen einer siedlungsarchäologischen Erforschung von Be- und Entsiedlungsvorgängen

Bei einer aufeinander abgestimmten Untersuchung von Be- und Entsiedlungsvorgängen mit archäologischen, botanischen und bodenkundlichen Methoden ist ein verhältnismäßig hoher Grad an Sicherheit zu erzielen, wobei die drei genannten Methoden sich nicht nur kontrollieren sondern sich sinnvoll ergänzen sollten.

Schwieriger zu untersuchen sind Teilvorgänge, also etwa partielle Dorf- oder Flurwüstungen, denn für die quantitative Beurteilung von Siedlungsvorgängen sind sehr engmaschige Untersuchungen notwendig. Sie liegen zwar methodisch im Bereich des Möglichen, sind aber wegen der hohen Inanspruchnahme von Personal und Mitteln schwer und – wenn überhaupt – wohl nur kleinräumig durchzuführen, wobei dann wieder die Gefahr unzulänglicher Verallgemeinerungen nur lückenhaft möglicher Aussagen entsteht.

Ebenso schwer ist bei der Neubesiedlung „leerer" Landschaften das Vorhandensein von älteren Bevölkerungsresten zu ermitteln. Dafür versagen mitunter auch die naturwissenschaftlichen Methoden. Hierfür können wenigstens in gewissen Grenzen philologische Methoden helfen, wenn etwa das Überleben alter Ort-, Gewässer- oder Geländenamen die Annahme wenigstens einer geringen Restbevölkerung nahelegen.

h) Einbettung in die naturräumlichen Gegebenheiten

Die Entwicklung der an der Erforschung der naturräumlichen Verhältnisse beteiligten Disziplinen hat in den letzten Jahrzehnten ein zunehmend differenziertes Bild der Landschaft und ihrer natürlichen Wandlungen im Hinblick auf Boden, Wasserhaushalt, Klima und Vegetation erarbeitet. Ähnlich hat sich im archäologischen Bereich die Quellenbasis wesentlich verbreitert und die Möglichkeit chronologischer Gliederung des Materials verbessert.

So ist es heute besser möglich, als vor einigen Jahrzehnten, das Siedlungsbild einer Zeit in den dazugehörenden naturräumlichen Rahmen zu stellen. Das aber hat die Konsequenz, daß jeder siedlungsarchäologischen Untersuchung eines Gebietes eine Untersuchung der naturräumlichen Gegebenheiten und ihrer zeitlichen Wandlungen parallellaufen sollte, insbesondere dann, wenn solche siedlungsarchäologischen Untersuchungen längere Zeiträume überspannen. Schien es lange Zeit hindurch ausreichend, einer siedlungsgeschichtlichen Auswertung archäologischen Materials eine Übersicht über die geologischen Gegebenheiten des behandelten Gebietes vorauszustellen, so wird mit zunehmender Differenzierung der landschaftskundlichen Forschung hier auch eine differenziertere Grundlage notwendig werden.

Nachdem die pollenanalytische Erforschung des großen Moores bei Gifhorn mit photogrammetrischer Untersuchung des Torfs durch Overbeck hat erkennen lassen,[72] daß das Feuchterwerden des Klimas im 2.

[72] F. Overbeck, Das Große Moor bei Gifhorn im Wechsel hygrokliner und xerokliner Phasen der nordwestdeutschen Hochmoorentwicklung, Niedersächsisches Amt für Landesplanung und Statistik, Veröffentlichungen Reihe A 1, Bd. 41, 1952.

und zu Beginn des 1. vorchristlichen Jahrtausends sich nicht geradlinig, sondern oszillierend, wenn auch mit ansteigender Tendenz vollzog, so daß zwischen den extremen Feuchtphasen (vgl. Abb. 16) eine relative Trockenphase liegt, wird man für die mittlere und jüngere Bronzezeit mit durchaus unterschiedlichen Siedlungsbedingungen rechnen müssen, denen die siedlungsarchäologische Forschung bei der Ausdeutung von Siedlungsvorgängen dieser Periode wird Rechnung zu tragen haben.

7. DIE ANSIEDLUNGEN

Das zweite große Arbeitsgebiet der Siedlungsarchäologie wird durch die Untersuchung und Analyse der Ansiedlungen selbst bestimmt, mit der neben die auf die flächendeckenden Besiedlungsvorgänge gerichteten, eine punktmäßig orientierte Art der Forschung tritt.

a) Die Voraussetzungen

Neben der sorgfältigen Prospektion des Siedlungsplatzes und seiner Umgebung ist die erschöpfende Ausgrabung der Ansiedlung selbst oder doch wenigstens großer Teile von ihr die wesentlichste Voraussetzung für ihre Beurteilung und historische Interpretation. Wieweit man allein durch sorgfältige Inventarisation aller oberflächlich sichtbaren Elemente gelangen kann, zeigen die oben angeführten Beispiele von Klappholz in Angeln (Abb. 6) und von Esmark-Süderfeld in der gleichen Landschaft (Abb. 27).

Im ganzen aber ist die Ausgrabung die wichtigste Voraussetzung. Die Siedlungsarchäologie vermag dabei verschiedene Teilbereiche zu erkennen, zu beschreiben und zu interpretieren (Abb. 36): zunächst die Lagebezogenheit, dann die Form, wobei sich Haus-, Hof- und Ansiedlungsform erschließen lassen, die wirtschaftlichen Funktionen, die Bevölke-

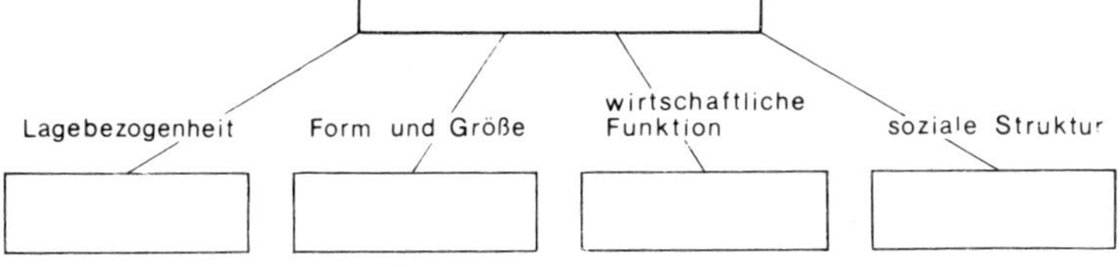

Abb. 36 Aussagemöglichkeiten ausgegrabener Ansiedlungen

rungszahl und die soziale Struktur der Bewohner. In besonderen Fällen wäre auch ein Einblick in die ethnische Zugehörigkeit der Bewohner zu gewinnen.[73] Der äußerst lückenhafte Charakter des derzeitigen Forschungsstandes gestattet bei der Darstellung bisheriger Ergebnisse nur eine paradigmatische Behandlung, wie sie einem „Lehrbuch" auch angemessen erscheint.

b) Die Lagebezogenheit

Für sie sind wichtig: die orographische, die hydrographische, die pedologische und die kleinklimatische Situation des Siedlungsplatzes, wobei, wie sich aus der oben gegebenen Darstellung der naturräumlichen Voraussetzungen ergibt, nicht die heutige Situation, sondern die zur Zeit des Bestehens der Ansiedlung anzunehmende Lage entscheidend ist. So wichtig natürlich die Beurteilung der „individuellen" Situation jeder einzelnen Ansiedlung ist, so bedeutungsvoll ist doch vor allem die sich auf eine Vielzahl von Untersuchungsfällen stützende Regelmäßigkeit der Lagebezogenheit größerer gleichzeitiger Gruppen. Solche Untersuchungen liegen nur für bestimmte Gruppen und für besondere Gebiete vor. Dabei zeigen sich vor allem für die Bandkeramik gewisse, über größere Gebiete einheitlich gegebene Besonderheiten. Nachdem die Abhängigkeit dieser kulturellen Gruppe vom Lößboden schon eine früherkannte Erscheinung darstellt, haben genauere Untersuchungen in Mitteldeutschland und in Schlesien ergeben,[74] daß nicht wahllos Lößböden besiedelt wurden, sondern daß Aueränder bevorzugt wurden, dabei schiebt sich z. B. in Mitteldeutschland die Besiedlung auch in die höheren Lagen des Oberlaufs kleinerer Flüsse und größerer Bäche vor. So wichtig also die pedologisch kennzeichnende Bindung der Siedlungsplätze gerade bei der Bandkeramik ist, so bedeutungsvoll ist doch für die Siedlungsplatzwahl selbst offenbar auch die Rücksichtnahme auf die hydrographische Situation, während die orographische Komponente wenigstens im Rahmen der Lößverbreitung also mit Ausschluß der höheren Lagen, in denen Löß nicht vorhanden ist – nicht besonders wichtig gewesen zu sein scheint. Dem klimatischen, speziell dem kleinklimatischen Einfluß auf die Siedlungsplatzwahl ist erst in jüngster Zeit Rechnung getragen worden. Dabei zeigen die von Sielmann für die Bandkeramik ermittelten Beziehungen zwischen Siedlungsplatz und Kleinklima, daß hier gewisse Regelmäßigkeiten zu beste-

---

[73] vgl. unten Anm. 154 zu Březno.

[74] K. Schwarz, Lagen die Siedlungen der Linearbandkeramik Mitteldeutschlands in waldfreien oder bewaldeten Landschaften?, Strena Praehistorica (Jahn-Festschrift) 1948.

hen scheinen.[75] Auf die Schwierigkeiten der Einbeziehung des Klimas in die Beurteilung siedlungskundlicher Vorgänge in früher Zeit ist schon oben hingewiesen worden (vgl. S. 52–57). Dazu gehört nicht nur die Tatsache, daß von den Klimaelementen nur einige wenige wie Temperatur und Niederschlag für frühere Zeiten zu ermitteln sind, sondern auch der Umstand, daß sich im Laufe der Jahrtausende einzelne Klimafaktoren, wie etwa die Lage mitteleuropäischer Siedlungsplätze zur Meeresküste vor dem Einbruch der Nordsee während der Flandrischen Transgression im 6. und 5. Jahrtausend v. Chr. Geb., geändert haben. Hier hat sich vermutlich gerade zu Beginn des Neolithikums in Mitteleuropa eine Verlagerung der Grenzzone zwischen ozeanisch getöntem und kontinental gefärbtem Klima ergeben (vgl. oben S. 41–46). Leider fehlt bisher eine Untersuchung über die klimatische Entwicklung in vor- und frühgeschichtlicher Zeit, die den Versuch macht, über das Temperatur- und Niederschlagsklima hinaus wenigstens für einige andere Klimaelemente wie etwa Windrichtung und Bewölkung auf rekonstruktivem Wege Annäherungswerte zu ermitteln.

Die sehr sorgfältigen vergleichenden Analysen Sielmanns zur Frage der Abhängigkeit bandkeramischer Siedlungsweise von Bodensubstrat, Gewässernetz, Klima, Niederschlag und natürlicher Vegetation hat ihn dazu geführt, zwei „Ökologie-Kreise" der Bandkeramik im mittleren Europa anzunehmen. Bei der Prüfung der Grundlagen geht er von der heutigen Situation aus und glaubt, eine Rückübertragbarkeit auf das 5. vorchristliche Jahrtausend annehmen zu dürfen. Auch wenn gegen diese Voraussetzung gerade für die Zeit des Übergangs vom Mesolithikum zum frühen Neolithikum Bedenken erhoben werden müssen, da sich nicht nur einzelne Klimaelemente, sondern gerade auch Klimafaktoren wie die Ozeanität und die Kontinentalität damals geändert haben können, bleibt die Methode doch für die Epochen der Vor- und Frühgeschichte begründet, in denen solche Veränderungen nicht so tiefgreifende Auswirkungen gehabt haben können.

Unterschieden werden von ihm beim Vergleich der verschiedenen Siedlungskammern Mitteleuropas hinsichtlich der Bodenabhängigkeiten nur Löß und Nichtlöß. Weiterhin unterscheidet er vier Niederschlagsstufen:

Niederschlagsstufe 1: unter 500 mm
Niederschlagsstufe 2: 500 bis 600 mm
Niederschlagsstufe 3: 600 bis 750 mm
Niederschlagsstufe 4: über 750 mm.

---

[75] B. Sielmann, Acta Praehistorica et Archaeologica, Berlin Bd. 2, 1971, 65–197.

Die Temperaturstufen gehen von der höchsten heute ermittelten durchschnittlichen Jahrestemperatur jeder Siedlungskammer aus, die als Temperaturstufe eins bezeichnet wird, jedes Absinken dieser Durchschnittstemperatur um 1° C ergibt jeweils die nächste Temperaturstufe.

Als Trockenindex-Stufen werden von Sielmann im Anschluß an Reichel die Verhältniszahlen von Niederschlagsmenge und Jahrestemperaturmittel erfaßt.

„Trockenindexstufe 1 überspannt jenen Raum, in dem möglichst niedrige Niederschlagsmengen mit möglichst hohen Jahrestemperaturen zusammenfallen. Nach der von E. Reichel für Deutschland ermittelten Formel darf der absolute Wert dieser 1. Stufe nach heutigen Verhältnissen die Zahl 25 nicht überschreiten, Trockenindexstufe 2 liegt zwischen den Werten 25 und 30, Trockenindexstufe 3 zwischen 30 und 35, etc.“

Der historische Ablauf des Siedlungswesens innerhalb der doch mehr als ein halbes Jahrtausend (nach ^{14}C-Daten) umspannenden Bandkeramik wird dadurch erfaßt, daß Sielmann fünf Zeitstufen als Phase I–V untersucht.

Das Verhältnis von Siedlungsfundverteilung und diesen naturräumlich bestimmten Siedlungsarealen legt Sielmann seiner Analyse des Verhaltens bandkeramischer Siedlungsgruppen in den einzelnen Siedlungskammern Mitteleuropas zugrunde. Dabei kommt er zu dem Ergebnis, daß der nördliche und nordwestliche, die Landschaften Mitteldeutschland, Untermaingebiet, Mittelrheingebiet, südlicher Oberrhein und Wormsgau/Rheinpfalz umfassende „Ökologiekreis A“ nicht so streng an Lößboden gebunden ist, wie der südliche, den Heidelberger Raum, das mittlere Neckarland und Bayern umfassende „Ökologiekreis B“ (Abb. 37).

Untersucht man dabei z. B. das Untermaingebiet im historischen Ablauf der Besiedlung, so zeigt sich, daß in der Phase I der Besiedlung – also im Anfangsstadium – praktisch nur Lößböden besetzt werden und sich bis zur Stufe IV der Anteil der Nichtlößböden am besiedelten Areal kontinuierlich auf 8 % in Phase II, auf 14 % in Phase III und schließlich auf 21 % in Phase IV steigert, dann allerdings in der Schlußphase der Bandkeramik V wieder zurückgeht (Abb. 38).

Der daraus gezogene Schluß, daß im Laufe einiger Jahrhunderte mit sich verdichtender Besiedlung die siedlungsgünstigen Lößböden knapp wurden und deshalb ein Übergreifen auf „Böden zweiter Wahl“ stattfand, ist durchaus möglich, ja wohl auch wahrscheinlich. Einen ähnlichen Unterschied weisen die beiden oben näher umschriebenen Ökologiekreise im Verhältnis zu Niederschlag, Temperatur und Trockenindex auf (Abb. 39). Der nördliche Ökologiekreis A bevorzugt Gebiete mit geringem Niederschlag, hoher Durchschnittstemperatur und demzufolge ei-

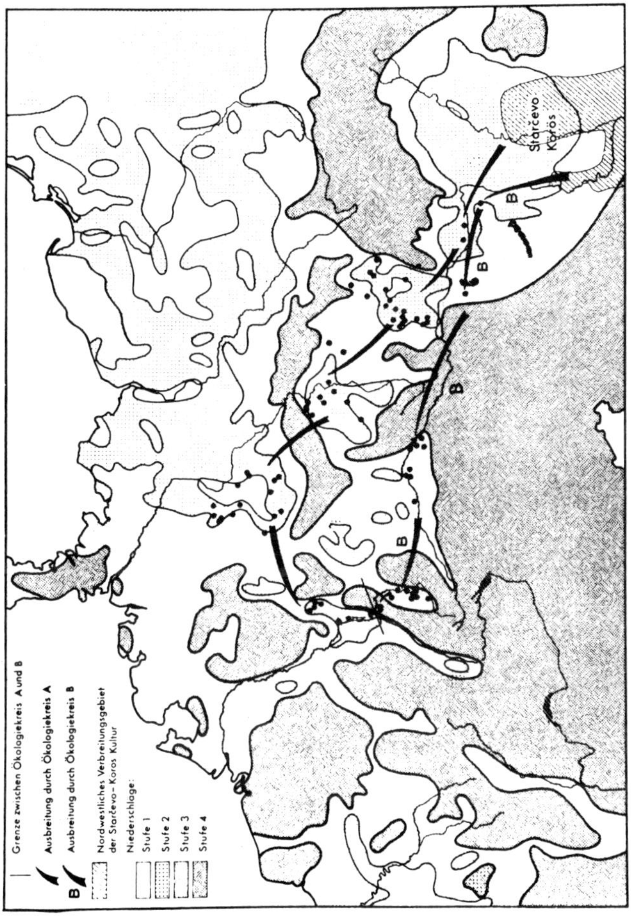

Abb. 37 Die Ökologiekreise A und B der Bandkeramik (nach Sielmann)

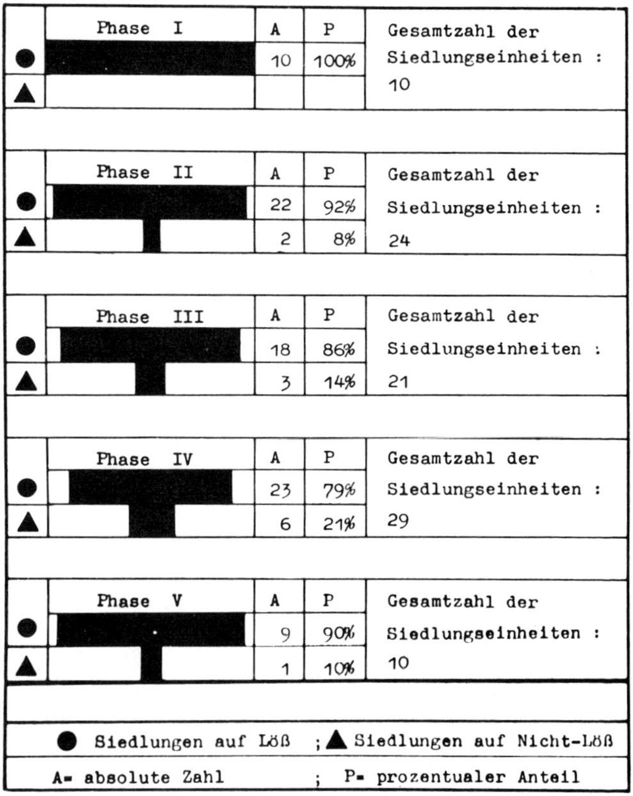

Abb. 38 Untermaingebiet, Anteil der Lößböden an der besiedelten Fläche von Stufe I bis Stufe V der Bandkeramik (nach Sielmann)

nem hohen Trockenindex, während der Ökologiekreis B im Süden Gebiete mit hohen Niederschlägen, hoher Temperatur und infolgedessen auch mit niedrigerem Trockenindex bevorzugt. Der südliche Oberrhein nimmt hier eine gewisse Mittelstellung ein.

So zeichnen sich die beiden seit langem bekannten Ausbreitungswege der Bandkeramik vom Südosten her nach Mitteleuropa hinein durch gewisse Regelmäßigkeiten hinsichtlich der Wahl der Siedlungsräume aus (Abb. 37). Die große Zahl der bekannten Siedlungsplätze schließt dabei einen Zufall weitgehend aus, sondern läßt deutlich die Grundzüge einer gewissen Regelmäßigkeit erkennen.

	Siedlungskammer	Niederschlag	Temperatur	Trockenindex
ÖKOLOGIEKREIS A	Mitteldeutschland	2/3	2	1
ÖKOLOGIEKREIS A	Untermaingebiet	2/3	1/2	1/2
ÖKOLOGIEKREIS A	Mittelrheingebiet	3	1	2
ÖKOLOGIEKREIS A	Wormsgau/Rheinpf.	2/3	1	1
ÖKOLOGIEKREIS A	Mannheimer Raum	3	1	1/2
	Südlicher Oberrhein	4	1	2/3
ÖKO-KR. B	Heidelberger Raum	6/7	1	3/4
ÖKO-KR. B	Mittl. Neckarland	4/5	1	3/4
ÖKO-KR. B	Bayern	3/4	3	3

Abb. 39 Die Ökologiekreise A und B der Bandkeramik in ihrem Verhältnis zu Niederschlag, Temperatur und Trockenindex (nach Sielmann)

Sielmann hat aus dieser Verhaltensweise frühneolithischer Bevölkerungsgruppen gewisse Schlußfolgerungen für die Wirtschaft, vor allem für eine in Nuancen anzunehmende Differenzierung der Wirtschaftsweise gezogen, auf die hier im einzelnen nicht eingegangen werden kann.

Jedenfalls scheint ihm die anfänglich durchgehend zu beobachtende Bevorzugung des Lößsubstrats im Bereich der Niederschlagsstufe 2/3 durch den hauptsächlichen Anbau von Emmer und Einkorn (erst in zweiter Linie von Gerste) bestimmt gewesen zu sein, während das Aufsuchen feuchterer Siedlungsareale im Ökologiekreis B den Schluß zuläßt, daß hier die ungünstigeren Anbaubedingungen für die genannten Getreidearten bis zu einem gewissen Grade durch dadurch gegebene günstigere Weidebedingungen für Rindvieh kompensiert worden sein können.

Das Fehlen großer bandkeramischer Untersuchungen in Süddeutschland und damit der notwendige Verzicht auf botanisch und zoologisch bestimmbare Pflanzen- und Tierreste läßt vorerst keinen Vergleich der Wirtschaftsweisen in den beiden Ökologiekreisen zu, doch wird man hier mit Differenzierungen in der Wirtschaftsform durchaus rechnen müssen.

Bedenken gegen die Anwendung dieser Methode gerade auf den Zeitraum des frühesten Neolithikums dürfen die Brauchbarkeit dieser Arbeitsweise für spätere Perioden, in denen jedenfalls die Klimafaktoren den heutigen weitergehend entsprochen haben und die für die Vorzeit erfaßbaren Klimaelemente auch in kürzerfristigem Wandel besser erkennbar sind, nicht in Frage stellen.

Eine so sorgfältige Analyse, wie sie Sielmann für die Bandkeramik vorgelegt hat, wird mit Sicherheit für diejenigen jüngeren Epochen, für die man über die Kenntnis ähnlich zahlreicher Siedlungsstellen verfügt, wie gerade für die Bandkeramik, neue differenzierte Ergebnisse für die Wirtschaftsweise erbringen.

Während die namentlich von A. Kiekebusch in der Mark Brandenburg als typisch betrachtete Lage eisenzeitlicher, speziell kaiserzeitlicher Ansiedlungen am Rande der Niederterrasse – also zwischen hochwasserfreiem trockenem Ackerland und überschwemmungsgefährdeter für Viehweide besonders geeigneter Talaue – für bestimmte Gebiete durchaus zutrifft, ergibt sich für andere Gebiete, wie etwa für Jütland, zu gleicher Zeit eine von G. Hatt erkannte und beschriebene typische Lage der Siedlungen in höherer Hanglage, ja sogar in der Nähe von Wasserscheiden.[76] Auch diese differierenden Siedlungslagen sind jeweils durch eine Fülle von Beispielen zu belegen, und können darum nicht gut durch Zufall erklärt werden. Für ihre Deutung wird man allerdings nicht nur den Einfluß natürlicher Faktoren verantwortlich machen dürfen. In agrarisch strukturierten Siedlungsgemeinschaften müssen auch die Veränderungen technischer und auch sozialer Art beachtet werden. Die Wahl von Siedlungsplätzen abseits wasserführender Niederungen oder wasserspendender Quellmulden ist von der Kenntnis des Brunnenbaus abhängig, und die Inanspruchnahme schwerer Böden für den Anbau setzt geeignete Anbaugeräte voraus.

Endlich sei auf das Verhältnis von Siedlungen zur Uferrandlage süddeutsch-schweizerischer Gewässer im Neolithikum und in der Bronzezeit hingewiesen, wo die Uferrandsiedlungen des Neolithikums bei einem stärkeren Wasserspiegelanstieg überflutet und die Menschen zum Aufsuchen anderer Siedlungsareale gezwungen wurden, ein Vorgang, der sich in der Urnenfelderzeit wiederholte.

Die Regelgebundenheit solcher Vorgänge läßt fast überall da, wo man die bodenkundlich-klimatischen Verhältnisse rekonstruieren kann, Rückschlüsse auf die Wirtschaftsweise zu.

c) Die Ansiedlungen landwirtschaftlichen Charakters

1. Einzel- und Gruppensiedlungen

Die Erforschung von Siedlungen war von mehreren Voraussetzungen abhängig, zunächst vor allem von dem Wunsch, in Ansiedlungen nicht

[76] G. Hatt, Aarbøger 1938, 119–266.

„nach Funden zu graben", wie das schon seit langer Zeit üblich war, sondern die Ansiedlungen selbst, und zwar möglichst vollständig aufzudecken.

Auf mineralischen Böden war das erst nach der Entdeckung des „Pfostenloches" möglich, d. h. nach der an provinzialrömischen Befestigungen im Rheingebiet gewonnenen Erkenntnis, daß sich von völlig vergangenen Holzbauten die Standlöcher ehemaliger Pfosten in Bodenverfärbungen erkennen lassen. Damit gewann die Forschung ein Hilfsmittel, wenigstens bei den Bauten, die mit senkrecht im Boden stehenden Pfosten errichtet waren, um Hausgrundrisse zu erschließen und – rückschließend aus ihnen – in gewissem Umfange auch Vorstellungen vom oberen Aufbau der Wände zu erhalten.

In organogenen Böden, in denen die Erhaltungsbedingungen für organisches Material, speziell für Holz wesentlich günstiger waren, stellt sich der weiträumigen Erforschung ganzer Ansiedlungen meist das Problem der Wasserbeseitigung, wie die seit dem 19. Jahrhundert durchgeführten Grabungen an den sog. Pfahlbauten der Schweiz gelehrt hatten.

Das Interesse an Ansiedlungen nicht so sehr als Ort zur Fundgewinnung, sondern als Möglichkeit, Einblicke in das Siedlungswesen und in die Wirtschaft zu gewinnen auf der einen Seite, die verbesserten grabungstechnischen Möglichkeiten auf der anderen, führten zu einem ersten Aufschwung der Siedlungsforschung, als es A. Kiekebusch mit seiner 1910 beginnenden Ausgrabung des bronzezeitlichen Dorfes Buch bei Berlin erstmalig gelang, ein ganzes Dorf mit etwa 100 Grundrissen freizulegen. Freilich wird man heute dem damaligen Befund etwas zurückhaltender gegenüberstehen, weil nicht klar ist – und bei den damals und auch heute noch gegebenen methodischen Möglichkeiten nicht recht geklärt werden konnte – wie lange die Ansiedlung wirklich bestanden hat und wieviele der aufgedeckten Häuser gleichzeitig nebeneinander existierten.

Etwas bessere Möglichkeiten boten die von R. R. Schmidt, G. Kraft und H. Reinerth seit 1919 in die Wege geleiteten Untersuchungen im Federsee Moor, mit dem Ziel, ganze mindestens in den unteren Teilen der Fußböden und der Wand noch gut in Holz erhaltene dorfartige Ansiedlungen zu untersuchen. Zwischen 1919 und 1930 wurden hier das „Moordorf" Aichbühl und die Siedlung Riedschachen freigelegt.

In Aichbühl (Abb. 40) wurde ein Dorf mit etwa 25 Häusern freigelegt, bei dem die ungefähre Gleichzeitigkeit der einzelnen Bauten durch die gleiche Orientierung nahegelegt wird, aber nicht ganz gesichert ist, wieviele Bauten wirklich zur gleichen Zeit nebeneinander standen. Heute hätte man durch die inzwischen entwickelte und für die Lösung solcher Fragen der relativen Chronologie von Holzbauten durch Huber an

Abb. 40 Plan des neolithischen Dorfes von Aichbühl im Federsee-Moor (nach R. R. Schmidt)

Schweizer Fundplätzen erprobte Methode der Dendrochronologie ein gutes Hilfsmittel vermittels der Struktur und Sequenz der Jahresringe das Fällungsdatum der Bäume, wenn vorerst auch noch nicht absolut chronologisch, so doch wenigstens relativ chronologisch zu bestimmen.

Die Untersuchungen R. R. Schmidts waren auch noch in zwei anderen Richtungen grundlegend. Anknüpfend an die Erfahrungen der Schweizer Pfahlbauforscher war es unter den guten Erhaltungsbedingungen möglich, aus Tier- und Pflanzenresten die wirtschaftliche Situation der Bewohner dieser Siedlungen näher kennenzulernen. Dazu kamen mit der damals einsetzenden Möglichkeit der Pollenanalyse auch die weitgehend gesicherte Rekonstruktion des Landschaftsbildes und mit der sorgfältigen Beobachtung der geologischen Schichtenbildung über der Siedlung die Rekonstruktion der Wasserstandschwankungen. Hier wurde eine früh schon in der Schweiz begründete enge Zusammenarbeit der Archäologie mit naturwissenschaftlichen Disziplinen weiter ausgebildet, so daß schon um 1930 klar war, daß Siedlungsgrabungen, zumal bei guten Erhaltungsbedingungen, nur in enger Zusammenarbeit von Archäologen und Vertretern verschiedener naturwissenschaftlicher Disziplinen erfolgversprechend sind.

Zum anderen wies, wie oben schon betont wurde, R. R. Schmidt mit seiner guten Dokumentation der Befunde und seiner auch heute noch mustergültigen Publikation neue Wege.

Er und seine Schüler erfaßten nicht nur neolithische Ansiedlungen, sondern auch solche der Bronzezeit wie etwa die sog. Wasserburg Buchau,[77] wobei man nur mit großem Bedauern feststellen muß, daß die Zeitentwicklung eine erschöpfende Bearbeitung und sorgfältige publikatorische Vorlage der vielfältigen Ergebnisse nicht zuließ.

Das entscheidende Ergebnis für die Siedlungsforschung war die Feststellung, daß es seit dem Neolithikum kleinere aber auch größere Gruppensiedlungen gab, daß aber Einzelhöfe im Sinne von Einödhöfen für die frühe Zeit bisher fehlten.

Wenn hier im Zusammenhang mit den erwähnten Gruppensiedlungen von „Dörfern“ gesprochen wurde, so wird diese Bezeichnung im Sinne der geographischen Definition dieses Wortes gebraucht, die von quantitativen Kriterien absieht, und eine – auch kleine – Gruppensiedlung dann als Dorf bezeichnet, wenn über die kumulative Lage der einzelnen Gehöfte hinaus Elemente enger Zusammengehörigkeit und gemeinsamer Organisation erkennbar sind. Das ist bei archäologischen Untersuchungen keineswegs immer leicht. Aber wenn mehrere in ihrer wirtschaftlichen

[77] H. Reinerth, Die Wasserburg Buchau, Augsburg 1928; neu die Problematik zusammenfassend: W. Kimmig, „Buchau“, in: Hoops, Reall. 2. Aufl., Bd. III 1976/77.

Funktion gleizeitige Anwesen durch einen gemeinsamen Zaun oder eine Befestigung zusammengeschlossen werden, oder wenn die Lage zu oder um einen gemeinsamen Brunnen eine nähere Zusammengehörigkeit verrät, oder wenn für eine Siedlung ein gemeinsames Gräberfeld erkannt werden kann, wird auch im archäologischen Erkenntnisbereich eine engere Zusammengehörigkeit sichtbar, wie sie dann in vielfältiger Stufung später, beim Auftreten auch schriftlicher Quellen, leichter erweisbar ist.

Selbst gemeinsame Einrichtungen, wie etwa ein die ganze Ansiedlung umschließender Zaun, wie er seit dem frühen Neolithikum schon bei der Bandkeramik zu beobachten ist, und sich dann bis in die frühgeschichtliche Zeit häufig nachweisen läßt, setzt ein Minimum an „gemeindlicher" Regelung voraus, die ganz unabhängig von sonstigen Rechtsverhältnissen, das Zusammenleben der Bewohner größerer oder kleinerer Gruppensiedlungen bestimmt haben muß.

Auch in Fällen wie etwa bei der jungkaiserzeitlichen und völkerwanderungszeitlichen Siedlung von Vallhagar auf Gotland wird man von einem Dorf in diesem Sinne sprechen dürfen (Abb. 41), weil hier die aneinanderstoßenden Hofplätze und das Wegesystem eine in sich zusammenhängende Siedlung erschließen lassen.

Anders liegt es bei den Fällen, in denen verstreute einzelne Gehöfte in einem gewissen Abstand von 100 m oder mehr ohne archäologisch erkennbare Faktoren des inneren Zusammenhangs auftreten, wie das in der Völkerwanderungszeit der großen Ostseeinseln bisweilen gegeben ist. Dort können gemeinsame Einrichtungen organisatorisch-rechtlicher Art durchaus bestanden haben und auch solche Höfe zu einem „Dorf" zusammenschließen, vom archäologischen Standpunkt aber wird man beim Fehlen schriftlicher Quellen hier dann nicht von einem Dorf sprechen wollen. Für die in Skandinavien vorhandene Bezeichnung „bygd" für eine solche kleine aus einzelnen Gehöften bestehende Siedlungskammer gibt es in der deutschen Sprache leider keine Bezeichnung.

Die archäologische Ausgrabung ganzer Siedlungen führt über die Erkenntnis des einzelnen Hauses, des Hofes und der Ansiedlungsform hinaus meist auch zu einer Erkenntnis der Siedlungsentwicklung. Zwar ist die Standortgebundenheit der Ansiedlung in der Frühzeit im allgemeinen nicht so groß wie in der historischen Zeit, und eine häufige Verlagerung ganzer Ansiedlungen – bisweilen nur um 100 m – ist durchaus üblich, aber es gibt eben doch auch Ansiedlungen, die am gleichen Platz über Jahrhunderte festgelegen haben, wie etwa bei den Wurten, wo schon die naturräumlichen Verhältnisse einen stabilisierenden Zwang ausübten.

Bei den Wurten ist die Entwicklung deshalb für den auswertenden Siedlungsforscher so günstig, weil hier – vergleichbar den Tells im Vorderen Orient – aus Abfallresten und bewußtem Auftrag Schichten überein-

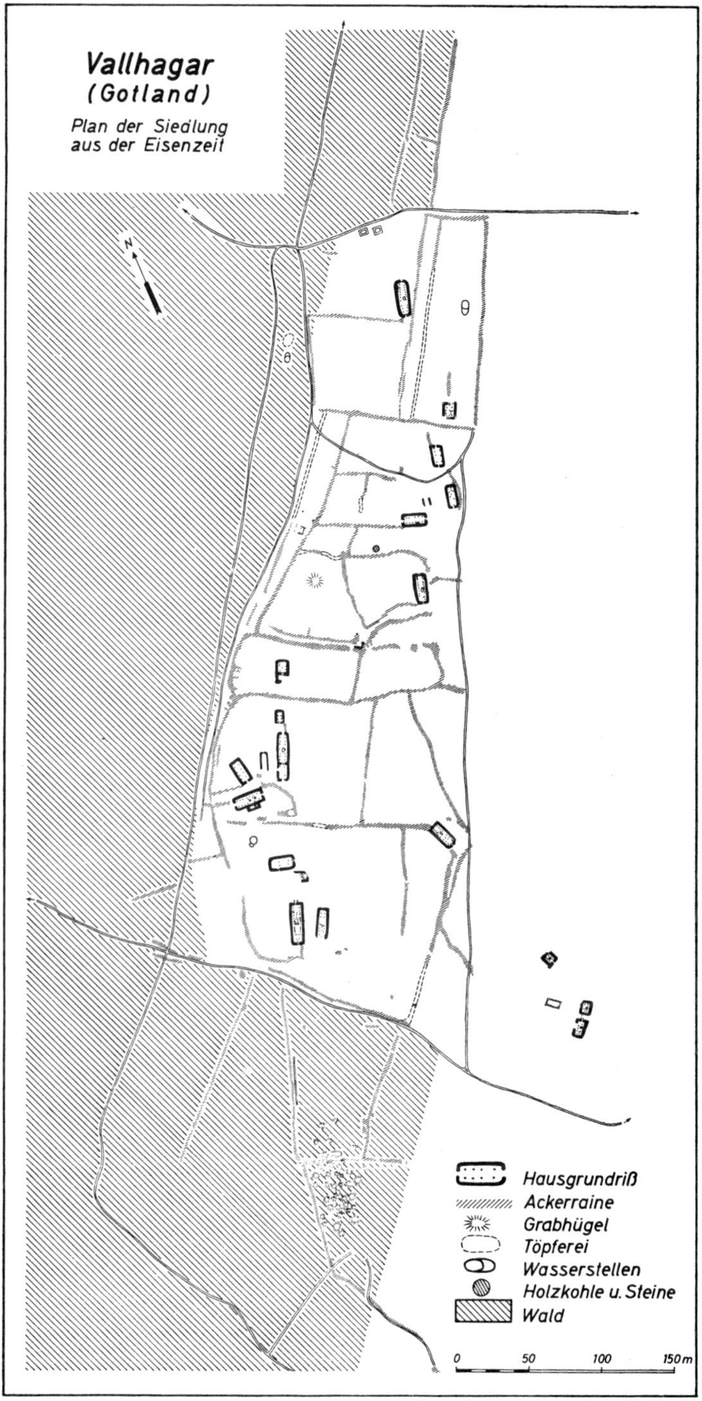

Abb. 41 Plan des Dorfes Vallhagar auf Gotland (nach Stenberger)

ander gebildet werden, wobei in günstigen Fällen „Siedlungshorizonte" durch sterile Schichten oder Zerstörungshorizonte voneinander geschieden werden.

So ist es, um diese Möglichkeit der Genese eines solchen Dorfes durch mehrere Jahrhunderte an einem guten und sorgfältig erforschten Beispiel zu demonstrieren, möglich, bei der Wurtsiedlung von Feddersen Wierde nördlich von Bremerhaven[78] zu zeigen, daß an der Basis eines später 30 bis 40 Höfe umfassenden Dorfes eine kleine Gruppensiedlung von 5 etwa gleich großen, rein bäuerlichen Anwesen der Zeit vor Chr. Geb. liegt und sich zunächst um Chr. Geb. auf acht nebeneinanderliegende Höfe erweitert (Abb. 42). Im 2. Jahrhundert entwickelte sich daraus im Siedlungshorizont 2 eine Ansiedlung von 14 bäuerlichen Betrieben (Abb. 43), die sich dann im 3. Jahrhundert (Siedlungshorizont 5, Abb. 44) auf 23 Bauernwirtschaften ausweiteten, zu denen noch 3 Handwerkshäuser kamen.

Daß es sich bei der Feddersen Wierde zunächst um eine rein agrarische Siedlung handelt, ergibt sich eindeutig aus dem Grabungsbefund. Die gute Erhaltung der unteren Hausteile läßt deutlich und einwandfrei den Typ des Wohnstallhauses erkennen, bei dem Wohn- und Stallteil unter einem Dach angeordnet sind (Abb. 45) und nurmehr Getreidespeicher außerhalb des Hauses stehen.

Die Stallfunktion eines Hausteiles läßt sich deutlich aus der Einteilung in Boxen zur Aufstallung von Großvieh, aus der Konservierung von Mistschichten und aus der Erhaltung der Jaucherinnen erkennen. Hier besteht, wie weiter unten noch darzulegen sein wird, sogar die Möglichkeit, die Zahl der Tiere zu berechnen, für die der Stall gebaut war, und daraus wiederum läßt sich die verschiedene Größe des Viehbesatzes bei den einzelnen Anwesen erkennen und feststellen, mit wieviel Tieren der einzelne Hausbewohner bzw. -besitzer auf seinem Anwesen rechnete. Unklar und nicht berechenbar bleibt dabei allerdings der Umfang der Kleintierhaltung, vor allem der Schafe, die nicht aufgestallt waren, und es bleibt also die Frage offen, wieweit Besitzunterschiede beim Großvieh durch die Schafhaltung ausgeglichen werden konnten.

Die Viehhaltung selbst läßt sich nach den verschiedenen Arten der gehaltenen Tiere aus dem Knochenabfall der geschlachteten Tiere erkennen, wobei sich ergibt, daß prozentual sehr viel weniger Schafe als Rinder verspeist und wohl auch gehalten wurden.

Daß auch Getreideanbau betrieben wurde, läßt sich aus den Rückständen ebenfalls deutlich ablesen.

---

[78] Zusammenfassend: W. Haarnagel in: E. v. Lehe, Geschichte des Landes Wursten, Bremerhaven 1973, 41–111.

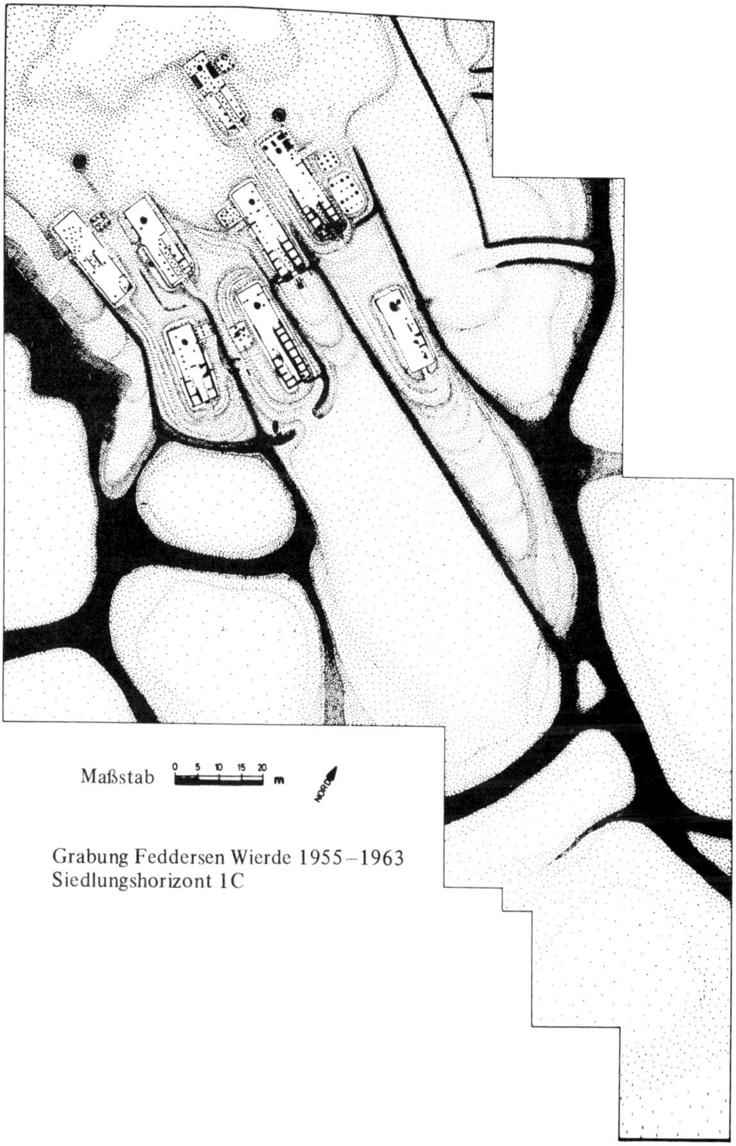

Abb. 42 Plan der Feddersen Wierde mit 8 Höfen (nach Haarnagel)

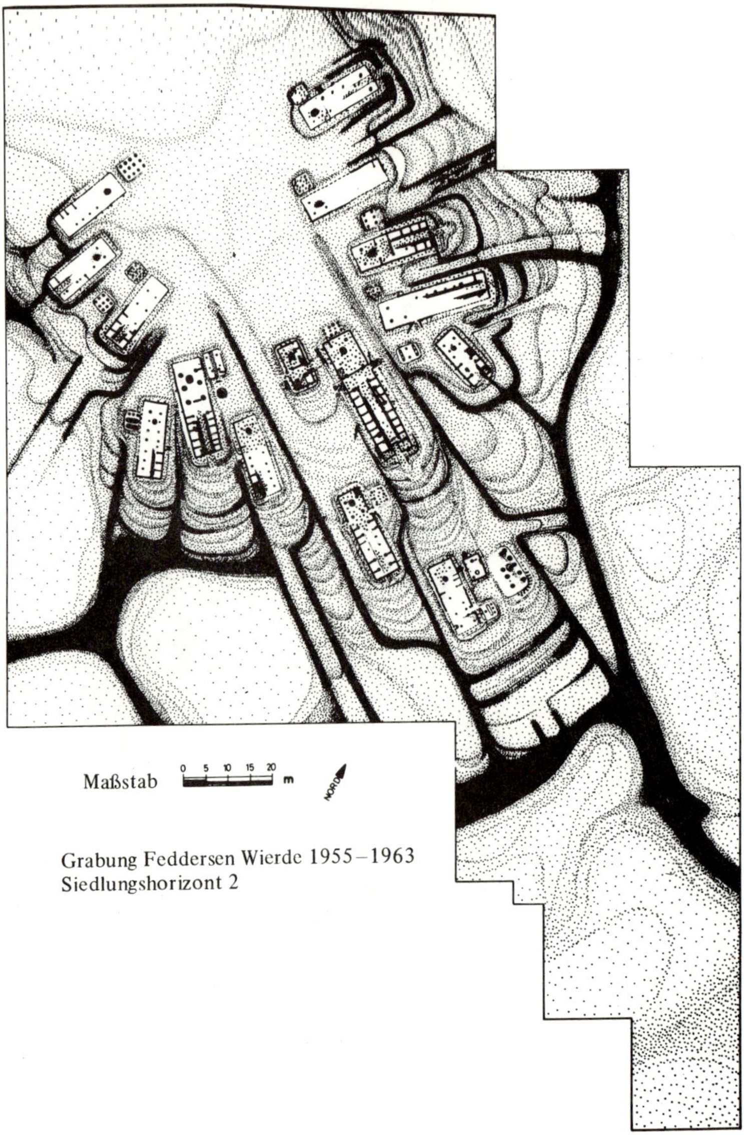

Abb. 43 Plan der Feddersen Wierde. Horizont 2 (nach Haarnagel)

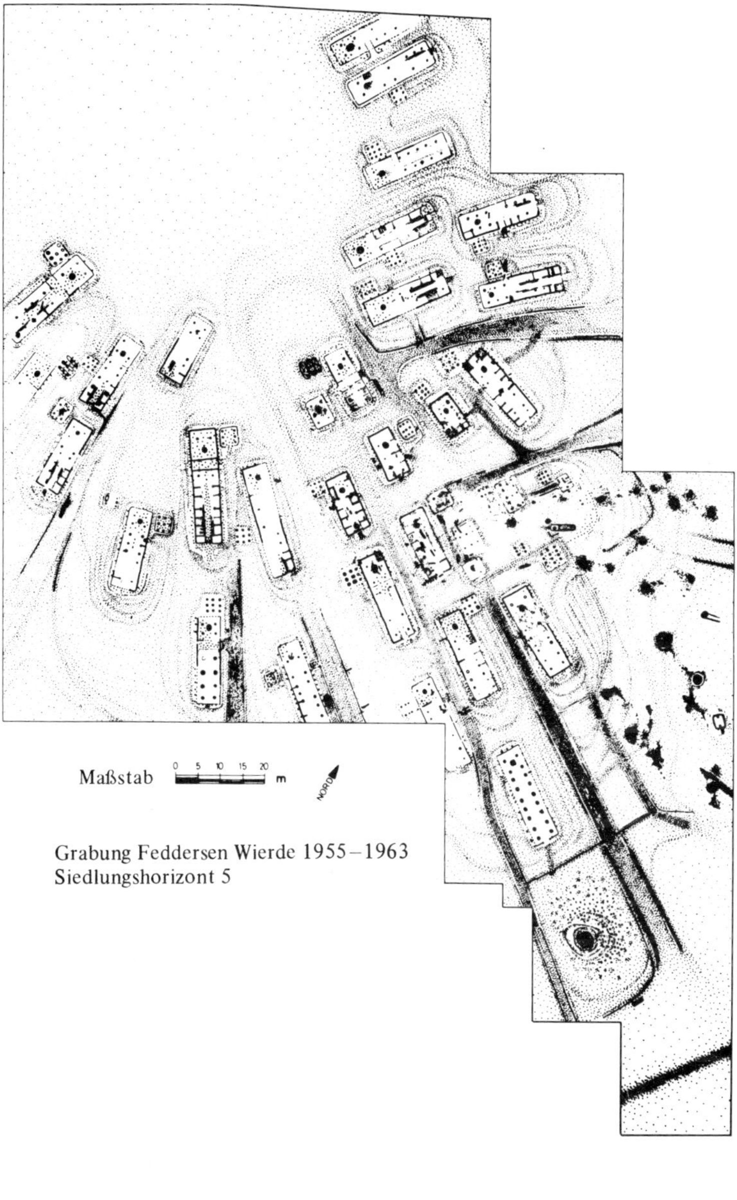

Abb. 44 Plan der Feddersen Wierde. Horizont 5 (nach Haarnagel)

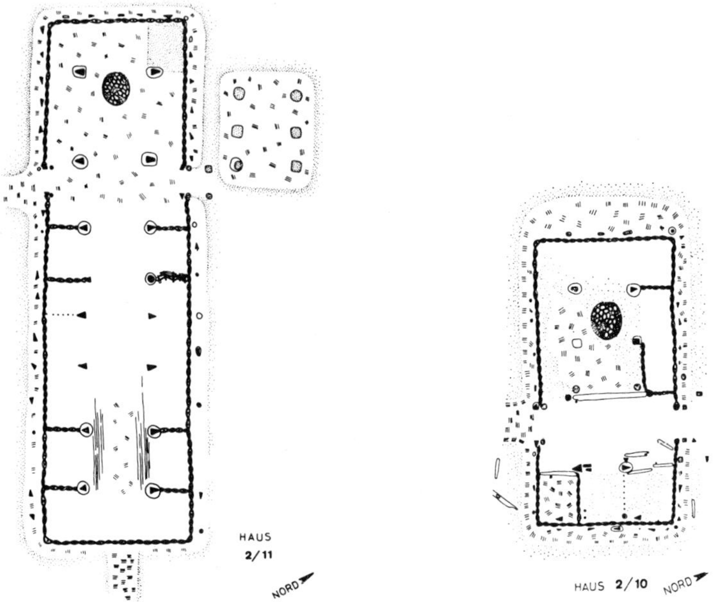

Abb. 45 a) Typisches Wohnstallhaus aus Feddersen Wierde (nach Haarnagel)
b) Handwerkerhaus ohne Stallteil (nach Haarnagel)

Ebenso klar wie sich die agrarische Funktion bei dem Hauptteil der Anwesen erkennen läßt, zeichnet sich bei einem kleinen Teil der Häuser ihre Rolle als Wohnplätze von Handwerkern ab.

Während bei „einschichtigen" Ansiedlungen das zeitliche Nebeneinander bzw. Nacheinander der einzelnen Anwesen nur mit großen Schwierigkeiten zu erkennen ist, läßt sich bei den stratigraphisch aufgebauten Wurten die Zusammengehörigkeit der einzelnen Bauten zu bestimmten, im großen und ganzen gleichzeitigen Siedlungshorizonten meist einwandfrei herausarbeiten. Das besagt natürlich nicht, daß alle zu einem „Siedlungshorizont" gehörenden Anwesen zur gleichen Zeit gebaut und gleichzeitig aufgegeben worden sind, aber man wird unter Anrechnung kleinerer Zeitunterschiede doch von im wesentlichen gleichzeitigen Anwesen sprechen dürfen. Seit der Entwicklung der Dendrochronologie besteht bei der Anwendung dieser Methode die Möglichkeit, die Frage der Gleichzeitigkeit des Hausbaus bei einzelnen Wohnkomplexen durch das Fällungsdatum der einzelnen zum Hausbau verwendeten Stämme zu klären. Wie es sich mit den Enddaten der einzelnen Bauten verhält, ist auf diesem Wege allerdings nicht zu erkennen.

Die Dendrochronologie beruht auf der Auszählung und Auswertung der Jahresringe bei erhaltenem Holz (oder bei Holzkohle).[79] Aufgrund besonderer ökologischer Bedingungen erfolgt die Ausbildung der einzelnen Jahresringe nicht in der gleichen Stärke. Bei der Aufeinanderfolge starker und schwach ausgebildeter Jahresringe ergeben sich bestimmte Sequenzen. Da die Unterschiede weniger durch den Standort als durch andere meist klimatische Umstände bestimmt werden, sind diese Sequenzen nicht von Baum zu Baum verschieden, wie es der Fall wäre, wenn nur die Standorte dafür maßgeblich sein würden, sondern für größere oder kleinere Gebiete weitgehend einheitlich. Während man bei der Entwicklung dieser Methode in den 30er Jahren von der Voraussetzung ausging, daß die typischen Jahresring-Sequenzen weltweit – jedenfalls für die nördliche Halbkugel – einheitlich ausgebildet waren, hat sich bei der Verdichtung des Untersuchungsnetzes gezeigt, daß das nicht der Fall ist. Im norddeutschen Flachland scheint es in Regionen von etwa 100 bis 200 km Durchmesser zur Entwicklung einheitlicher Jahresringfolgen gekommen zu sein, während im südlichen Mitteleuropa vom Nordrand der Alpen über das ganze Mittelgebirge hinweg offenbar einheitliche Bedingungen für die Ausbildung der Jahresringe geherrscht haben.

Im jedem Falle steht das Einzugsgebiet für Bauholz bei der einzelnen Siedlung und bei ihren unmittelbaren Nachbarsiedlungen unter den gleichen Bedingungen für die Ausbildung der Jahresringe. So kann das Verhältnis der Fällungsdaten beim Bauholz benachbarter Siedlungen gut bestimmt werden.

Mit dieser Methode ist grundsätzlich auch das absolute Datum der Fällung eines Baumes, wenn die äußeren Baumringe erhalten sind, zu bestimmen. Das ist allerdings nur möglich durch Anknüpfung der Jahresringfolgen an rezent gefällte Bäume, deren Fällungsdatum genau bekannt ist. Durch ein kompliziertes System sich überlappender Jahresringfolgen ist es für Norddeutschland gelungen, bis in die spätmerowingische Zeit zurückzukommen, so daß in diesem Bereich das Fällungsdatum gut erhaltener Baumstämme, wenn sie dick genug sind, zu bestimmen ist. In Süd- und Westdeutschland reicht das Standarddiagramm der Jahresringe bis in die Hallstattzeit zurück. Durch die Auswertung subfossiler Eichenstämme aus Flußschottern mittel- und süddeutscher Flüsse wird sich dieses Dia-

---

[79] D. Eckstein, Tree-ring research in Europe, Tree-ring Bulletin Bd. 32, 1972, 1–18. A. Delorme, Dendrochronologische Altersbestimmungen für die Ur- und Frühgeschichte. INW H. 6, 1975 (m. Literatur).

gramm in absehbarer Zeit bis in das Neolithikum zurück verfolgen lassen.[80]

Bei der Feddersen Wierde konnte dieses Verfahren noch nicht angewendet werden, doch gestattet hier der Schichtaufbau die Herausarbeitung gleichzeitiger Siedlungshorizonte, für die die Anzahl der Gehöfte mit hinlänglicher Sicherheit zu bestimmen ist.

Bedenkt man, daß etwa 25 bis 30 % der ursprünglichen Ansiedlung von Feddersen Wierde im Nordwesten in der Neuzeit zerstört wurde, der hier also in den Siedlungshorizonten 2–6 erfaßte Ring von Gehöften im Norden wohl geschlossen war und heute nur 70 bis 75 % der ursprünglich vorhandenen Gebäude noch erkennbar sind, dann erkennt man sehr deutlich die Genese eines solchen in der Zeit seiner Blüte mehr als 30 Höfe umfassenden Dorfes.

Was hier in der vertikalen Gliederung verhältnismäßig einfach und sicher zu erfassen ist, muß in anderen Fällen in einer sog. horizontalen Stratigraphie, also im Erkennen eines Ausbaus von einem kleineren Kern zu einer größeren Ansiedlung erforscht werden. Bei dem schon genannten Beispiel Vallhagar (Abb. 41) zeigt eine genaue Analyse der Funde und der Lagerung im Gelände, daß die 24 Häuser der Gesamtanlage zu 5 Gehöften gehören, von denen die ältesten, evtl. in das 2. nachchr. Jahrhundert zurückgehenden Höfe im Süden lagen, die jüngsten, in das 4. Jahrhundert zu setzenden Anwesen im Norden angelegt wurden. Also auch hier ist eine solche Gruppenbildung allmählich aus einem kleineren Kern gewachsen.

Daß im Rahmen eines solchen Ausbaus einer Siedlung auch strukturelle Veränderungen vor sich gingen, soll weiter unten gezeigt werden, immerhin läßt schon die von Haarnagel aufgestellte Tabelle der Größenordnungen (Abb. 46) erkennen, daß sich aus einer kleinen Ansiedlung mit ursprünglich etwa gleich großen Gehöften ein Dorf mit starken Größenunterschieden im Viehbesatz der einzelnen Höfe herausgebildet hatte. Dazu kamen andere weiter unten zu behandelnde Differenzierungen.

2. Siedlungen und landwirtschaftliche Produktionseinrichtungen

Bei dem heutigen Stand der methodischen Möglichkeiten beschränkt sich die Erforschung der Ansiedlungen nicht auf die Untersuchung der Siedlungen selbst. Unter günstigen Bedingungen sind auch Teile der landwirtschaftlichen, speziell der agrarischen Produktionseinrichtungen im

---

[80] A. Delorme, Mooreichen-Bausteine für eine absolute Chronologie des Postglazials, Neue Ausgrabungen und Forschungen in Niedersachsen 10, 1976, 225–237.

Siedlungs-horizont	kleinere Betriebe	mittelgroße Betriebe	große Betriebe	Handwer-kerhäuser
1 a	—	5	—	—
1 b	—	8	—	—
1 c	—	5	3	—
2	1	11	2	1
3	7	8	2	3
4	3	12	4	3
5	7	12	4	3
6	8	14	1	2

Abb. 46 Feddersen Wierde. Größenverhältnisse der einzelnen Höfe in den verschiedenen Schichten (nach Haarnagel)

Zusammenhang mit den Siedlungen erhalten geblieben. Seit es der englischen Forschung im Jahre 1923 gelang zu zeigen, daß stellenweise umfangreiche Flurkomplexe alter Zeit erhalten geblieben sind (vgl. dazu oben S. 16f., 28–30), hat sich die archäologische und später auch die geographische Forschung dieser Geländedenkmäler angenommen. Seit es gelang zu zeigen, daß diese Ackerkomplexe bis in die Bronzezeit zurückreichen und in der Eisenzeit besonders reich ausgebildet wurden, hat die Erforschung dieser sog. „celtic fields" einen breiten Raum eingenommen. Solche Forschungen sind allerdings regional begrenzt geblieben und werden vor allem in England, den Niederlanden, Norddeutschland, Dänemark und Skandinavien betrieben, während das südliche Mitteleuropa noch keine gesicherten Spuren solcher Feldeinteilungen und Flurbildungen geliefert hat.

Während zunächst die Aufnahme solcher Flurkomplexe isoliert betrieben wurde, hat sich seit dem 2. Weltkrieg eine enge Verbindung zwischen der Erforschung von Ansiedlungen und Fluren herausgebildet. Solche Siedlungskammeruntersuchungen, wie sie etwa bei Flögeln im nördlichen Niedersachsen betrieben werden, sind sowohl durch die Ausgrabung von Ansiedlungen selbst wie durch die Aufmessung und Untersuchung der dazugehörenden Flurkomplexe gekennzeichnet.[81]

Neben den „celtic fields" gibt es andere Ackersysteme, die an der Erdoberfläche nicht mehr zu erkennen sind, sondern nur durch Grabungen erschlossen werden können. Es handelt sich dabei um blockförmige, durch Gräben eingegrenzte Äcker, wie sie sich etwa in Gristede oder in

[81] vgl. Anm. 33.

Ostermoor an der Niederelbe[82] oder auch auf dem Grund der Feddersen Wierde haben erkennen lassen.

Hier in der Marsch bestand bei Feddersen Wierde und bei Ostermoor zusätzlich die Möglichkeit, die Nutzungstechnik durch den Nachweis der Anwendung des Streichbrettpfluges schon in der Zeit um Chr. Geb. und der mineralischen Düngung in den ersten Jahrhunderten nach Chr. Geb. zu erkennen.

Neue agrartechnische Einblicke vermittelten auch die Grabungen in Archsum auf Sylt, wo mineralische Bodenverbesserung durch Plaggendüngung schon für die mittlere vorrömische Eisenzeit nachgewiesen werden konnte.[83]

Zeitlich schließen sich an die „celtic fields" und die durch Gräben eingegrenzten Blockfluren andere Flurformen an, wie etwa die Wölbäcker, deren Aufnahme und Ausdeutung seit langem ein Forschungsanliegen der Anthropogeographie ist.

Weit weniger deutlich sind Einrichtungen für die Viehhaltung zu erkennen. Lediglich die Stallteile – oder meist nicht so deutlich in ihrer speziellen Funktion zu erkennende Ställe – sind noch am ehesten zu identifizieren. Für das meist freie auf der Waldweide befindliche Vieh gab es allenfalls einzelne, verstreute Anlagen, die schwer zu finden sind. Einhegungen, die als Melkhürden gedeutet werden, sind bei den eisenzeitlichen Gehöften in Nordeuropa gefunden. An verschiedenen Plätzen sind Einzäunungen außerhalb der Ansiedlungen beobachtet und hier als Viehpferche interpretiert worden, doch sind solche Anlagen bisher noch seltene Ausnahmen.

Die Almwirtschaft, im Norden Seter-Wirtschaft genannt, als saisonale Hochweide in Verbindung mit im Tal gelegenen Dauerhöfen, ist mindestens frühgeschichtlich bezeugt, doch sind archäologische Spuren mit Ausnahmen kleiner, hoch über der Dauersiedlungsgrenze liegender Friedhöfe, die wenigstens teilweise als Bestattungsplätze von sommerlich benutzten Hochweidegebieten gedeutet werden, bisher in Mittel- und Nordeuropa offenbar nicht bekannt geworden.

Mühlen, vor allem Wassermühlen, aus frühgeschichtlicher Zeit, sind nur ganz ausnahmsweise gefunden und bisher nicht näher untersucht worden.[84]

---

82 M. Müller-Wille, Eisenzeitliche Fluren in den festländischen Nordseegebieten, Münster 1965.

83 H. J. Kroll, Ur- und frühgeschichtlicher Ackerbau in Archsum auf Sylt. Eine botanische Großrestanalyse. (ungedr.) math.-nat. Dissertation, Kiel 1975.

84 Axel Steensberg, Arkæologiske Landsbyundersøgelser I. Bondehuse og Vandmøller i Danmark gennem o. 2000 år, Kopenhagen 1952.

3. Elemente nichtlandwirtschaftlicher Zweckbestimmung

a) Fischerei, Jagd und Fang

Ganz allgemein wird jede ländliche Siedlung für ein durch bäuerliche Lebenshaltung bestimmtes Dorf gehalten und andere Arten des Nahrungserwerbs werden meist nicht in Rechnung gestellt. In diesem Punkte hat die skandinavische Forschung sehr frühzeitig darauf hingewiesen, daß es auch andere Siedlungsarten gibt und auf Fischer- und Fängersiedlungen an der norwegischen Küste aufmerksam gemacht, die entweder unter freiem Himmel oder in Höhlen liegen, und deren Bevölkerung entweder ganzjährig oder saisonmäßig begrenzt dem Fischfang oder der Jagd auf Seesäugetiere oblag. Solche Fischer- und Fängerstationen gibt es seit der Steinzeit an der Küste zahlreich und in der isländischen Überlieferung sind solche Fischereiplätze, von denen aus Bauern des Binnenlandes nach der Ernte Fischfang betrieben, um so den zusätzlichen Bedarf an tierischem Eiweiß zu decken, wiederholt bezeugt.

Erst kürzlich ist auf der Südspitze der Insel Öland ein solches saisonal genutztes Fischerlager der späten Wikingerzeit festgestellt, und mit seiner archäologischen Untersuchung ist eben begonnen worden.[85] Dabei handelt es sich um eine Anlage der gewerblichen Fischerei, die auf Heringsfang zum Verkauf ausgerichtet war und als Vorläufer der großen Fischereiplätze der Hansezeit wie etwa Falsterbo aufzufassen ist.

Daß es früher schon Ansiedlungen gab, in denen Leute wohnten, die wohl überwiegend für den eigenen Bedarf fischten, und die allenfalls Fische für supplementäre Nahrungsmittel in der näheren agrarisch bestimmten Nachbarschaft tauschten, haben die Ausgrabungen Gudmund Hatts in Nørre Fjand am Nissum Fjord in Westjütland ergeben.[86] Hier bestand im 1. vor- und im 1. und 2. nachchristlichen Jahrhundert eine Ansiedlung besonderer Art, die zwar nicht ganz, aber doch zu einem großen Teil untersucht werden konnte. In der im Zentrum der Ansiedlung angelegten großen Grabungsfläche konnten mehr als 100 Hausgrundrisse freigelegt werden. Im Mittelpunkt stand ein großes, dreischiffiges Wohnstallhaus, und zwar seit Anfang des letzten vorchristlichen Jahrhunderts, das mit zunächst 16. bis 17 Viehboxen Aufstallungsmöglichkeiten für 30 bis 35 Stück Großvieh bot. Dieses Haus ist zweimal erneuert worden. Der letzte Bau enthielt allerdings nur noch 8 Boxen, zu diesem Zeitpunkt war die Viehhaltung also rückläufig. Reste von „celtic fields" bezeugen Ackerbau am Ort, obwohl das Dorf auf einem verhältnismäßig unfruchtbaren Sandboden angelegt ist. Die Überwehung der älteren Sied-

---

[85] U. Hagberg, Ås socknen på Ölands sydspets 1975, 57–70, bes. 64–67.

[86] G. Hatt, Nørre Fjand, an Early Iron-Age Village site in West Jutland, 2 Bde., Kopenhagen 1957.

lung mit Sand stellt eine Naturkatastrophe dar, durch die die landwirtschaftliche Ertragsfähigkeit der Äcker, die wie die Ausgrabungen zeigten, ebenfalls mit Sand überweht waren, empfindlich gemindert, aber auch die Weidemöglichkeit ungünstig beeinflußt worden sein müssen.

Schon von Anfang an gab es zahlreiche kürzere, stallose Häuser, oder einige wenige mit ganz geringfügigen Aufstallungsmöglichkeiten. Die zahllosen Netzsenker zum Beschweren von Fischnetzen in und bei diesen Häusern lehren, daß hier Fischer gewohnt haben müssen, die wohl vornehmlich im Nissum Fjord Fischerei betrieben. Und wenn als Bauelement bei dem größeren „Bauernhaus" eine Walfischrippe als Pfosten verwendet worden ist, so deutet das an, das mindestens gelegentlich auch Seesäugetiere erlegt oder angetriebene verwertet worden sind.

Der Anteil der Fischerhäuser scheint gegen Ende der Siedlung größer geworden zu sein. Hier liegt jedenfalls eine Ansiedlung mit aus bäuerlicher Lebensweise, Jagd, und Fang gemischter Nahrungswirtschaft vor, wobei eine größere Zahl von Familien offenbar auf die Fischerei spezialisiert war. Zwar ist nur etwa die Hälfte der Ansiedlung ausgegraben worden, aber es besteht kein Anlaß zu der Annahme, daß der nicht ausgegrabene Teil wesentlich anders strukturiert war als der untersuchte.

Zu erwägen bleibt noch die Frage, ob die kurzen, stallosen Häuser nicht nur saisonweise für die Fischerei von weit im Binnenland wohnenden Bauern genutzt worden sind. Solche Fischerbuden sind literarisch in Island bezeugt. Die sorgfältige Bauweise der kurzen Häuser, die – sieht man einmal von den unterschiedlichen Bauformen ab – ähnlich sorgsam gebaut waren, wie das dreischiffige Wohnstallhaus, und zum Teil wenigstens über ähnlich sorgfältig verzierte Herdplatten verfügten und umfangreiche Abfallschichten aufwiesen, deutet aber doch auf dauernde Benutzung.

Faßt man alle diese Beobachtungen zusammen, so kommt man zu dem Schluß, daß hier eine dörfliche Siedlung mit einer in ihrem Erwerbsleben und in ihrer primären Nahrungswirtschaft zwischen Bauern und Fischern bzw. auch Jägern auf Seesäugetiere differenzierten Bevölkerung vorliegt, bei der schon aus ernährungsphysiologischen Überlegungen ein stärkerer interner Austausch der Produkte angenommen werden muß.

Noch auf einen anderen Erwerbszweig hat speziell die norwegische Archäologie in ihrem Hochgebirgs-Forschungsprogramm hingewiesen.[87] In größeren Höhenlagen treten in Norwegen bisweilen Gräber oder kleinere Grabgruppen auf. Ein Teil von ihnen wird mit höher gelegenen Dauersiedlungen oder auch mit dem Beginn von Setern, also saisonal be-

---

[87] B. Hougen, Fra seter til gård, Oslo 1947; O. Farbregd, Pilefunn frå Oppdalsfjella, Trondheim 1972.

nutzten Hochweiden, in Verbindung gebracht. Bei einzelnen dieser Gräber fällt aber der ungewöhnliche Reichtum an Jagdwaffen auf. Daraus hat die norwegische Forschung auf die Existenz von Jägern im Gebirge geschlossen und diese, wenigstens zum Teil, auch im Zusammenhang mit der Eisengewinnung im Hochgebirge gesehen. Leider scheinen Siedlungen, die zu solchen Jagdwaffen-Gräbern gehören, noch nicht untersucht zu sein. Wenn die hier übernommene Interpretation dieser Gräber im Hinblick auf ihre Jagdwaffenausstattung einerseits und auf ihre Lage im Hochgebirge andererseits richtig ist, führt sie zu der Annahme von vereinzelten Jägersiedlungen im Gebirge und würde damit auf die Existenz von Siedlungen mit ganz spezieller Erwerbsform – der Hochgebirgsjagd nämlich – führen.

Dabei fragt sich natürlich, ob es sich bei dieser Jagd primär um die Gewinnung von Fleisch zur Deckung des Bedarfs an tierischem Eiweiß handelt oder um eine Pelztierjagd mit dem Hauptziel der Fellgewinnung für den Austausch. Nicht berücksichtigt ist bei diesen Überlegungen die von Lappen betriebene Rentierwirtschaft.

Die nordeuropäische Archäologie hat sich früher als die mitteleuropäische der Siedlungsarchäologie zugewandt und dementsprechend auch früher neue, dieser Forschungsrichtung angemessene Fragestellungen und die darauf ausgerichteten Methoden entwickelt.

In Mitteleuropa ist die Frage der „nichtagrarischen" Ansiedlungen erst verhältnismäßig spät, und zwar im Zusammenhang mit Kupfer-, Salz- und Eisengewinnung aufgegriffen worden. Hier hat in anderem Zusammenhang aber Haarnagel bei der Ausgrabung der Marschensiedlung von Jemgum an der Ems auf den Unterschied zu den gleichzeitigen dreischiffigen Wohnstallhäusern der Weidebauern in der Marsch aufmerksam gemacht und aus dem Unterschied der Haus- und Hofform auf eine andersartige Funktion der Siedlung Jemgum oder eine andere wirtschaftliche Tätigkeit der Bewohner geschlossen, ohne bisher allerdings feststellen zu können, in welcher Richtung die Unterschiede gedeutet werden müssen.

Darauf, daß neben der Landwirtschaft in manchen Gebieten zu verschiedenen Zeiten etwa die Jagd bei der Fleischversorgung eine größere Rolle gespielt hat, ist für das späte Neolithikum in Süddeutschland und für die Bronzezeit in Polen hingewiesen worden. In einen ähnlichen Zusammenhang gehört wohl auch das in Küstennähe während der vorrömischen Eisenzeit stellenweise verstärkt auftretende Sammeln von Muscheln. Hier wird das Wasser als zusätzliches nahrungsspendendes Element erkennbar. Eine Untersuchung Bantelmanns in einem Muschelabfallhaufen von Dunum auf Föhr und vorrangehende Ausgrabungen anderer Forscher an der gleichen Stelle haben erkennen lassen, daß hier bis in die Zeit um Chr. Geb. das Sammeln und Essen von Muscheln in großem Umfange betrieben worden ist.[88] Da in Dunum Herde, Pfosten und Reste von Lehmestrichen beobachtet werden konnten, also feste Häuser angenommen werden müssen, wird man mit festen Behausungen einer Bevölkerung rechnen dürfen, die zwar Haustiere hielt, aber ergänzend Muscheln gesammelt hat. Ähnliches ergeben „eisenzeitliche" Muschelhaufen an der Ostseeküste etwa an der Flensburger Förde oder am Windebyer Noor in der Nähe von Eckernförde. Da die zu diesen Muschelhaufen gehörenden Ansiedlungen bisher nicht gefunden, jedenfalls nicht untersucht sind, läßt sich über die hier zutagetretende Wirtschaftsweise nur sagen, daß auch im deutschen Bereich der Nord- und Ostseeküste Siedlungen einer bäuerlich wirtschaftenden, aber zur Ergänzung der Nahrung auf das Meer angewiesenen Bevölkerung bestanden haben. Wie solche Ansiedlungen organisiert waren, d. h. ob auch hier ähnlich wie in Nørre Fjand neben bäuerlich wirtschaftenden Bewohnern solche lebten, die mit Fischerei und Muschelnsammeln befaßt waren, würde sich erst bei großräumigen Ausgrabungen von Siedlungsplätzen erkennen lassen.

Soviel aber läßt sich wohl auch jetzt schon für Mitteleuropa sagen, daß auch hier Ansiedlungen bestanden haben, bei denen die Ernährungsbasis nicht ausschließlich eine „bäuerliche", von Viehhaltung und Getreideanbau bestimmte gewesen ist, sondern daß auch hier, ähnlich wie in Dänemark und Skandinavien, Ansiedlungen mit einer anderen ernährungswirtschaftlichen Grundlage existiert haben.

b. Gewerbe

Die Vorstellung, daß bis in die frühgeschichtliche Zeit hinein in den Ansiedlungen nur agrarisch tätige Bewohner saßen, die allenfalls in der Form von Büchers „geschlossener Hofwirtschaft" alles zum Leben Notwendige selbst herstellten, ist in dieser Form sicher nicht richtig. Schon in frühen neolithischen Siedlungen der Bandkeramik gibt es neben den offenbar bäuerlich wirtschaftenden Bewohnern der Langhäuser einzelne als „Flintschmieden" benutzte Bauten, deren Bewohner wohl dem Handwerk der Herstellung von Flintgeräten nachgingen.[89]

Diese Einbettungen handwerklicher Betriebe ohne zugehörige Landwirtschaft in überwiegend bäuerlich strukturierte Siedlungen lassen sich dann in der Eisenzeit besonders deutlich verfolgen.

In Feddersen Wierde tritt im Siedlungshorizont 2, also im Anfang des 2. nachchr. Jahrhunderts, erstmalig ein Haus auf, in dem ein Handwerker

---

[88] A. Bantelmann, Offa 15, 1956, 115–120.

[89] S. J. De Laet; W. Glasbergen, De Voorgeschiedenis der Lage Landen, Brüssel 1959, 53f.

wohnte. In den Siedlungshorizonten 3, 4 und 5, also vom 2. bis zum 3. Jahrhundert sind dann drei Handwerkerhäuser neben 17 bis 23 Bauernhäusern nachgewisen. Hier läßt die sorgfältige Beobachtung der Werkstattabfälle in dem 4. Siedlungshorizont (Abb. 47) deutlich erkennen, daß in einem kleinen für sich liegenden mit einem eigenen von einem Zaun umgebenen Hofplatz ausgestatteten Haus ohne Stallteil (Abb. 45b)

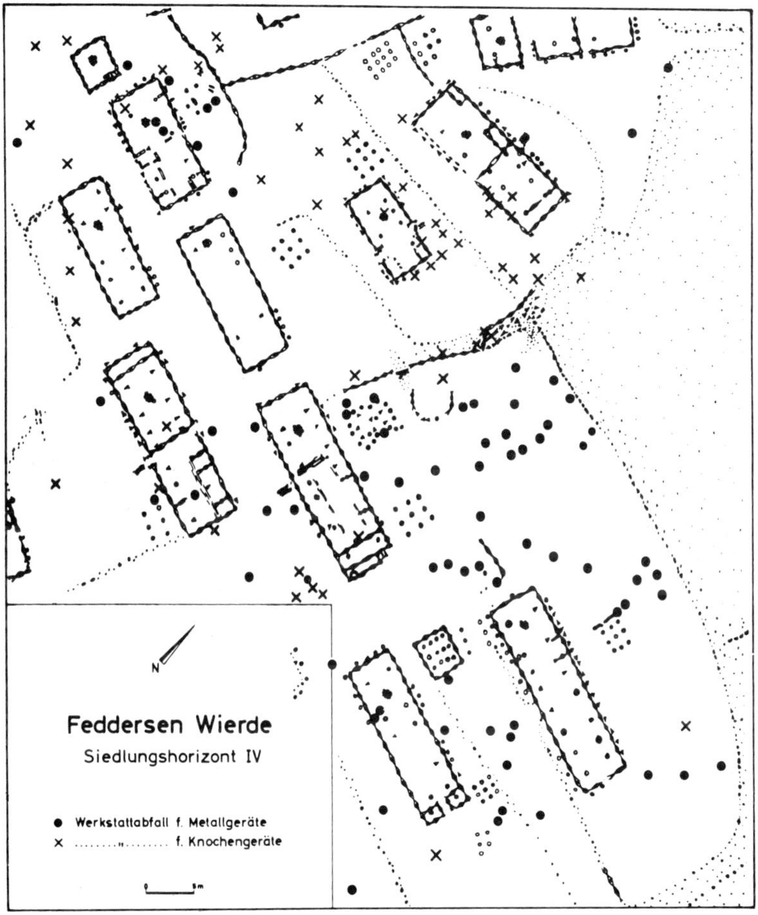

Abb. 47 Feddersen Wierde. Siedlungshorizont 4 mit Werkstattabfällen (nach Haarnagel)

die Reste von Knochen- und Geweihverarbeitung gehäuft gefunden worden sind. Hier hat, daran ist kaum ein Zweifel möglich, ein Handwerker ohne Viehhaltung gelebt, der Knochen und Geweih zu Geräten verarbeitete. Noch aus einem anderen Grund ist dieser Fund wichtig. Entgegen einer weit verbreiteten Auffassung, es habe in der römischen Kaiserzeit noch keine spezialisierten Handwerker gegeben, zeigt sich hier ganz eindeutig, daß selbst ein solches Handwerk, das Knochen- und Geweihgeräte lieferte, spezialisiert betrieben wurde und sich in seinem Haustyp (Abb. 45 b) auch deutlich von den gleichzeitigen Wohnstallhäusern der Bauern unterschied (Abb. 45a).

Gleichzeitig ergibt sich aus der Verbreitungskarte des Handwerksabfalles, daß das Metallhandwerk um den großen von Haarnagel als „Herrenhof" bezeichneten Bau im Südosten der Ansiedlung konzentriert vorkam (Abb. 47), hier also auf dem großen, von einer Palisade umgebenen Hofgelände Metallhandwerker, und zwar Eisenschmiede und Bronzegießer, arbeiteten. Und daß es sich dabei um eine größere Anzahl von Personen, als sie sonst in einem Bauernhaus wohnte, gehandelt haben muß, ergibt sich daraus, daß statt des sonst üblichen einen Getreidespeichers hier drei Speicher zu dem Gehöft gehörten.

Daß solche Ein- oder Angliederung von Handwerkerbetrieben in oder an eine überwiegend bäuerlich strukturierte Ansiedlung auch an anderen Stellen vorkam, zeigt der eisenzeitliche Teil des Dorfes Tornow im Kreise Calau, wo sich am Rande eines aus großen Bauernhöfen bestehenden Bauerndorfes (Tornow-Lütjenberg, Siedlung K III aus der späten römischen Kaiserzeit und der Völkerwanderungszeit) ein ausgedehnter Bereich der Metallverarbeitung mit eigenen Gebäuden herausbildete.[90]

Schon seit früher Zeit finden sich bei den bäuerlichen Ansiedlungen Elemente nicht bäuerlichen sondern handwerklichen Charakters, die offenbar früh schon nicht von Bauern, sondern von spezialisierten Handwerkern zeugen.

Damit soll nicht gesagt sein, daß es den Bauern, der nebenbei auch etwas vom Handwerk verstand und in der Lage war, sich einfache Geräte selbst herzustellen oder schadhaft gewordene zu reparieren, nicht gab. Das regelmäßige Auftreten von Roheisen-Barren in Bauerngehöften der Völkerwanderungszeit auf den großen Ostseeinseln scheint anzudeuten, daß die Bewohner solcher Höfe auch selbst handwerkliche Arbeiten im Bereich des Metallhandwerks ausführen konnten.

Neben solchem „Hauswerk" hat es aber offenbar schon verhältnismäßig früh ein spezialisiertes Handwerk gegeben, und dieses existierte

---

[90] J. Herrmann, Siedlungskomplexe und Werkstattentwicklung von der späten Kaiserzeit zum frühen Mittelalter. Auf der Grundlage von Forschungen in Tornow, Niederlausitz, Early Medieval Studies 7, 1973, 54–70.

noch in der späteren römischen Kaiserzeit, eingebettet in die überwiegend bäuerlich strukturierte Bewohnerschaft der Dörfer.

4. Befestigte Ansiedlungen

Fast gleichzeitig mit dem Auftreten der Dorfsiedlungen im Neolithikum setzt der Wunsch ein, solche Wohnsiedlungen zusätzlich zu sichern. Welcher Art die Gefahren waren, gegen die man sich schützen zu müssen meinte, ergibt sich mangels berichtender Quellen bis zur frühgeschichtlichen Zeit nicht. Überfälle benachbarter Gruppen, Einfälle durchziehender Gemeinschaften oder auch nur der Versuch, Vieh oder Vorräte zu stehlen, mögen die wesentlichsten Gefahren kennzeichnen. Kriege von Stammesgemeinschaften gegeneinander, wie sie später bezeugt sind, setzen großräumige Zusammenschlüsse nach Art organisierter Stämme voraus. Seit wann mit solchen Einheiten zu rechnen ist, läßt sich den archäologischen Quellen allein nicht mit Sicherheit entnehmen. Seit der vorrömischen Eisenzeit sind sie dann historisch bezeugt, aber wieweit ihre Wurzeln zurückreichen, bleibt ungewiß. Jedenfalls aber ist ein zusätzliches, sich im Siedlungswesen ausdrückendes Schutzbedürfnis schon seit dem frühen Neolithikum erkennbar.

Einem solchen Schutzbedürfnis konnte auf verschiedenen Wegen nachgekommen werden. Sieht man einmal von den weiter unten noch zu behandelnden Burgen ab, so läßt sich als einfachste Art das Aufsuchen einer natürlichen Schutzlage, wie sie eine steil abfallende Bergkuppe oder eine von Wasser oder Sumpf umgebende Insel bietet, erkennen. Die einfachste Art des künstlichen Schutzes stellt ein Plankenzaun oder eine dichte Hecke dar. Schon eine solche Verstärkung setzt eine einfache Organisation der Siedlungsgemeinschaft voraus, weil schon der Bau und dann auch die Instandhaltung solcher Schutzeinrichtungen gemeinschaftlich geregelt sein müssen.

Als stärkste Art der Schutzbauten wird man Holz-Erde-Mauern oder Steinmauern mit davorliegenden Gräben betrachten müssen, ihr Bau und ihre Pflege ist wohl nur in gut organisierten Gemeinschaften überhaupt möglich.

Befestigte Dörfer gibt es schon im Neolithikum. Dafür soll nur auf die Palisadenumwehrung bandkeramischer Siedlungen verwiesen werden. Desgleichen sind Höhensiedlungen der Michelsberger Kultur mit Palisaden und Gräben bezeugt, und neuerdings haben sich auch für die norddeutsch-dänische Megalithkultur befestigte Ansiedlungen ergeben.[91]

---

[91] Zusammenfassend jetzt R. v. Uslar, „Burg". In: Hoops, Reall. 2. Aufl., Bd. III, 1976/77.

Die Befestigungen der Hallstatt- und Latènezeit sollen weiter unten bei den Burgen behandelt werden. Lediglich solche Anlagen, wie etwa die von Biskupin in Polen (Abb. 48) wird man nicht eigentlich als Burgen, aber wohl auch nicht als befestigte Dörfer bezeichnen können. Eher würde man in ihnen vielleicht eine ferne Auswirkung mediterraner, städtischer Siedlungsformen sehen wollen.

Wirklich befestigte, d. h. entweder mit einer Palisade umgebene oder durch Wall und Graben geschützte „Bauerndörfer" hat es dann in der vorrömischen Eisenzeit gegeben. Hier soll nur beispielhaft auf das aus 16 Anwesen mit dreischiffigen Wohnstallhäusern bestehende palisadenumwehrte Dorf von Grøntoft und das mit Wall und Graben umschlossene Dorf von Borremose, beide in Jütland gelegen, hingewiesen werden. Ein befestigtes Dorf im Vorfeld der römischen Reichsgrenze hat van Giffen in Drente bei Zeijen ausgegraben (Abb. 49), bei dem in Form und Toranordnung der römische Lagerbau als Vorbild deutlich erkennbar ist.

Ein besonders stark befestigtes Dorf mit bäuerlichen Anwesen ist in Eketorp auf Öland ausgegraben.[92] Hier liegen in einer kreisrunden, mit Steinmauer und Graben befestigten Ringanlage jeweils aus zwei bis drei zusammengehörigen Häusern (Wohnhaus, Stall und Scheune?) bestehende Anwesen. Die Anlage ist durch 4 Tore zugänglich, sie ist durch Funde gut in das 5. bis 8. Jahrhundert datiert.

Über eine andere Art der Sicherung, wie sie durch unbesiedelte Fluchtburgen neben offenen Ansiedlungen gebildet wird, soll weiter unten gesprochen werden. In diesem Zusammenhang interessieren nur bäuerliche Ansiedlungen, die selbst befestigt sind, und sie gibt es neben den ganz überwiegend offenen und ungeschützten Dörfern seit der jüngeren Steinzeit in verschiedenartigem Ausbau von der einfachen mit Zaun oder Palisade umgebenen Ansiedlung bis zum stark befestigten Dorf.

d) Die Ansiedlungen gewerblichen Charakters

Die Vorstellung von der durchgehend landwirtschaftlich geprägten Struktur der Ansiedlungen in vorgeschichtlicher Zeit ist so fest in der allgemeinen Vorstellung verwurzelt, daß man sich rein oder überwiegend gewerblich orientierte Ansiedlungen außerhalb der keltischen oder römischen Welt schwer vorstellen kann, und doch muß man seit der Steinzeit mit solchen, nicht durch eine überwiegend bäuerlich wirtschaftende Bevölkerung, sondern vornehmlich durch handwerkliche Tätigkeit geprä-

[92] M. Stenberger, Eketorp – eine befestigte eisenzeitliche Siedlung auf Öland, Nachr. d. Akad. d. Wiss. in Göttingen I. Phil.-Hist. Kl., Jg. 1969, Nr. 5, Göttingen 1970.

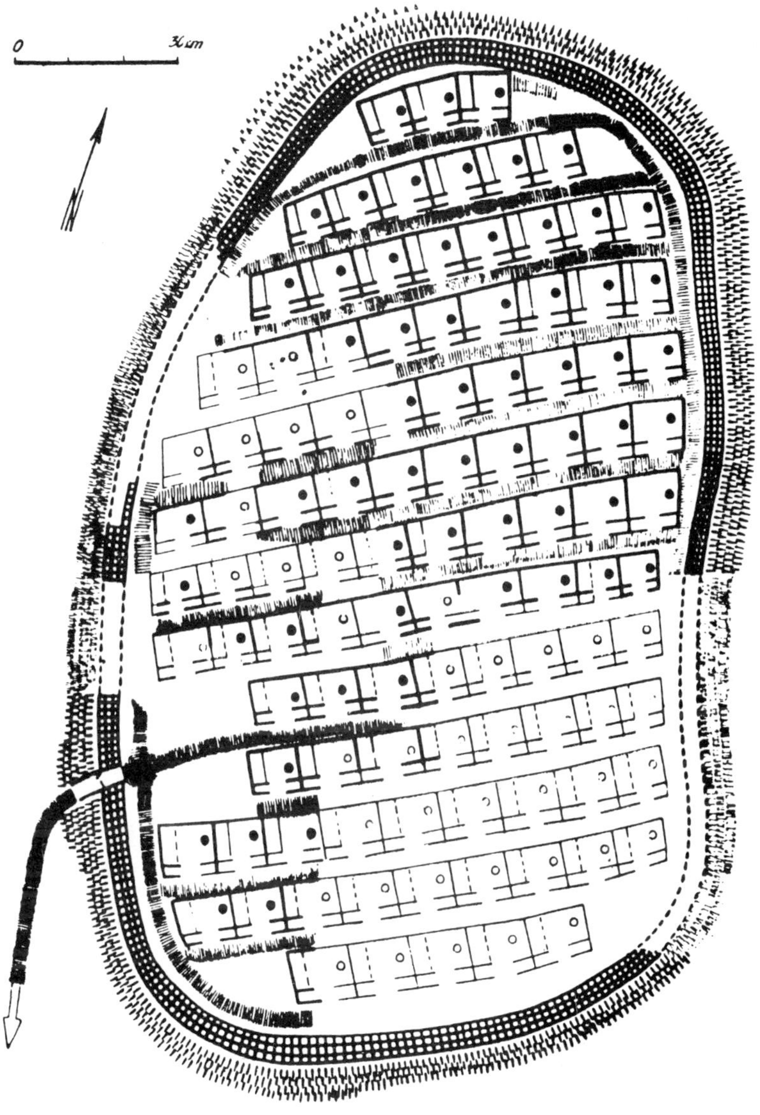

Abb. 48 Plan von Biskupin, Polen

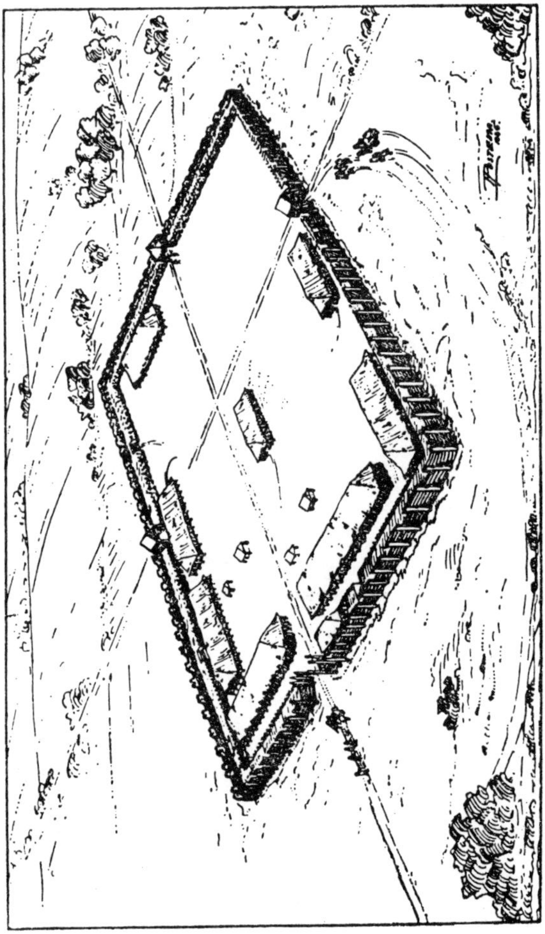

Abb. 49 Befestigtes, rechteckiges Dorf von Zejen, Drente (nach van Giffen)

ten Bewohnerschaft bestimmter Ansiedlungen rechnen. Leider fehlen bisher erschöpfende Untersuchungen solcher Plätze.

1. Ansiedlungen in Verbindung mit der Urproduktion von Rohstoffen

Verhältnismäßig gut bekannt sind die Wohnplätze einer steinzeitlichen Bevölkerung auf der Insel Bömlo vor der norwegischen Westküste. Neben Siedlungsplätzen von Menschen, die von der Fischerei und der Jagd auf Seesäugetiere lebten, gibt es auf der Insel eine Fülle neolithischer Wohnplätze, deren Bewohner die weit in West- und Südnorwegen verbreiteten Nöstvet-Beile aus einem feinporigen Grünstein herstellte. Das Material dazu stammt nicht von Bömlo, sondern wurde von einer 6 km weiter westlich zum offenen Meer hin gelegenen kleinen Insel in großen Tagbauten gebrochen. Die Steinbrüche liegen heute noch offen; nach einer neueren Berechnung sind dort etwa 30 000 t Rohmaterial für die begehrten Äxte gewonnen worden. Das Material wurde per Schiff nach Bömlo gebracht und hier zu den Fertigprodukten verarbeitet. Leider läßt sich bisher nicht mit völliger Sicherheit feststellen, ob die dort wohnenden und arbeitenden Handwerker ganzjährig am Orte arbeiteten, oder ob sie nur vorübergehend etwa in bestimmten Jahreszeiten dort tätig waren, ihre eigentlichen Wohnplätze aber an anderen Stellen lagen. In jedem Fall aber muß hier eine sehr ausgedehnte Produktion und ein organisierter Materialantransport, wie auch ein gut organisierter Fernhandel über das Meer angenommen werden.

Ähnlich liegen die Verhältnisse auch bei den neolithischen Bergwerken auf gebänderten Feuerstein in Polen (vgl. oben S. 18), wo in der Nähe des bergmännischen Abbaus bei Krzemionki in Polen wenigstens die Dörfer bekannt sind, in denen das Rohmaterial zu den weithin exportierten begehrten Äxten verarbeitet wurde. Das gleiche gilt für die Flintbergwerke in Belgien, England und Dänemark.

Seit dieser Zeit hat es auch im Zusammenhang mit der Kupfergewinnung, mit dem Abbau von Steinsalz und mit der Eisenverhüttung solche Ansiedlungen gegeben, die Handwerker beherbergten. Leider sind solche Ansiedlungen bisher nicht untersucht worden. Sie werfen Probleme der sozialen Organisation und der wirtschaftlichen Versorgung auf, wobei früh schon – etwa bei Bömlo – deutlich ist, daß die Rohstoffgewinnung und die geschlossene Rohstoffverarbeitung zu Fertigwaren nicht am gleichen Platz gelegen zu haben brauchen. Hier wäre eine Untersuchung solcher Plätze deshalb wichtig, weil dabei geklärt werden könnte, wie die wirtschaftliche Versorgung solcher Spezialarbeiter geregelt war. Hier sind zwei Modelle denkbar: einmal können solche handwerklich tätigen Gruppen eingebettet in Bauerndörfer gelebt haben und entweder selbst durch ihre eigenen Familien oder durch Nachbarn gegen Lieferung der produzierten Geräte mit Nahrungsmitteln versorgt worden sein, oder sie können losgelöst von solchen landwirtschaftlich geprägten Siedlungen geschlossen als Handwerker- oder Bergmannssiedlungen bestanden haben und dann auf dem Umweg über einen organisierten Vertrieb ihrer Waren durch Tausch in der näheren oder auch weiteren Umgebung Nahrungsmittel erworben haben. Nachgewiesen ist diese zweite Form der Tätigkeit außerhalb der keltischen und römischen Welt erst in der nachchristlichen Eisenzeit.

Es hat offenbar schon früh Ansiedlungen gegeben, deren Bewohner Urproduktion zur Gewinnung von Rohstoffen betrieben und auch Ansiedlungen, die getrennt davon Menschen beherbergten, die aus den angelieferten Rohmaterialien Fertig- oder Halbfertigprodukte erzeugten. Offenbar ist dieser zweite Herstellungsprozeß gelegentlich aber auch unmittelbar am Ort der Rohstoffgewinnung und vielleicht sogar von den gleichen Leuten betrieben worden.

2. Ansiedlungen mit Aufgaben im Rahmen des Güteraustausches

Die Formen vorgeschichtlichen Güteraustausches sind auf rein archäologischem Wege schwer zu ergründen. Bis weit in die frühgeschichtliche Zeit hinein fehlen ergiebige Quellen historischer Art fast vollkommen, und die Rolle der Ansiedlungen im Rahmen dieses Prozesses ist mangels gezielter Untersuchungen weder auf historischem noch auf archäologischem Wege gut zu erkennen.

Doch muß es Ansiedlungen von Kaufleuten und Plätze für einen speziellen Warenaustausch gegeben haben. Die Schilderung, die Tacitus von dem Wohnsitz des Marbod mit einer neben einer Burg gelegenen regia gegeben hat, bezeugt, daß dort römische „lixae et mercatores“ ansässig waren, deren ständige Anwesenheit eine besondere Funktion des Platzes im Handel vermuten läßt.[93] Auch die gelegentliche Erwähnung von emporia in Mitteleuropa zur römischen Zeit scheint auf die Existenz ausgesprochener Handelsplätze zu deuten.

Daß auch in überwiegend landwirtschaftlich strukturierten Ansiedlungen wie etwa der Feddersen Wierde, die im Boden nachweisbaren Niederschläge des Handels mit Rom und seinen nördlichen Grenzprovinzen nicht gleichmäßig über die ganze Siedlung verstreut waren, sondern sich um den „Herrenhof“ konzentrierten, legt die Vermutung nahe, daß der oder die Bewohner dieses Hofes eine besondere Rolle im Warenaustausch spielten.

---

[93] Tacitus, annal. II, 62–63.

Erst später lassen sich auch in Mittel- und Nordeuropa Ansiedlungen mit einer offenbar speziellen Funktion auch im Handel archäologisch nachweisen. Hier soll nur die Rolle des Platzes auf der Insel Helgö westlich von Stockholm erwähnt werden.[94] Auf mehreren Wohnterrassen, von denen einige bisher von W. Holmqvist untersucht wurden, ließen sich nicht nur Anlagen der Produktion, vor allem mit Spuren von Bronzeguß und Eisengewinnung und -verarbeitung nachweisen, sondern auch so starke Reste von Importgütern belegen, daß die Annahme gerechtfertigt ist, dieser Platz habe auch speziell im Handel eine große Rolle gespielt. Der Nachweis außerordentlich zahlreicher Reste von westeuropäischen Hohlgläsern – vornehmlich aus dem 6.–8. Jahrhundert n. Chr. Geb. – bezeugt einen weit über den Bedarf des Platzes hinausgehenden Import von Glasgefäßen.

Dazu kommt, daß das Rohmaterial für die Eisenbearbeitung zum großen Teil von weither importiert worden ist. Eisenbarren einer besonderen, spatenähnlichen Form und mit einem bestimmten Nickelgehalt wurden aus Nordschweden eingeführt, worauf weiter unten noch einzugehen sein wird (vgl. unten S. 144). Andere Eisenbarren stammen aus Småland. Hier wurde also das Rohmaterial zum Teil über für damalige Verhältnisse weite Strecken importiert. Einen Teil der Gegengaben wenigstens kann man auch archäologisch erkennen. Die in den Bronzegießerwerkstätten des Platzes Helgö erzeugten Schmucksachen, vor allem Fibeln, Nadeln, Bronzeknöpfe, wurden weithin exportiert und gerade auch in den Gebieten Nordschwedens abgesetzt, aus denen die in Helgö importierten Eisenbarren nordschwedischer Herkunft stammen.[95] Auf das dahinter sichtbar werdende komplizierte Siedlungs- und Austauschsystem soll weiter unten noch näher eingegangen werden.

Außer den genannten Beispielen scheint es auch reine oder doch vorwiegend dem Güteraustausch dienende Händlersiedlungen gegeben zu haben, deren Auffindung und Untersuchung vorerst noch ein Desiderat der Siedlungsforschung bleibt.

Unberücksichtigt sollen hier in einem Zusammenhang, der durch die Rolle der Ansiedlungen im Siedlungswesen und ihrer Erforschbarkeit mit archäologischen Methoden bestimmt ist, historisch an verschiedenen Stellen bezeugte Märkte außerhalb von Siedlungen bleiben. Sie gehören in den Zusammenhang einer Art des Handels, die bisher noch nicht einge-

---

[94] Zusammenfassend mit Angabe der älteren Literatur: W. Holmqvist, Prähist. Zeitschr. 51. 1976.

[95] L. Thålin, Notes on the Ancient Iron Currency Bars of Northern Sweden and the Nickel Alloys of Some Archaeological Objects, Early Medieval Studies 5, 1973; Å. Hyenstrand, Production of Iron in Outlying Districts and the Problem of Järnbäraland, Early Medieval Studies 4, 1972.

hend untersucht worden ist, deren Darstellung aber nicht im Rahmen einer Einführung in die Siedlungsarchäologie gebracht werden kann, obwohl sie natürlich im weitesten Sinne auch zum Siedlungs- und Verkehrswesen gerechnet werden können.

e) Die Ansiedlungen städtischen Charakters

Ansiedlungen städtischen Charakters spielen im Siedlungswesen und damit auch im Rahmen siedlungsarchäologischer Forschungen eine besondere Rolle, wobei hier die römischen Städte an Rhein und Donau ebenso unberücksichtigt bleiben sollen, wie das sonstige Siedlungswesen der römischen Grenzprovinzen.

Ansiedlungen städtischer Art stellen der Forschung nicht nur Aufgaben hinsichtlich der Form, der Funktion und der Struktur der Ansiedlung selbst, sondern gegenüber den bäuerlichen Ansiedlungen – ähnlich wie die primär gewerblich bestimmten Siedlungen – in erhöhtem Maße auch die Fragen nach den Umlandbeziehungen. Diese werden nicht nur durch die Probleme der Versorgung teilweise größerer Bevölkerungsgruppen mit Nahrungsmitteln oder die Einbettung in Verkehrssysteme und Absatzgebiete für gewerbliche Erzeugnisse gekennzeichnet, sondern auch durch die zentralörtliche Funktion anderer Art bestimmt, die sich für solche frühen Städte herausgebildet haben und die nur zum kleinen Teil im Rahmen siedlungsarchäologischer Forschungen – also mit archäologischen Mitteln – zu erkennen sind.

Das vor- und frühgeschichtliche „Städtewesen" hat Mitteleuropa vor der römischen Eroberung mit den keltischen Oppida erreicht und ist nach dem Ende der römischen Städte zum Teil aus deren Ruinen, zum Teil aus neuen Wurzeln im frühen Mittelalter neu entstanden. Weder der Anfang der oppida noch die Genese der frühmittelalterlichen „Städte einfacher Art" sollen hier behandelt werden. Die Oppida fanden ihr Ende mit der römischen Okkupation, und außerhalb des römischen Reichsgebietes mit dem Vordringen der Germanen. Die frühmittelalterlichen „Städte einfacher Art" leiteten, wenn auch nicht immer an den Ort selbst gebunden, aber doch als Institutionen in die voll entwickelten Rechtsstädte des hohen Mittelalters über.

Im Zusammenhang hier interessiert nur die Frage nach den siedlungsarchäologischen Aspekten solcher frühen Städte.

1. Die keltischen Oppida

Leider ist die Erforschung des keltischen Siedlungswesens außerhalb der Oppida bisher sehr vernachlässigt worden. Daß es sehr differenziert war, läßt schon die Notiz im ersten Buch von Caesars Gallischem Krieg bei seiner Schilderung der Helvetier ahnen, in deren Gebiet es „aedificia", „vici" und „oppida" gab.[96]

Da nur die Oppida ein Interesse bei der Forschung geweckt haben, muß darauf verzichtet werden, diese als besondere Erscheinung auf dem Hintergrund des allgemeinen Siedlungsbildes zu sehen.

Zahlreiche, teilweise sehr großräumige und mit modernen Methoden durchgeführte Ausgrabungen in Frankreich, England, Deutschland, Österreich und in der Tschechoslowakei vermitteln ein umfassendes Bild und auch eine Vorstellung von der Differenzierung dieses Siedlungstyps.

In fast allen Fällen handelt es sich um stark bevölkerte Ansiedlungen, die wenigstens in groben Zügen planmäßig gegliedert waren, etwa beim Mt. Beuvray, dem antiken Bibracte[97] in ein Handwerkerviertel, einen sakralen Bezirk und in Wohngebiete, zum Teil wohlhabender Einwohner. Dazu kamen geschlossene hofförmige, an Straßen orientierte Siedlungskomplexe in Manching[98] oder ein Händlerviertel nach der Art eines römischen „forums" auf dem Magdalensberg in Österreich.[99]

Die teilweise starken Befestigungen und sorgfältig gebauten Tore verraten nicht nur einen großen Arbeitsaufwand, sondern auch ausgebildete soziale Organisationsformen, nicht nur für den Bau, sondern auch für die Unterhaltung und die Verteidigung dieser Anlagen.

Die im Falle der keltischen Oppida verhältnismäßig günstige historische Überlieferung gibt Auskunft über die zentralörtlichen Funktionen eines Teils der gallischen Oppida. Vereinzelt archäologische Untersuchungen einiger Produkte auf solchen Stadtanlagen lassen den Absatz dieser Produktionszentren erkennen. Ihre zum Teil erstaunlich weitreichenden Handelsverbindungen ergeben sich aus schriftlichen Aufzeichnungen, z. B. an den Wänden einzelner Tabernen auf dem Magdalensberg, die auch deshalb interessant sind, weil sie Auskünfte über den sehr komplizierten Handel in einem keltischen Oppidum mit einer römischen Kaufmannskolonie außerhalb des römischen Reiches geben und die Rolle eines solchen Ortes als Umschlagplatz für den Handel mit Produkten erkennen lassen, die außerhalb des Oppidums im Umland erzeugt und nur im Großvertrieb über das Oppidum weithin in den Mittelmeerraum verhandelt worden sind.[100]

---

[96] Caesar, b.g. I.

[97] H. Callies; W. Dehn, Bibracte. In: Hoops, Reall. 2. Aufl., Bd. II, 1976 (mit ausführlicher Literaturzusammenstellung).

[98] W. Krämer, Zwanzig Jahre Ausgrabungen in Manching 1955 bis 1974. In: Ausgrabungen in Deutschland gefördert von der Deutschen Forschungsgemeinschaft 1950–1975, 287–296 (mit Literaturzusammenstellung, 297 Anm. 1 u. 2).

[99] R. Egger, Die Stadt auf dem Magdalensberg, ein Großhandelsplatz, Österr. Akad. d. Wiss. Phil.-Histor. Kl. Denkschriften, 79. Bd., Wien 1961.

[100] R. Egger, a.a.O.

Daneben ist auch erkennbar geworden, daß die Funktion solcher Oppida durchaus verschiedenartig akzentuiert waren. Neben Vororten großer Stammesgebiete wie beim Mt. Beuvray, in Manching oder beim Magdalensberg stehen andere, wie bei einem Oppidum von Třísov in Südböhmen, das offenbar ein Zentrum der Graphittongewinnung darstellt, oder das auf den Gleichbergen bei Römhild in Thüringen, dem neuere Bearbeiter eine vorwiegend militärische Funktion zuweisen möchten.

Die siedlungsarchäologische Untersuchung solcher Oppida hat eine siedlungsgeschichtliche Entwicklung mit wirtschafts- und sozialgeschichtlichen Aspekten und Einblicke in das politische Geschehen in der nördlichen Grenzzone einer letztlich mediterran bestimmten „Städtelandschaft" kennengelehrt.

An diesen Objekten wird der komplexe Charakter siedlungsgeschichtlicher Untersuchungen ganz besonders deutlich sichtbar und erlangt eine Bedeutung, die noch größer wäre, wenn es gelänge, mit siedlungsarchäologischen Methoden die Einbindung solcher Zentren in das sonstige Siedlungsgefüge der Landschaften, zu denen sie gehören[101], und in das Verkehrsnetz ihrer Zeit erkennbar zu machen.

2. Handelsplätze, Handwerkszentren und Märkte des frühen Mittelalters

In einer zweiten Phase der mittel- und nordeuropäischen Entwicklung bilden sich nach dem Zusammenbruch des weströmischen Reiches stadtartige Ansiedlungen erneut in drei verschiedenen Bereichen: einmal auf dem Boden der antiken Städte aus Resten ihrer städtischen Substanz, zum anderen außerhalb der römischen Reichsgrenze in der ehemaligen Germania libera ohne Anknüpfung an römische Vorläufer, und drittens in einem frühen Brennpunkt politischer Entwicklung bei westslawischen Stämmen in Mähren und in der westlichen Slowakei. Ähnliche Entwicklungen in anderen Teilen Europas, etwa auf dem Balkan, in Osteuropa oder in England sollen hier unberücksichtigt bleiben, wie auch die ganze Entwicklung von frühmittelalterlichen Städten im Gebiet des ehemaligen römischen Reiches.

Siedlungsarchäologische Untersuchungen, also die Aufdeckung von Siedlungsformen im Bereich der Römerstädte an Rhein und Donau sind für das frühe Mittelalter deshalb bisher ohne Erfolg geblieben, weil die spätere Bautätigkeit hier zumeist Spuren, die noch in größeren Flächen zusammenhängen, zerstört hat. Daß aber auch hier Einblicke durchaus

---

[101] Dazu vor allem W. Krämer; F. Schubert, Die Ausgrabungen in Manching 1955–1961. Einführung und Fundstellenübersicht, mit einem Beitrag von Karl Brunnacker. Die Ausgrabungen in Manching, hrsg. v. Werner Krämer Bd. 1, Wiesbaden 1970.

möglich sind, haben Untersuchungen über das antike und mittelalterliche Straßennetz in Winchester oder Grabungen in Hamvih bei Southampton gezeigt.[102]

Siedlungsarchäologisch interessante Erkenntnisse hat die Forschung für die neuen Ansätze zu städtischer Entwicklung in der Germania libera gewonnen. Hier haben Untersuchungen im unmittelbaren römisch-germanischen Grenzgebiet, wie in Dorestad bei Utrecht, aber auch weitab der antiken Kontaktzone etwa in Birka (Schweden), in Kaupang i Skiringssal (Norwegen), in Aarhus (Dänemark) oder in Haithabu bei Schleswig, in Hamburg und in Magdeburg ganz neue Erkenntnisse über die Genese und die verschiedenen Typen solcher frühstädtischer Plätze erbracht.[103]

Diese Entwicklung auch nur in groben Umrissen hier nachzuzeichnen, würde zu weit führen, das ist überdies in neuester Zeit gerade verschiedentlich geschehen. Eine große Siedlung von fast 100 ha Flächenausdehnung mit zahlreichen großen Holzbauten in Dorestad aus dem 8. und 9. Jahrhundert steht neben kleinen Gehöftgruppen mit händlerisch und handwerklich tätiger Bevölkerung in Kaupang oder im ältesten Haithabu.

Anders als in Hamburg oder Birka, wo die unbefestigte Niederlassung der Kaufleute und Handwerker sich an eine herrschaftliche Burg anlehnte, entbehren solche Plätze wie Kaupang eines solchen Schutzes. Neben dem regelmäßigen, „geplanten" Wegesystem und sorgfältig mit Zäunen umschlossenen Grundstücken in Haithabu, oder den mit Zäunen angedeuteten Grundstücksgrenzen in Hamburg, die zum Teil mindestens vom 10. bis ins 19. Jahrhundert konstant blieben, liegen unregelmäßig angeordnete Gehöftgruppen wie in Kaupang.

Kennzeichnend ist für alle diese Ansiedlungen, daß sie neben Kaufleuten auch Handwerker beherbergten, typisch auch, daß diese Plätze seit dem 10. Jahrhundert durch große Befestigungsanlagen gesichert wurden und wohl mindestens seit diesem Zeitpunkt die Bezeichnung „Stadt" auch wirklich verdienen.

Das dritte Zentrum frühstädtischer Entwicklung im frühen Mittelalter in Mitteleuropa liegt in Mähren. Diese eigenartige neue „Städtelandschaft" ist erst nach dem 2. Weltkrieg von der tschechoslowakischen archäologischen Forschung neu entdeckt worden. Die großräumigen Untersuchungen haben sich auf einige wichtige Plätze wie Mikulčice, Staré

[102] P. V. Addyman, Saxon Southampton: a town and international port of the 8th to the 10th century; M. Biddle, Winchester: the development of an early capital; beide Arbeiten in: H. Jankuhn; W. Schlesinger; H. Steuer (Hrsg.), Vor- und Frühformen der europäischen Stadt im Mittelalter. Abhandl. d. Akad. d. Wiss. in Göttingen, Phil.-Hist. Kl., Dritte Folge Nr. 83 und 84, Göttingen 1973 und 1974; 2. (unveränd.) Aufl. 1975.

[103] vgl. die Berichte darüber in: H. Jankuhn; W. Schlesinger; H. Steuer (Hrsg.), a.a.O. (vgl. Anm. 102).

Město, Pohansko und Nitra konzentriert und hier einen frühen, neuartigen „städtischen“ Siedlungstyp im 8. und 9. Jahrhundert erkennen lassen, der trotz einheitlicher Züge deutlich regionale Differenzierungen erkennen läßt.[104]

Die in Mikulčice um eine „Herrenburg“ mit Steinkirchen und einem steinernen „Palastbau“ liegenden Suburbien sind ebenfalls befestigt, enthalten Kirchen aus Stein von byzantinischer Bauart und – soweit bisher untersucht – eine dichte, in Reihen neben Straßen angeordnete Besiedlung. In Staré Město liegen mehrere Komplexe getrennt nebeneinander und sind durch eine gemeinsame Befestigung erst spät zusammengeschlossen worden. Ähnlich gehören zum ältesten Nitra getrennte, um Burgen liegende Siedlungskomplexe ohne zusammenfassende Befestigung.

Kennzeichnend ist für alle diese „städtischen“ Ansiedlungen, daß sie Zentren der Mission, und zwar sowohl der fränkischen wie der byzantinischen bildeten, daß sie zum Teil jedenfalls sehr dicht besiedelt waren, daß sie Handwerker verschiedener Art beherbergten, und sich in den Funden ein zum Teil weitreichender Handel niedergeschlagen hat. Die Einbettung in eine Siedlungslandschaft ist besonders für Staré Město untersucht und läßt deutlich erkennen, daß dieser große „städtische“ Komplex von etwa 200 ha Umfang mit mehreren Kirchen und großen Gräberfeldern, die einer beträchtlichen Bevölkerungszahl entsprechen müssen, zentral in eine große Siedlungskammer mit agrarischen Siedlungen eingebettet ist. Über die Einfügung in das Verkehrssystem läßt sich vor allem für Mikulčice sagen, daß der teilweise untersuchte Hafen die Einbeziehung des Platzes in das Binnenschiffahrtssystem der Donau und ihrer Nebenflüsse bezeugt.

Die bisherigen Untersuchungen haben sich vor allem auf die aus Stein gebauten Kirchen und die Befestigungsanlagen konzentriert. Von einem der zahlreichen Suburbien in Mikulčice sind aber auch große Teile des mit Holzhäusern bebauten Innenraums freigelegt, während in Pohansko ein umwehrter „Fürstenhof“ mit einem großen Ringwall aufgedeckt wurde.

Die Anfänge dieser frühstädtischen Entwicklung sind noch nicht hinreichend untersucht, sie reichen ins 8. und wohl schon ins 7. Jahrhundert zurück. Ihr Ende fanden diese großen und volkreichen stadtartigen Anlagen in den Ungarneinfällen des frühen 10. Jahrhunderts, die nur bescheidene Reste überlebt zu haben scheinen.

---

[104] F. Graus; J. Filip; A. Dostal (Hrsg.), Das Großmährische Reich, Prag 1966. W. Hensel, Anfänge der Städte bei den Ost- und Westslawen, Bautzen 1967. J. Poulik, Die neuesten Entdeckungen aus Hauptburgen des Großmährischen Reiches, Jahrb. f. fränk. Landesforschung 19, 1959.

Andere, ebenfalls ins 9. Jahrhundert zurückreichende Ansätze einer frühen Stadtentwicklung bei den Westslawen fanden sich im Bereich der Ostseeslawen.

Siedlungsarchäologisch sind alle diese verschiedenen Ansätze zu einer frühen Stadtentwicklung deshalb wichtig, weil sie innerhalb einer seit Jahrhunderten agrarisch strukturierten Gesellschaft andere Siedlungsstrukturen erkennen lassen, in denen Händler und Handwerker, aber auch das frühe Christentum die entscheidende Rolle gespielt haben. Sie machen die Anfänge einer sich zur Stadtkultur und zu einer städtischen Gesellschaft hin vollziehenden Entwicklung erkennbar, die, das kann man heute schon mit Sicherheit sagen, Jahrhunderte vor dem Auftreten der vollentwickelten Rechtsstädte des 12. und 13. Jahrhunderts auch außerhalb der Grenzen des ehemaligen römischen Imperiums beginnt.

3. Siedlungsarchäologische Untersuchungen zu den Funktionen solcher Plätze

Über die rein siedlungskundlichen Aussagen für die Siedlungsstruktur solcher Plätze hinaus kann die Siedlungsarchäologie in gewissem Umfange auch zur Aufhellung der Funktionen beitragen.

Dafür bietet sich zunächst die Erforschung solcher Plätze als Produktionszentren an. Die Aufdeckung von handwerklichen Produktionsanlagen ist zwar nicht für alle Produktionszweige möglich, oder jedenfalls bis jetzt noch nicht gelungen, wie etwa die Auffindung von Gerbereien oder Färbereien, um nur einige zu nennen, aber auf dem Gebiet der Metallverarbeitung, der Glasherstellung, der Lederwarenerzeugung oder der Textilindustrie und natürlich auch im Bereich der Keramikherstellung lassen sich Produktionsstätten durchaus erkennen. Dabei stellt sich zunächst die Frage nach der Rohstoffbelieferung.

Daß z. B. in Manching eine Graphittonkeramik in einer für Manching typischen Form erzeugt wurde, hat die sorgfältige formenkundliche Analyse der dortigen Keramikreste ergeben.[105] Die mineralogisch-petrographische Untersuchung des dazu benutzten Rohmaterials hat ergeben, daß eben dieser Rohstoff aus Passauer Graphittonvorkommen stammt, also über eine verhältnismäßig große Entfernung herangeschafft werden mußte.

Bei der Eisengewinnung und -verarbeitung in Haithabu ergab sich, daß als Roherz zum Teil schwedisches See-Erz verwendet wurde, das gegenüber dem in unmittelbarer Nähe von Haithabu reichlich anstehenden und auch seit Jahrhunderten schon abgebauten und verhütteten Raseneisenerz

[105] J. Kappel, Die Graphittonkeramik von Manching. Die Ausgrabungen von Manching, hrsg. v. W. Krämer Bd. 2, Wiesbaden 1969.

beträchtliche Qualitätsvorteile bot, die offenbar so groß waren, daß sie die mit dem langen und auch gefährlichen Transportweg von Schweden verknüpften Risiken aufwogen.

Über die Versorgung der eisenproduzierenden Betriebe in Helgö mit Rohmaterial aus Nordschweden und aus Småland wurde oben schon gesprochen.

Zoologische Untersuchungen, auf die weiter unten noch einzugehen sein wird, haben für Haithabu wahrscheinlich gemacht, daß das dort für die Herstellung von Schuhen benötigte Ziegenleder in Form ungegerbter Ziegenfelle eingeführt worden sein muß. Von besonderer Bedeutung für die Rolle solcher Plätze als Produktionszentren ist die Auffindung und Untersuchung solcher Werkstätten, bei denen man feststellen kann, welche Produkte dort erzeugt wurden, und untersuchen kann, wohin diese Erzeugnisse dann gelangten. Das ist bisher fast nur bei Gießer- oder Goldschmiedewerkstätten möglich, bei denen man die Provenienz bestimmter Schmucksachen aus bestimmten Gußformen oder von bestimmten Preßmodeln wahrscheinlich machen kann. Das ist, wie schon oben erwähnt wurde, in großem Umfange in Helgö möglich (vgl. oben S. 137 und Anm. 95) und ist auch für Haithabu bezeugt,[106] obwohl hier noch die Detailuntersuchung der zahlreichen Gußformenreste aussteht. Auch hier zeigt sich erstens ein weiter Absatz der an der Schlei gefertigten Produkte, aber auch die Tatsache, daß zu Beginn des Gießens von Schmucksachen nur Formen hergestellt wurden, die für den westlichen Teil Skandinaviens bezeichnend waren, während im 10. Jahrhundert Formen produziert wurden, die zum großen Teil im Ostseeraum verbreitet waren. Ähnliches läßt sich bisweilen auch für die Keramikproduktion aufzeigen. Für Manching, um noch einmal das Beispiel der Graphittonkeramik aufzugreifen, läßt sich deutlich die Verarbeitung der speziell in Manching hergestellten Ware aus diesem Material in der näheren und weiteren Umgebung darstellen. Dort in Manching wurde auch ein für diesen Ort typisches violettes Glas erzeugt, das zu Armringen und auch zu anderen Gegenständen verwendet wurde, und die geographische Verbreitung solcher Produkte aus Manchinger Glas läßt das Absatzgebiet der dortigen Glaswerkstätten erkennen.[107] Ähnliche Beobachtungen lassen sich auch für andere Werkstoffe, deren Verbreitung und den Absatz der daraus erzeugten Fertigwaren anstellen.

An solchen Beispielen, die gewiß an besonders günstige Voraussetzungen gebunden sind, und die noch stark vermehrt werden könnten,

---

[106] H. Jankuhn, Haithabu, ein Handelsplatz der Wikingerzeit, 6. Aufl. Neumünster 1976.

[107] O. Kunkel, Germania 39, 1961, 322–329.

kann man gelegentlich sowohl das Einzugsgebiet für die Rohstoffversorgung, wie bisweilen auch das Absatzgebiet für die Fertigwaren mit archäologischen Methoden nachweisen, und damit nicht nur die Rolle solcher Plätze als Produktionszentren, sondern auch ihr Ausstrahlungsgebiet aufzeigen. Schon heute zeigt sich eine große Vielfalt von Produktionsarten und eine große Fülle von an bestimmten Orten erzeugten Produkten, die unsere Vorstellung von der Rolle der handwerklichen Produktion in diesen frühstädtischen Anlagen ganz wesentlich ausgeweitet haben.

Nicht ganz so leicht ist auf siedlungsarchäologischem Wege die Rolle solcher Plätze als Konsumentenzentrum zu erkennen. Daß solche Plätze wie Dorestad mit 100 ha Flächenraum oder Haithabu mit 24 ha bebauter Fläche eine für damalige Zeiten große Einwohnerschaft beherbergten, ist sicher, ganz zu schweigen von den großen keltischen Oppida oder den mährischen frühen Stadtanlagen.

Das Fehlen von Zeugnissen für landwirtschaftliche Produktion, z. B. in Haithabu oder auf Helgö an den Orten selbst, bezeugt, daß die Belieferung mit Nahrungsmitteln von außen erfolgt sein muß. Um welche Größenordnungen es sich dabei handelt, ist wenigstens für Manching in einer Überschlagsrechnung von Boessneck untersucht worden.[108] Woher diese Lebensmittel kamen, ist mit den bisherigen Methoden nicht auszumachen. Es sei denn, es fänden sich an solchen Plätzen in großem Umfange z. B. Knochen von Tierarten, die in der näheren Umgebung damals nicht standortgebunden vorkamen. Das kommt zwar gelegentlich, aber dann nur als seltene Ausnahme vor. Auch für Getreide und Früchte läßt sich die Frage der Belieferung solcher Orte nicht klären. So bleibt nur die Feststellung, daß die Größe der anzunehmenden – und auch aus den Friedhöfen zu erschließenden – Einwohnerzahl in diesen frühen Städten große, nicht nur mit Lebensmittel, sondern auch mit anderen Bedarfsgütern von außen zu versorgende Konsumentengruppen annehmen läßt, wobei auch an den Bedarf von Bauholz für Häuser, Wege, Befestigungen und Schiffe oder an Textilien, Fellen und Schuhen neben den für die Produktion notwendigen Rohstoffen zu denken ist.

Damit wird als dritte Frage die nach der Rolle solcher Orte im Warenaustausch entweder für den eigenen Bedarf oder aber für einen Umschlaghandel aufgeworfen. Auch dafür vermag die Siedlungsarchäologie Beiträge zu liefern. Über das Problem des Eigenbedarfs wurde schon gesprochen, ebenso über die Möglichkeit des Absatzes eigener Produkte. Daß aber solche frühen Städte auch eine Rolle im Umschlaghandel, d. h.

[108] J. Boessneck; u.a., Die Tierknochenfunde aus dem Oppidum von Manching, Die Ausgrabungen von Manching, hrsg. v. Werner Krämer Bd. 6, Wiesbaden 1971.

also in der Weitervermittlung von Gütern, die sie nicht selbst erzeugten, sondern importierten, um sie dann mit Gewinn weiter zu veräußern, spielten, läßt sich gelegentlich aufzeigen.

Für den Hausierer- oder Krämerhandel lassen sich nur selten und dann nur als Ausnahme auf archäologischem Wege Belege beibringen. Wohl aber sind die Zeugnisse für einen Fernhandel leichter aufzuzeigen. Die schon erwähnten, inschriftlich bezeugten Handelsverbindungen mit Metallwaren vom Oppidum auf dem Magdalensberg in Kärnten bis nach Mittelitalien, ja hin bis nach Nordafrika, und zwar mit Waren, die im Oppidum selbst offenbar nicht erzeugt, sondern von diesem nur vermittelt wurden, läßt die Rolle eines solchen Platzes als Umschlagplatz deutlich sichtbar werden.[109] Das gleiche gilt für den Handel mit Sklaven in Haithabu. Diese Rolle ist nun weder auf dem Magdalensberg noch in Haithabu aufgrund archäologischer Quellen erkennbar, sondern durch schriftliche Überlegungen bezeugt. Sie ist hier nur paradigmatisch für eine Rolle angeführt, die in jedem Falle auch bei der Interpretation archäologischer Funde und Befunde in Rechnung zu stellen sein wird.

Deutlich ist der teilweise recht weitreichende Fernhandel zu erkennen, dessen Waren an jenen Handelsplätzen selbst verblieben sind. Dafür ist beispielsweise auf die Versorgung der Haushalte in Haithabu mit Mühlsteinen aus Niedermendiger Basalt aus der Eifel oder mit Gefäßen aus norwegischem Speckstein oder auf den Import westeuropäischen, meist wohl fränkischen Glases in die nordeuropäischen Handelsplätze wie Helgö oder Birka hinzuweisen. Die Liste solcher auf dem Wege des Fernhandels herantransportierter Waren ist außerordentlich groß. Die dafür erbrachten Gegenleistungen sind meist nicht bekannt, sie müssen groß gewesen sein und können nicht aus der Eigenproduktion solcher Orte stammen, sondern sind mindestens zu einem großen Teil mit Waren wie Pelzen oder Sklawen, die an diesen Orten selbst nicht gewonnen wurden, sondern importiert sein müssen, bezahlt worden.

Der große Umfang der bei archäologischen Untersuchungen anfallenden Importgegenstände an solchen Handelsplätzen läßt ihre Bedeutung im Güteraustausch besonders deutlich hervortreten, wobei noch zu beachten ist, daß sich ein großer Teil historisch bezeugter und wohl wirtschaftlich besonders wichtiger Waren wie Salz, Wein, Textilien und die schon genannten Pelze und Sklaven der Beobachtung durch den Archäologen entzieht.

Die für solche frühen Städte zum Teil historisch gut bezeugte zentralörtliche Funktion ist archäologisch nur selten zu belegen. Die zentralörtliche Bedeutung eines Teils der gallischen Oppida ist schon durch

[109] R. Egger, a.a.O. (vgl. Anm. 16).

Caesar bekannt. Auch für die frühmittelalterlichen Handelszentren wie Hamburg, Haithabu oder Birka erwähnen historische Quellen solche Funktionen. Mit ihnen ist in jedem Falle zu rechnen. Archäologische Hinweise darauf bieten sich – abgesehen von dem Problem des Nahmarkthandels, der sich gelegentlich auch in Funden niedergeschlagen hat – dann, wenn solche Orte im Mittelpunkt eines Wegesystems oder im Zentrum dicht bewohnter Siedlungskammern liegen, wie das etwa für Staré Město im 9. Jahrhundert zu zeigen ist.

Relikte einer einst vorhandenen, zentralen Bedeutung auf wirtschaftlichem Gebiet lassen sich z. B. der Tatsache entnehmen, daß sich auf dem Mt. Beuvray bis in die Neuzeit hinein ein Markt erhalten hat, der die Auflassung des Oppidums und seine Verlegung nach Augustodunum (Autun) ebenso überdauert hat wie die in der Martinskapelle auf der Grundlage eines antiken Heiligtums sichtbar werdende sakrale Rolle für die Umgebung.

Bestätigte die Erforschung der agrarisch geprägten Dörfer vom Neolithikum bis ins frühe Mittelalter in der Hauptsache ein Bild, das sich die Forschung schon seit langem gemacht hatte, so erschloß die Untersuchung von Ansiedlungen überwiegend gewerblichen Charakters durch die siedlungsarchäologische Forschung weitgehendes Neuland. Durch diese Seite der Siedlungsarchäologie gelang es, eine wesentlich vielseitigere Struktur nicht nur des Siedlungswesens, sondern auch der Gesellschaft und der Wirtschaft und zwar schon für verhältnismäßig frühe Zeiten aufzuzeigen. Dabei bleibt die Tatsache bedauerlich, daß manche Aspekte als Folge des heutigen Forschungsstandes nur als theoretische Überlegungen darzustellen sind, weil die Realien noch fehlen. Darin macht sich die lange Vernachlässigung der Siedlungsforschung unter weiterführenden Fragestellungen bemerkbar.

f) Burgen und Befestigungen

1. Burg und Herrschaft

Über den Quellenwert von Burgen für siedlungsarchäologische Untersuchungen ist im Rahmen des Kapitels zur Quellenkunde oben schon kurz gesprochen worden. Erschwert wird die Behandlung von Burgen durch die terminologische Schwierigkeit. Es gibt keine klare Definition für den Begriff „Burg“, und es ist sehr schwierig, Burgen, befestigte Dörfer oder frühe befestigte Städte eindeutig voneinander zu trennen.

Die kleine Herrenburg mediterranen Stils gibt es auch in Mitteleuropa. Befestigte Bauerndörfer, wie etwa Eketorp auf Öland aus dem frühen Mittelalter werden ohne Bedenken als Burgen bezeichnet. Unter dem Begriff der „Großburg“ werden Anlagen wie die Büraburg bei Fritzlar verstanden, bei der es sich wohl auch um eine frühe städtische Anlage handeln könnte.

Einzig die „Fluchtburgen“, große, unbewohnte und offenbar nur als Zufluchtstätten für die Bewohner offener Siedlungen im Umland gedachte Anlagen sind eindeutig zu bestimmen.

Da befestigte Ansiedlungen, und zwar sowohl solche bäuerlicher Art wie auch frühstädtische Anlagen bereits oben, wenn auch kurz besprochen sind, sollen hier nur Burgen im engeren Sinne behandelt werden. Geht man für deren Bestimmung davon aus, daß „Burgen“ und „Herrschaft“ eng zusammengehören, so engt sich der Begriff sofort einmal auf die kleine Herrenburg, dann aber auch auf die zur Ausübung von Herrschaft im Rahmen größerer politischer Einheiten gehörenden „Kastelle“ ein.

Ob es in Mitteleuropa schon in der Stein- und Bronzezeit „Herrenburgen“ gegeben hat, läßt sich nicht mit völliger Sicherheit sagen. Es ist aber nicht sehr wahrscheinlich. Erst in der Hallstattzeit mit ihren verstärkten Verbindungen zum mediterranen Raum tauchen solche Anlagen auch nördlich der Alpen auf, wo, um nur ein Beispiel zu nennen, auf dem Goldberg bei Nördlingen eine Akropolis mit einem großen Gehöft und einem Suburbium mit zahlreichen Gehöften ausgegraben wurde (Abb. 50). Hier scheint in der Tat etwas wie eine Herrenburg mit einem primitiven „Herrenhaus“ vorzuliegen.[110]

Der Charakter der späthallstättischen „Fürstensitze“ vom Typ der Heuneburg ist in dieses Begriffssystem nicht ohne weiteres leicht einzuordnen, weil dort bisher der „Herrensitz“ fehlt, und die Konzentration von Wirtschaftsbetrieben – nicht etwa im Suburbium, sondern in der Hauptburg – der an dem Leitbild der gleichzeitigen Akropolis der Tyrannenzeit im griechischen Bereich orientierten Vorstellung nicht entspricht. Hier wird man zunächst noch die weiteren Ergebnisse der Flächenausgrabungen abwarten müssen. Die Rolle der Heuneburg im Zentrum eines gleichzeitigen Siedlungsgebietes und die Bedeutung für dieses Gebiet ergibt sich aber auch so schon deutlich. Auch die Rolle latènezeitlicher Burgen in diesem Raum ist schwer zu beurteilen. Die keltischen Oppida sind zwar als ganzes befestigt und insofern als befestigte Städte anzusehen, aber im einzelnen, wie etwa in Zavist in Böhmen, gibt es auch noch eine besondere Akropolis.[111]

Ob solche Anlagen wie der Wohnsitz des Segestes, in dem er bis zum Entsatz durch die Römer von Arminius belagert wurde, wie Tacitus

---

[110] G. Childe, Prehistoric Migrations in Europe, Oslo 1950, 224. W. Kimmig; H. Hell, Vorzeit an Rhain und Donau, 2. Aufl., Schätze der Vorzeit, Stuttgart 1965, 77.

[111] J. Filip, Die keltische Zivilisation und ihr Erbe, Prag 1961.

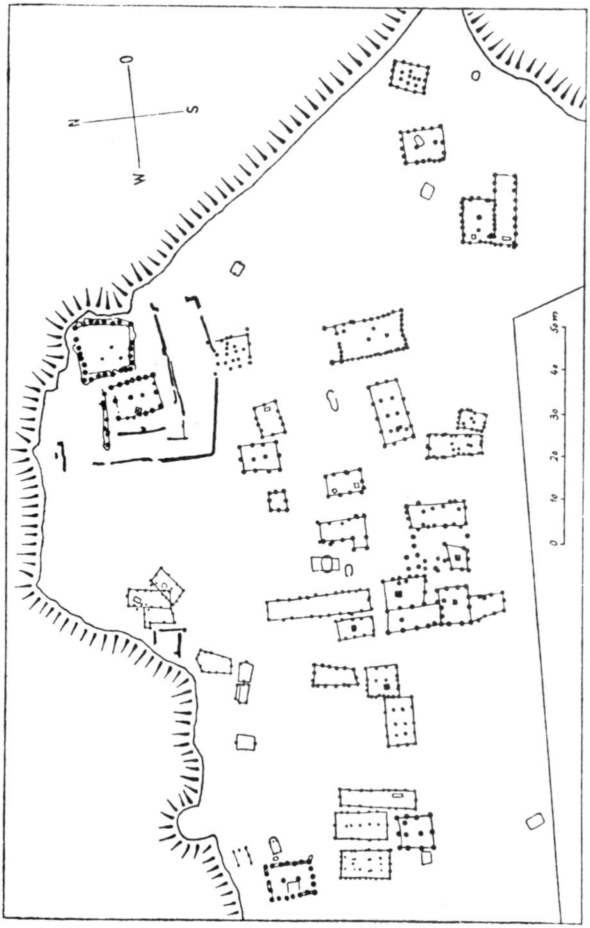

Abb. 50 Plan der hallstattzeitlichen Befestigung auf dem Goldberg (nach G. Childe)

berichtet, eine solche Herrenburg oder nur ein befestigtes Gehöft, wie es an verschiedenen Stellen in Holland durch van Giffen ausgegraben werden konnte, war, ist nicht ganz klar. Solche befestigten Anlagen wie die Altenburg bei Niedenstein in Hessen aus der Spätlatènezeit mit ihrer Besiedlung stellen wohl weniger „Herrenburgen" als Randerscheinungen keltischer Oppida dar.[112]

Herrenburgen gibt es im frühen Mittelalter, wie neuere Untersuchungen Gensens gelehrt haben, im hessischen Gebiet, wo sie nach seiner Vermutung neben den Großburgen vom Typ des Christenbergs bei Marburg oder der Büraburg bei Fritzlar, in denen in jedem Falle Stützpunkte der fränkischen Reichsgewalt zu sehen sind, sich als Stützpunkt eines zu größerer Selbständigkeit drängenden Adels darstellen.[113]

Burgen als Stützpunkte zentraler Landesorganisation hat vor allem K. Schwarz im Rahmen des Landausbaus karolingisch-ottonischer Zeit in Nordostbayern nachgewiesen.[114] Seine Untersuchungen und die von Gensen in Hessen stellen eine enge Verbindung von Burgenforschung und Siedlungsarchäologie her, insofern, als hier die Burgen als Herrschaftsstützpunkte über besiedeltes Land aufgefaßt werden. Sowohl für die „Großburgen" Hessens, wie etwa die Büraburg, als auch für die Burgen Nordostbayerns, ist zugleich die Einbettung in das Siedlungsbild und in das Wegesystem (Abb. 26) sorgfältig untersucht und für Nordostbayern auch die Rolle solcher weltlicher und kirchlicher Stützpunkte im Rahmen des Landausbaus dargestellt worden.

An diesen beiden Beispielen ergibt sich besonders eindringlich die Bedeutung der Burgenforschung für die Siedlungsarchäologie, und umgekehrt der Wert siedlungsarchäologischer, auf Besiedlungsvorgänge abgestellter Untersuchungen für die Burgenforschung.

Man könnte die Rolle der Burg als Herrschaftsstützpunkt im Rahmen von Siedlungslandschaften auch für das westslawische Gebiet darstellen, zumal man dort auch die weitere Entwicklung der Burgen im Rahmen der sich im hohen Mittelalter vollziehenden Entstehung von Stammesstaaten sowohl auf dem Hintergrund der politischen Entwicklung wie

---

112 M. Last, „Altenburg". In: Hoops, Reall. 2. Aufl., Bd. 1, 1973 (mit älterer Literatur).

113 R. Gensen, Christenberg, Burgwald und Amöneburger Becken in der Merowinger- und Karolingerzeit. In: Nationes Bd. 2, Althessen im Frankenreich, hrsg. v. W. Schlesinger, Sigmaringen 1975, 121–172; dazu auch: F. Schwind, Die Franken in Althessen, a.a.O. 211–280.

114 K. Schwarz, a.a.O. (vgl. Anm. 27); ders., Der frühmittelalterliche Landesausbau Nordost-Bayerns, archäologisch gesehen. In: Ausgrabungen in Deutschland, gefördert von der Deutschen Forschungsgemeinschaft 1950–1975, 4 Bde., Mainz 1975, in Bd. 2, 1975, 338–409.

auch im Rahmen großflächiger Siedlungsvorgänge untersucht und dargestellt hat.

2. Burgen und Landessicherung

Es bleiben noch zwei mit dem Problem der Siedlungsarchäologie eng verbundene Phänomene zu besprechen: Burgen in Form von Systemen als Schutz besiedelter Gebiete und Fluchtburgen in oder außerhalb von Siedlungsräumen als Schutzanlagen für die Bevölkerung un- oder schwach befestigter Ansiedlungen. Beides hängt eng zusammen. Aus der Fülle der dafür zur Verfügung stehenden Beispiele seien nur zwei angeführt.

Die drei nordelbischen Gaue der Dithmarscher, Holsten und Stormarn, die zuletzt dem fränkischen Reichsverband eingegliedert wurden, stellen sich der Forschung als „Siedlungsgaue" dar. Von ihnen sind Dithmarschen und der Holstengau durch naturräumliche Sicherungsgürtel, wenn auch nicht vollständig, so doch auf mehreren Seiten geschützt. Nur an wenigen Stellen treten Wege in diese Gausiedlungsgebiete ein. Fast an allen Stellen, an denen solche Fernwege die Grenzen der Siedlungsräume erreichen, sind im Norden, Osten und Süden gegen Dänen, Slawen und Franken Burgen als Wege-Sperranlagen errichtet worden (Abb. 51). Diese Burgen sind zum Teil bewohnt gewesen, zum Teil aber auch nur für die Aufnahme der Verteidiger durch den Aufbau von Häusern, die kaum benutzt aber trotzdem über lange Zeit instandgehalten wurden, eingerichtet. Hier schützen die Burgen besiedeltes Land. Die Frage nach der Organisation solcher Abwehr ist noch ungeklärt. Hier tritt eine auch sonst im sächsichen Gebiet nachweisbare Erscheinung auf. Stark mit Holz-Erde-Wall oder Plaggen-Erde-Mauer und davorliegenden Gräben geschützte Burgen, die in ihrem Inneren zahlreiche, nicht dauernd bewohnte Häuser aufweisen. Diese sind offenbar für die Besatzung gedacht, die nur in Zeiten der Landbedrohung dem erwarteten Gegner den Eintritt in die Siedlungsgebiete des Gaues verwehren sollten.

Ob dahinter eine herrschaftliche oder eine mehr genossenschaftlich bestimmte Organisation steht, oder ob es ein beide Prinzipien vereinigendes System dafür gab, läßt sich mit archäologischen Mitteln leider nicht entscheiden.

Das zweite Beispiel ist aus dem Bereich ottonischer Königspfalzen gewählt. Der Leinegau bildet eine Siedlungskammer im oberen Leinetal, deren Wurzeln in die Merowingerzeit zurückgehen. Im Zentrum dieser Siedlungskammer entwickelte sich aus einer liudolfingischen Herrschaftsburg eine Königspfalz Grone. Sie liegt inmitten eines nach Ausweis von Ortserwähnungen im 10. und frühen 11. Jahrhundert bereits dicht besiedelten, durch den hier anstehenden Lößboden sehr fruchtbaren Gebietes, das durch natürliche, mit Wäldern bedeckte und für Heeresverbände

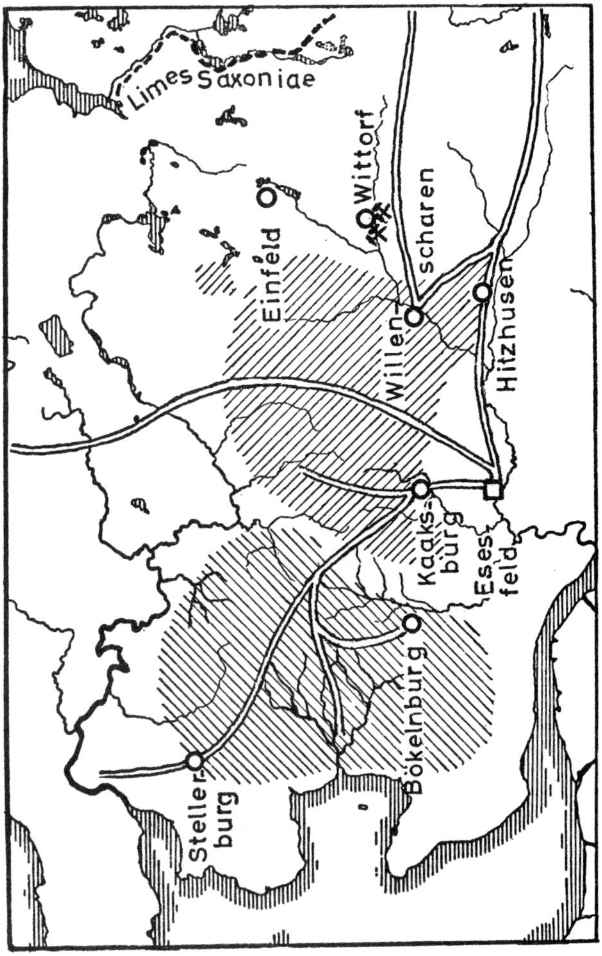

Abb. 51 Burgenring der frühen karolingischen Zeit um Dithmarschen und Holstein

schwer zu überschreitende Gebirgszüge umschlossen und gewissermaßen natürlich gesichert ist. Nur an wenigen Stellen führen von Süden, Osten, Westen und Norden Wege in diese Siedlungskammer. Fast überall da, wo diese Wege solche Bergwälder im Zuge von Fluß- und Bachtälern durchqueren, liegen flankierende Burgen mit gemörtelten Steinmauern im 10. Jahrhundert befestigt, aber ohne jede Spur einer dauernden Besiedlung.

Auch hier wird um das herrschaftliche Zentrum der Pfalz Grone inmitten einer dicht besiedelten, fruchtbaren Landschaft eine Sicherung eben dieser Siedlungskammer durch ein Burgensystem erkennbar, zu dessen militärischer Ausnutzung spezielle, nicht bekannte Einrichtungen der Wehrerfassung die notwendige Voraussetzung bilden.[115]

Auch an diesem, schon in die historische Zeit des hohen Mittelalters gehörenden Beispiel, läßt sich die enge Beziehung zwischen Siedlungs- und Burgenforschung deutlich aufzeigen. Die Verbindungen beider Forschungsrichtungen ließen sich an einer Vielfalt von Beispielen weiter belegen und nuancieren, doch würde das über den auf paradigmatisches Veranschaulichen abgestellten Charakters dieser „Einführung" weit hinausgehen.

Nun zur Bedeutung nicht besiedelter „Fluchtburgen" für die Siedlungsarchäologie. Seit dem Neolithikum bis hin zu den Ungarnrefugien des Mittelalters gibt es, zwar nicht über alle Epochen gleichmäßig verteilt, großräumige, meist mit Wall und Graben befestigte, häufig im unbesiedelten Bergland liegende Burgen. Sie häufen sich in einigen Perioden, wie etwa der Urnenfelderzeit, der beginnenden Eisenzeit und des frühen Mittelalters. Diese zeitliche Konzentration entspricht wahrscheinlich Unruheperioden. Die Funktion der Burgen besteht offenbar im Schutz von Bevölkerungsgruppen, die in offenen oder nur schwach geschützten Siedlungen wohnten und die zu ihrer Sicherung auf der Fluchtburg selbst auch noch deren abseitige Lage im unzugänglichen Gelände einsetzten. Für die Siedlungsarchäologie sind diese Befestigungen deshalb von Bedeutung, weil sich aus Ihnen die Existenz dichter besiedelter Gebiete in der Nähe folgern läßt. Sie stellen Anlagen nicht zum Schutz des Landes, sondern zum Schutz der Bevölkerung dar, die ihr besiedeltes Gebiet einem Gegner preisgab. Besonders aufschlußreich sind in diesem Zusammenhang siedlungsarchäologische Beobachtungen in der Siedlungskammer von Archsum auf Sylt.[116] Hier zeichnet sich eine schon oben erwähnte Siedlungskammer der römischen Kaiserzeit ab, die sich auf einer

---

[115] H. G. Peters, Neue Ausgrabungen und Forschungen in Niedersachsen 5, 1970, 63–183.

[116] G. Kossack; O. Harck; J. Reichstein, Bericht der Römisch-Germanischen Kommission, Bd. 55 (1974) 1975, 261–427 (mit Beiträgen von D. Hoffmann, K. Brunnacker und H. Kroll).

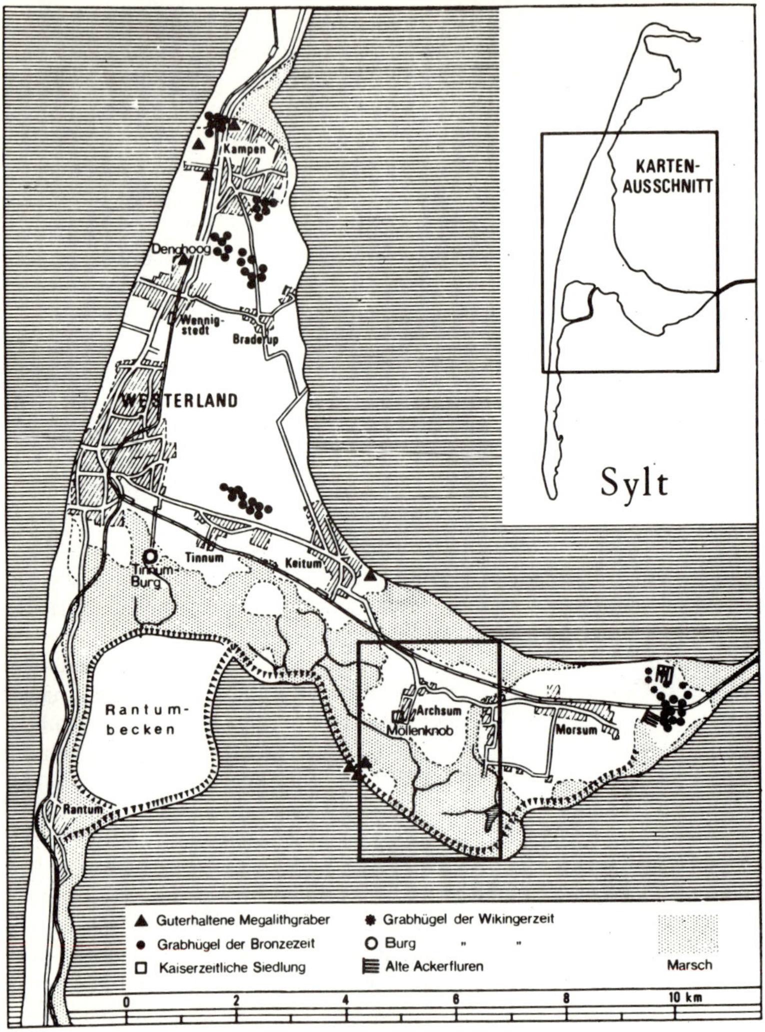

Abb. 52a Lage der Siedlungskammer Archsum auf Sylt. Der auf Abb. 52b wiedergegebene Ausschnitt ist Schwarz umrandet (nach G. Kossack)

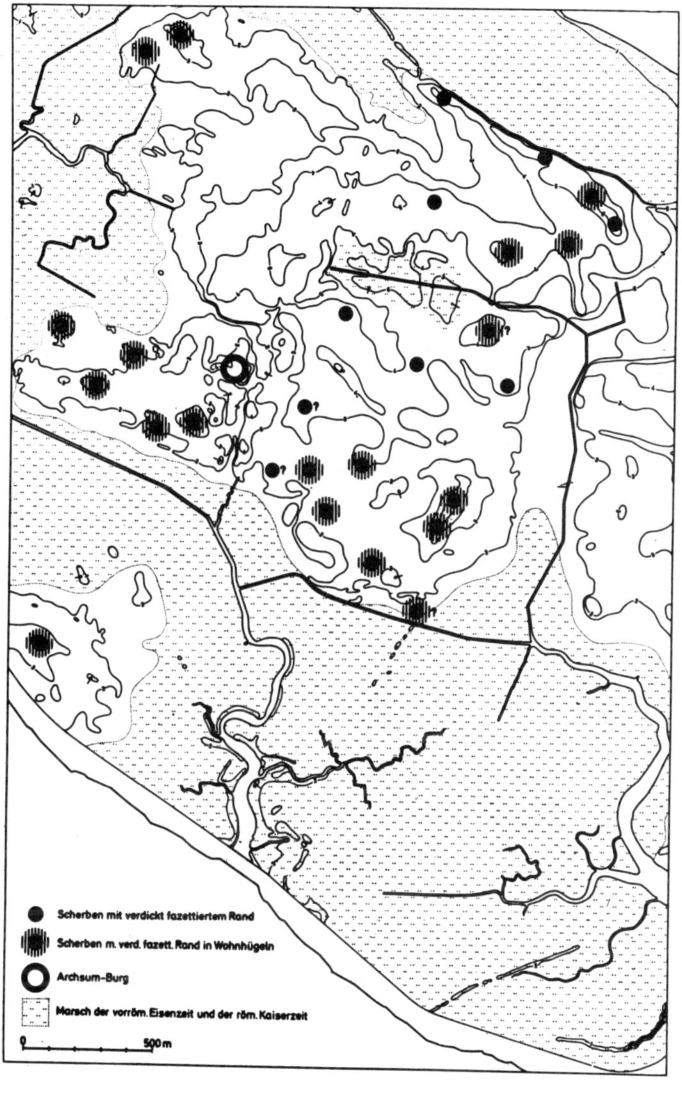

Abb. 52b Siedlungskammer der römischen Kaiserzeit auf der von Marsch umschlossenen Geestkuppe von Archsum mit Ansiedlungen der römischen Kaiserzeit am Rande der Gestkuppe und der Burganlage

von Marsch umgebenen Geestkuppe in der Form herausgebildet hatte, daß sich am Rand dieser Geestinsel zur Marsch hin ein Ring von mehreren Ansiedlungen der römischen Kaiserzeit gebildet hat, von denen der Mellenknoop ganz ausgegraben und publiziert ist (Abb. 52a und b). Die anderen, bisher nicht ausgegrabenen, sondern durch Probeuntersuchungen in die gleiche Zeit datierten Geestrandsiedlungen werden ähnliche – in der Größenordnung vielleicht variierende – Siedlungen darstellen, wie der Mellenknoop. Inmitten dieses Siedlungskranzes liegt eine der gleichen Zeit angehörende Burg in Form eines Ringwalles, dessen Innenraum unbebaut, also nicht dauernd bewohnt war. Hierbei kann es sich nur um eine Schutzanlage für die gleichzeitigen, rundum liegenden Ansiedlungen handeln, so daß sich in diesem Falle die Zusammengehörigkeit einer Fluchtburg und eines geschlossenen kleinen Siedlungsraumes wahrscheinlich machen läßt. An diesem Bilde würde sich auch dann nichts ändern, wenn sich eine gelegentlich geäußerte Vermutung bestätigen sollte, daß sich in der Burg ein Heiligtum befunden hat.

Wahrscheinlich steht hinter den Fluchtburgen, mindestens in älterer Zeit, eine genossenschaftliche Organisation, während sie in frühgeschichtlicher Zeit auch herrschaftlicher Schutzgewährung dienen könnten.

3. Sonstige Sicherungen von Siedlungsgebieten

Die Sicherung von Siedlungsgebieten ist nicht nur durch Burgen, sondern auch auf andere Weise erfolgt. Schon Caesar berichtet von der Ödmarkengrenze, die die Sweben umgab, und Tacitus schildert eine ähnliche Art von Gebietssicherung, wenn er sagt, daß die Nerthusstämme in Norddeutschland und auf der jütischen Halbinsel durch Wälder und Flüsse geschützt waren, hier also natürliche Hindernisse den Schutz bildeten.[117] Solche Ödmarkengrenzen lassen sich besiedlungsgeschichtlich verhältnismäßig gut erkennen, wenn in Gebieten mit einem guten Forschungsstand, etwa mit einer abgeschlossenen Landesaufnahme zwischen dicht besiedelten Landschaften breitere Streifen fundleeren, also in diesem Falle wohl sicher siedlungsarmen Landes liegen, die man sich im mittel- und nordeuropäischen Waldgebiet als mit dichtem Wald bestanden vorstellen muß.[118] Die durch solche Waldgürtel führenden Wege können durch Verhaue, die zwar archäologisch nicht feststellbar, aber gelegent-

[117] Caesar, b.g. 4,3 und 4,23 von den Sweben und Tacitus, Germ. 40; dazu: R. Much, Die Germania des Tacitus³, Heidelberg 1967, 448f.

[118] H. Jankuhn, Archaeologia Geographica, Jg. 10/11, 1961/63, 1–12; wieder abgedruckt (mit Nachträgen und Ergänzungen) in: Archäologie und Geschichte 1, 1976, 145–184; ders., Die römische Kaiserzeit und die Völkerwanderungszeit. In: O. Klose (Hrsg.), Geschichte Schleswig Holsteins Bd. 2, Lfg. 4, 1964.

lich historisch bezeugt sind, zusätzlich gesperrt oder leicht sperrbar gemacht worden sein.

Daneben aber gibt es noch eine andere Art der Sicherung besiedelter Stammesgebiete oder von Siedlungsgauen (von den oben beschriebenen Burgensystemen abgesehen): Langwälle mit davorliegenden Gräben. Solche sind schon vor dem Ausbau des römischen Limes – also nicht von diesem ableitbar – für die Grenze zwischen Angrivariern und Cheruskern bezeugt.[119] Sie müssen in viel größerer Zahl bestanden haben, sind aber nur auf der jütischen Halbinsel heute noch in größerer Anzahl belegt. Die Schwierigkeit für eine Zuordnung zu bestimmten Siedlungsgebieten liegt in der Datierung. Nirgends haben bisher Grabungen eine exakte archäologische Datierung ergeben. Hier eröffnet die Dendrochronologie wenigstens bei den Anlagen, die sich an sumpfigen Niederungen anlehnen und bei denen an solchen Stellen Holzpfähle erhalten sind, neue Möglichkeiten. Auf diesem Wege ist der „Ollemersdige" eine solche kurze Wallanlage bei Hadersleben ins 2. nachchristliche Jahrhundert datiert worden. Die gelegentliche Koïnzidenz solcher „Landwehren" mit dem Rand kaiserzeitlicher Siedlungsgebiete in Jütland legt die Vermutung nahe, daß solche Siedlungsanlagen auch sonst in die römische Kaiserzeit gehören könnten, wenngleich sie selbstverständlich auch zu anderen Zeiten entstehen konnten.

Daß auf diesem Wege auch große geschlossene Siedlungsräume gesichert worden sind, zeigen die Langwälle in Siebenbürgen (Abb. 53). Sie sind zwar bisher noch nicht mit Sicherheit datiert, doch sprechen einige Anzeichen für völkerwanderungszeitliches Alter.

In diesen Zusammenhang gehören auch die großen Wallanlagen wie Offas Dyke in England oder das Danewerk bei Schleswig. Diese Art der Grenzsicherung besiedelten Landes geht aber Jahrhunderte über das frühe Mittelalter zurück. Dort, wo sie mit Sicherheit zu datieren und bestimmten Siedlungsarealen zuzuweisen sind, bieten sie gute Anhaltspunkte für die Annahme auch großräumiger politischer Organisation solcher Siedlungslandschaften.

4. Die verschiedenen Funktionen von Burgen und sonstigen Befestigungen im Rahmen siedlungsarchäologischer Untersuchungen

Burgen werfen im Rahmen einer modernen, entwickelten Burgenforschung, wie sie etwa in Nordostbayern oder in Hessen, aber auch in Schweden, in Polen, in der Tschechoslowakei und in der DDR betrieben

---

[119] Tacitus, ann. II, 19; dazu: R. Wenskus, „Angriwarier". In: Hoops, Reall. 2. Aufl. Bd. 1, 1973 und H. Jankuhn, „Befestigungen und Befestigungswesen". In: Hoops, Reall. 2. Aufl., Bd. 2, 1976, § 5.

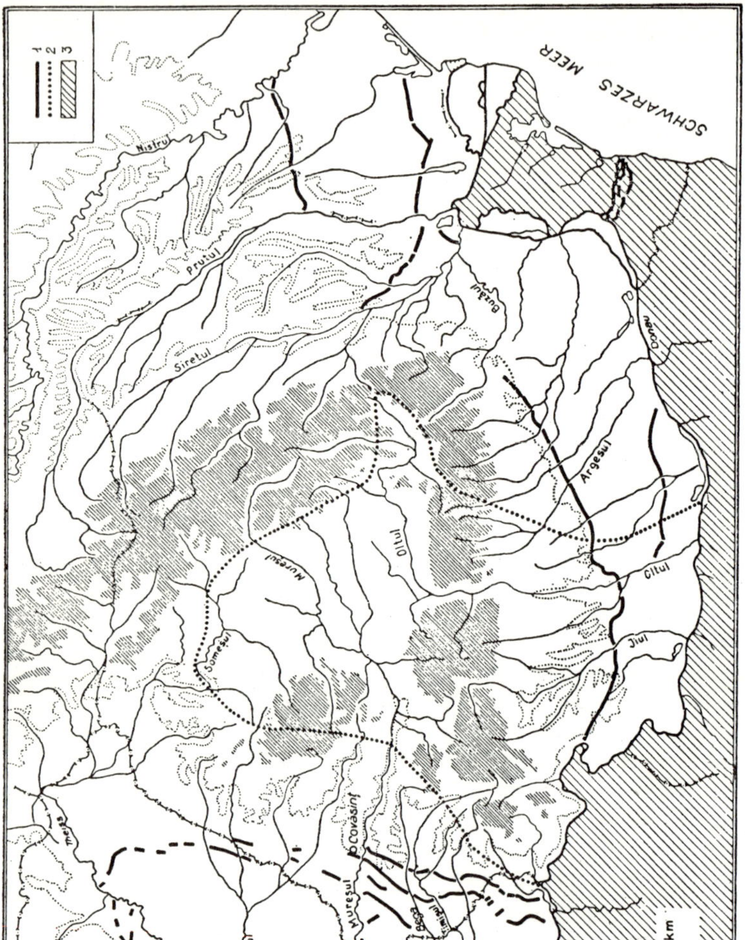

Abb. 53 Langwälle in Siebenbürgen (nach Horedt): 1: Erdwälle

werden, eine Reihe von Fragen auf und beleuchten sehr verschiedene Vorgänge. Sie sind vor allem Quellen für sozial- und verfassungsgeschichtliche Erscheinungen und beleuchten politische Spannungsfelder. Wie neuere Untersuchungen mit überraschenden Ergebnissen am Runden Berg bei Urach in Südwestdeutschland oder in der ottonischen Pfalz Tilleda am Kyffhäuser gezeigt haben, stellt sich auch das Problem der Rolle von Burgen im Wirtschaftsbereich.[120] Alle diese Aspekte der Burgenforschung können hier nicht behandelt, ja, nicht einmal gestreift werden. Lediglich die Bedeutung der Burgenforschung für die siedlungsarchäologische Betrachtungsweise kann in dieser Einführung interessieren.

Hier beleuchtet die Ausbildung kleinerer Herrenburgen in kleinen geschlossenen Siedlungskammern, wie sie etwa im westslawischen Gebiet, aber auch an anderen Stellen auftreten, die herrschaftliche Organisation solcher Siedlungseinheiten. Hierhin gehört auch die Rolle des hallstättischen „Fürstensitzes" auf der Heuneburg mit seinen umliegenden Fürstengräbern inmitten einer dicht besiedelten Landschaft, deren Gräber durch ihre Ausstattung mit Gold – im Gegensatz zu weiter entfernten Grabhügeln – die „Einfluß-Sphäre" und das Ausstrahlungsgebiet eines solchen Zentrums erkennen lassen (Abb. 54).

Die Lage von Großburgen wie etwa der Büraburg in einem dicht besiedelten Raum und im Schnittpunkt von Fernstraßen bietet Anhaltspunkte für die Herausbildung zentralörtlicher Funktionen, für die Erklärung des Versorgungsproblems und für die Regelung und Überwachung des Fernverkehrs.

Die zweite Erkenntnismöglichkeit bezieht sich auf die Sicherung besiedelten Landes, sei es durch Burgensysteme um die Peripherie des Siedlungsraumes, sei es durch Ödmarkengrenzen und verstärkende Errichtung von Langwällen.

Die dritte Möglichkeit endlich bieten die Fluchtburgen als Anlagen für den Schutz der Bevölkerung von Siedlungsbereichen, die sonst ungeschützt bleiben. Alle diese Aspekte ermöglichen im Rahmen einer besiedlungsgeschichtlichen Untersuchung über die Darstellung besiedelter Räume hinaus die Feststellung von Organisationsformen sozialer, verfassungsgeschichtlicher oder politischer Art, die Gruppen einzelner Siedlungen zu übergeordneten Einheiten zusammenfassen. Welcher Art diese Gruppen sind zu entscheiden, wird mit archäologischen Mitteln allein schwer möglich sein; eine über die Feststellung von Siedlungsakkumula-

---

120 V. Milojčić, Der Runde Berg bei Urach. In: Ausgrabungen in Deutschland, gefördert von der Deutschen Forschungsgemeinschaft 1950–1975, Bd. 2, 1975, 181–198; P. Grimm, Zeitschr. f. Archäologie 4, 1970, 85–116; ders., Zeitschr. f. Archäologie 6, 1972, 104–147 zur Pfalz Tilleda.

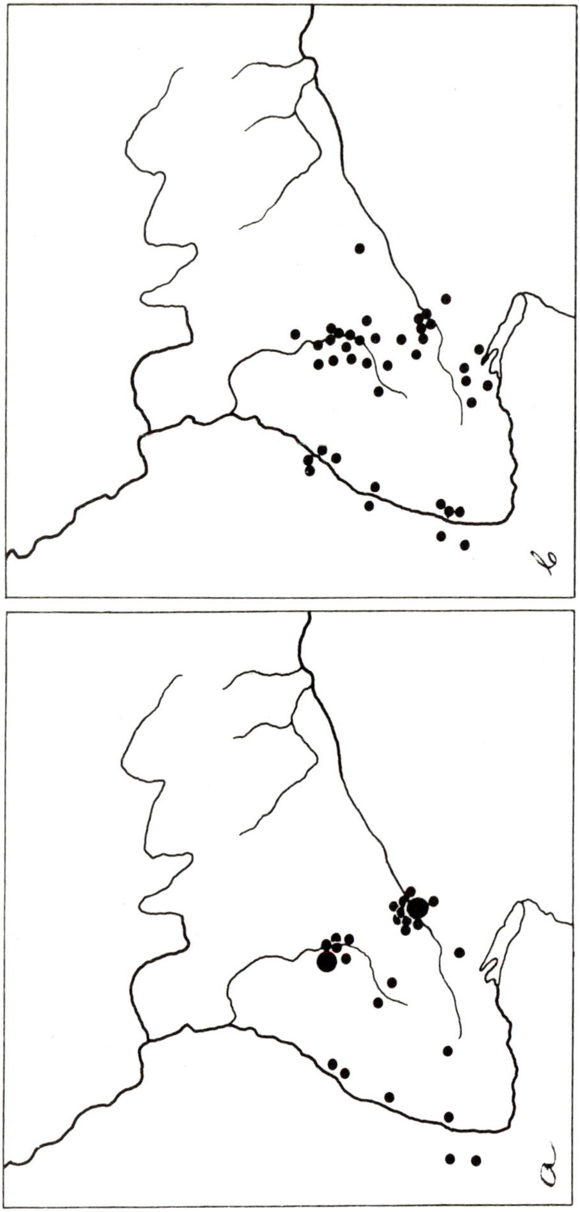

Abb. 54 Lage der Heuneburg in ihrem Siedlungsgebiet (nach Kimmig)

a) • Fürstensitze Heuneburg und Kleinaspergle
Fürstengräber der Hallstattzeit

b) • Späthallstattzeitliche Goldfunde

tionen hinausgehende Möglichkeit aber bieten sie insbesondere dann, wenn andere Indizien für eine nähere Umschreibung der Gruppenbildung wie etwa Fürstengräber oder zentrale Heiligtümer hinzukommen.

g) Hauslandschaften und regional differenzierte Gehöftbildung

Abschließend soll in diesem, den Ansiedlungen in ihren verschiedenen Ausprägungen gewidmeten Abschnitt die Frage kurz behandelt werden, ob sich die verschiedenen Bauformen der Häuser, die unterschiedlichen Arten der Hofbildungen und die Siedlungsformen großräumig zu geographischen Gruppen zusammenschließen lassen, wie das etwa die Bauernhausforschung oder die Kartierung der unterschiedlichen Dorfformen durch Volkskunde und Geographie für die historische Zeit gezeigt haben.

Einschränkend muß dabei nocheinmal auf den äußerst rudimentären Charakter der archäologischen Erforschung von Ansiedlungen und die in einem solchen Forschungsstand begründeten Unsicherheiten und Fehlerquellen hingewiesen werden.

Dazu kommt, daß auch in Bereichen eines guten Forschungsstandes von Häusern, Höfen und Gruppensiedlungen nur Fragmente, nämlich die Spuren von Grundrissen, gefunden wurden und sich bei günstiger Forschungssituation allenfalls Einzelheiten über den Bau der Wände erkennen lassen. Grundriß und Wandkonstruktion, dazu Hofplatzumzäunungen und Art des Zusammenschlusses einzelner Gehöfte zu Gruppensiedlungen sind also fast die einzigen Indizien, die für eine Beantwortung der Frage nach geographisch großräumigen Gruppenbildungen zur Verfügung stehen.

Dazu kommt, daß sich der Schwerpunkt der Siedlungsforschung – sieht man von vereinzelten Ausgrabungen auf bronzezeitlichen Siedlungen ab – eigentlich nur auf die Erforschung bandkeramischer Ansiedlungen im südlichen Mitteleuropa und die Ausgrabung eisenzeitlicher Dörfer und Einzelhöfe im nördlichen Mitteleuropa und in bestimmten Teilen Nordeuropas beschränkt.

Viel mehr als einige Andeutungen vorhandener Möglichkeiten ist also beim derzeitigen Forschungsstand nicht zu erwarten, und welcher Art diese Möglichkeiten sind, soll am Beispiel der eisenzeitlichen Siedlungen Hollands, Norddeutschlands, Dänemarks und Skandinaviens dargestellt werden.

Betrachtet man die Grundrißform der Häuser und sieht dabei von den sehr weit verbreiteten Grubenhäusern ab, so herrscht das dreischiffige Hallenhaus, sehr häufig mit Wohn- und Stallteil unter einem Dach, vor. Daneben gibt es auch andere Hausformen, etwa in Jemgum an der Ems, in Nauen oder an anderen Stellen, aber das Bild wird vom nördlichen Mitteleuropa bis zum südwestlichen Norwegen und den großen Ostseeinseln Öland und Gotland doch von der dreischiffigen bis in die Bronzeit zurückreichenden Grundrißform der Halle bestimmt.

Dabei lassen sich in der Wandbauweise allerdings drei große Gebiete unterschiedlicher Bauart unterscheiden. Im südlichen und südwestlichen Norwegen sowie auf Öland und Gotland – also überall da, wo man in Skandinavien Siedlungen in größerem Umfange gegraben hat – tritt fast ausschließlich das dreischiffige Hallenhaus mit Grundmauern aus Stein in Trockenmauertechnik auf (Abb. 55).

Im nördlichen und nordwestlichen Jütland herrscht das dreischiffige Wohn-Stall-Haus mit Heidesodenwänden und innerer Holzverschalung, und im Marschenbereich der deutsch-holländischen Nordseeküste dominiert das Ständerhaus mit Flechtwandttechnik, allenfalls mit einem flachen Sockel von Kleisoden.

Diese drei Hauslandschaften heben sich deutlich gegeneinander ab. Ihre Ausbildung hängt wohl eng mit der Frage des zur Verfügung stehenden Bau-Rohstoffes zusammen, doch ist dieses keineswegs der allein maßgebende Grund, denn in Skandinavien hätte man bei dem großen Umfang des als Baumaterial zur Verfügung stehenden Nadelholzes ebensogut die Blockbauweise wählen können, wie sie später auch in Brauch kam und lange Zeit hindurch dominierte.

Die Knappheit an gutem Bauholz in Nordwestjütland hat sicher zur Wandbauweise in Plaggentechnik geführt, während in der Marschenzone des südlichen Nordseeküstenbereiches das für die Flechtbauweise notwendige feste Ständerholz aus Eiche von der Geest herantransportiert werden mußte, was wohl in der Form des Flößens erfolgte.

Die Erkenntnis dieser drei, in der Eigenart der Wandbauweise unterschiedenen „Hauslandschaften" der Römischen Kaiserzeit und der Völkerwanderungszeit wird sich auch in Zukunft nicht mehr ändern, denn sie basiert auf einer großen Zahl von Beobachtungen. Wären mehr Reste vom Aufgehenden der Häuser und von den Dachkonstruktionen vorhanden, so würde sich das Bild vielleicht weiter differenzieren.

Daß sich die Hausformen überdies auch innerhalb dieses Gebietes nach ihrer wirtschaftlichen Funktion unterscheiden können, läßt sich wenigstens an einigen Beispielen deutlich machen.

In Feddersen Wierde dominiert in diesem Bereich eines Weidebauerntums das dreischiffige Wohn-Stall-Haus mit Wohnteil und einem für die Aufstallung von Großvieh in Boxen unterteilten Stall (Abb. 45 a). Nun treten neben diesen durch eine agrarische Wirtschaftsform bestimmten Häusern auch solche für Handwerker auf (Abb. 45 b). Ein solches, das Haarnagel ausgegraben hat, besaß keine Ställe für Vieh, allenfalls zwei

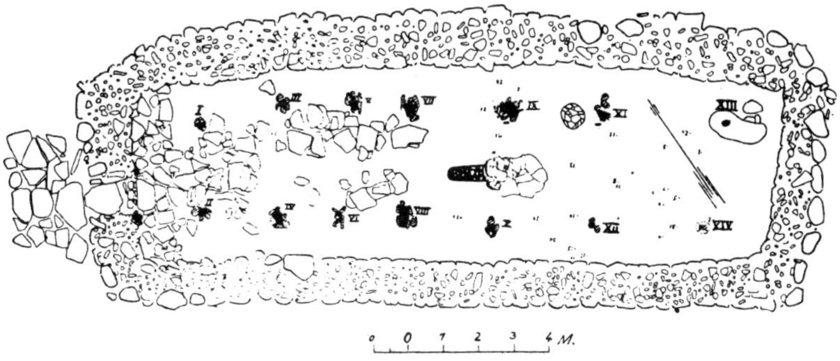

Abb. 55 Halle vom Typ der „Kjämpgravar" aus Brostorp auf Öland (nach Stenberger)

kleine Boxen für Kleintiere und besteht offenbar nur aus einem Wohnteil, der offenbar zugleich Werkstatt war, wie die Werkstattabfälle rings um dieses Haus erkennen lassen.

Ähnlich liegen die Verhältnisse bei dem großen „Herrenhof" im Südosten der Ansiedlung, auf dessen großem Hof Arbeitsplätze für Eisenbearbeitung und Bronzeguß angetroffen wurden. In seiner Größe und Bauweise entspricht das Haus den üblichen Bauernhäusern, nur enthält es keine Viehboxen. Wozu der große Raum außerhalb des Wohnteiles gedient hat, läßt sich nicht mit Sicherheit sagen, jedenfalls nicht zum Aufstallen von Vieh.

Ähnlich liegen die Verhältnisse bei dem daneben liegenden, vom Ausgräber als „Festhalle" angesprochenen Bau. Auch er ist dreischiffig gebaut und entspricht in der Größe den Bauernhäusern, hat aber keine Stallboxen. Hier zeigt sich innerhalb eines Dorfes trotz gleichbleibender Bautechnik eine funktional bedingte Differenzierung des Haus-Ausbaues.

Neben den genannten Hausarten gibt es im Küstengebiet der Nordsee auch reine Wohnbauten ohne Stall, so z. B. in der 2. Schicht von Ezinge in den nordöstlichen Niederlanden ein dreischiffiges kurzes, durch eine Querwand in zwei Teile geteiltes Wohnhaus, das in jedem Teil des Hauses einen Herd hatte, aber keine Viehboxen enthielt. Es ist offensichtlich für zwei getrennte Wohngruppen gedacht. Wenn es daneben ein „Viehhaus" nur mit Viehboxen für die Aufstallung von mindestens 50 Stück Großvieh gibt, wird hier vielleicht eine andere Familienstruktur sichtbar.[121]

---

[121] A. E. van Giffen, Germania 20, 1936, 40–47.

Ein ähnliches, zweiteiliges Wohnhaus neben einem ungewöhnlich langen Wohn-Stall-Haus gibt es in der Völkerwanderungszeit von Oxbøl im westlichen Jütland.[122]

Wenn auch die weit überwiegende Masse der Häuser im Küstengebiet der Nordsee aus einfachen Wohn-Stall-Häusern mit einem wohl nur für eine Kleinfamilie bestimmten Wohnteil und einem Stallteil von recht unterschiedlicher Größe besteht, so unterscheiden sich davon doch Handwerker-Häuser und reine Wohnhäuser, über deren spezielle Bedeutung vorläufig nichts mit Sicherheit zu sagen ist.

Noch schärfer wird die funktionale Differenzierung im frühen Mittelalter, als sich neben den bäuerlichen Siedlungen frühe Städte oder stadtartige Siedlungen herausbilden. Neben die großen Grabungen in Haithabu an der Schlei, einer frühen stadtartigen Siedlung des 9. bis 11. Jhs. trat seit 1960 als Kontrastuntersuchung gewissermaßen die Ausgrabung einer bäuerlichen Ansiedlung der gleichen Zeit vom Elisenhof am Stadtrand des heutigen Tönning, also nur 40 bis 50 km westlich von Haithabu.[123] Die Erhaltungsbedingungen für organische Substanzen und damit auch die Beobachtungsmöglichkeiten für den Hausbau sind an beiden Stellen besonders günstig. So gelang es, eine „bäuerliche" und eine „städtische" Ansiedlung gleicher Zeit aus dem gleichen Lebens- und Kulturraum zu erschließen.

Während in der bäuerlichen Ansiedlung von Elisenhof das dreischiffige Wohnstallhaus dominiert, wie es im Nordseeküstenraum seit der vorrömischen Eisenzeit oder der ausgehenden Bronzezeit vorherrscht, mit einem Wohn- und einem, in der Größe variierenden Stallteil lassen die gleichzeitig und z. T. in der gleichen Wandbautechnik der Flechtwand erbauten Häuser in Haithabu einen ganz anderen Grundriß erkennen (Abb. 56). Dem weitgehenden Fehlen von Spuren agrarischer Tätigkeit in Haithabu entspricht bei den dortigen Häusern das vollständige Fehlen von Stallteilen und anderen Anzeichen landwirtschaftlicher Betätigung. Dem Weidebauernhaus von Elisenhof entspricht das einfache „städtische Haus" in Haithabu. Und daß dieses kein Einzelfall ist, zeigt sich auch bei der Untersuchung der Stadtwurt von Emden, die um 900 n. Chr. beginnt. Hier bilden – in der Flußmarsch der Ems gelegen, also in einem Wirtschaftsbereich, in dem auch im 9. Jh. noch das dreischiffige Wohn-Stall-Haus im agrarischen Bereich vorherrscht kleine festgebaute Einraumhäuser dicht aneinander gedrängt, zur Seite schmaler, mit Holz belegter Wege gelegen, die typischen Wohnbauten. Auch hier also, in einer „städ-

---

122 G. Hatt, Acta Archaeologica 29, 1958, 142–154.

123 A. Bantelmann, Die frühgeschichtliche Marschensiedlung beim Elisenhof in Eiderstedt, Landschaftsgeschichte und Baubefunde, Bern–Frankfurt 1975.

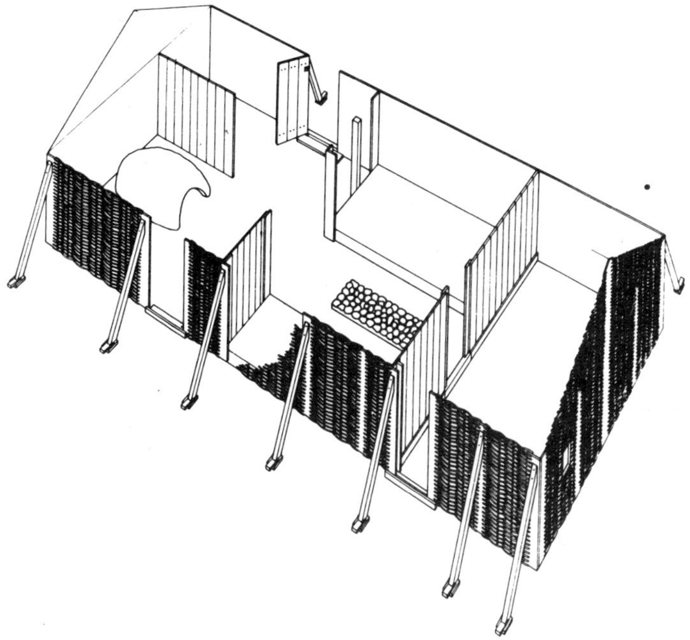

Abb. 56 Wohnhaus in Haithabu (nach Schietzel)

tischen" stark am Handel partizipierenden Ansiedlung herrscht ein ganz anderer Haustyp vor.[124]

Mit der funktionalen Differenzierung von „Bauerndorf" und „städtischer Siedlung" geht die ebenfalls funktionsbestimmte Trennung der Hausformen Hand in Hand. Versucht man, sich eine Vorstellung von der Gehöftbildung zu machen, dann ist man nicht nur auf gute Erhaltungsbedingungen bei den Hausbauten angewiesen, sondern auch auf die Möglichkeit, die Abgrenzung der Gehöfte durch Zäune oder andere trennende oder abgrenzende Elemente wie etwa Steinwälle (z. B. auf Gotland) oder Erdaufschüttungen zu erkennen. Diese Voraussetzung ist nur selten gegeben. Immerhin scheint in der Küstenzone der Nordsee – und zwar nicht nur in der Marsch, sondern auch auf der angrenzenden Geest – das Wohn-Stall-Haus, bisweilen mit einem Pfostenspeicher inmitten eines von einem Zaun umschlossenen Hofplatzes das typische Gehöft der Römischen Kaiserzeit und der Völkerwanderungszeit darzustellen. Im

[124] W. Haarnagel, Friesisches Jahrbuch 1955, 9–78.

Bereich der nordeuropäischen Häuser mit Grundmauern in Trockenmauertechnik gehören, wie die Ausgrabungen in Vallhagar auf Gotland, aber auch Beobachtungen auf Öland lehren, öfters auch mehrere Häuser verschiedener Funktion – dafür haben Stenberger und Klindt-Jensen in Vallhagar sehr interessante Beobachtungen gemacht – zu einem von einer Hofmauer umschlossenen Gehöft.

Die sich aus vielen Häusern mit verschiedener Zweckbestimmung zusammensetzenden Gehöfte, wie sie z. B. Winkelmann in Warendorf (Westfalen) ausgrub,[125] wie sich auch an anderen Stellen im Westen und Südwesten Mitteleuropas nicht zuletzt aufgrund der Angaben in den Volksrechten anzunehmen sind, fehlen im Nordseeküstenbereich während der Merowinger- und frühen Karolingerzeit.

Die Zahl der umfassend ausgegrabenen Siedlungen ist für eine solche Analyse noch zu gering, und die bisherigen Ergebnisse lassen nicht viel mehr als einige Hinweise auf wahrscheinlich vorhandene regionale Unterschiede in der Gehöftbildung entnehmen.

Das gleiche gilt auch für die Frage der Dorfformen. Hier wird man nur soviel sagen dürfen, daß neben offenbar ungeregelten Gruppensiedlungen, wie sie etwa in Vallhagar auf Gotland ausgegraben wurden, auch sehr regelmäßige, ja geplant erscheinende Dörfer stehen. Zu diesen gehören vor allem die „Rundlinge" mit radialen um einen offenen, in der Mitte liegenden Platz angeordneten Wohnbauten. Solche Dorfformen gibt es nicht nur in der Marschenzone der Nordsee, etwa von Ezinge oder Feddersen Wierde, sondern auch aus der gleichen Zeit im südwestlichen Norwegen, im Gebiet von Stavanger. Daneben scheinen die Untersuchungen Gudmund Hatts in Jütland auf die Existenz von „Angerdörfern" zu weisen, bei denen zu beiden Seiten eines länglichen Angers die Hausbauten liegen.[126]

Schließlich macht auch das von einer viereckigen Palisade umgebene Dorf der jüngeren Römischen Kaiserzeit vom Bärenhorst bei Nauen einen durchaus geplanten Eindruck.

Die Aufschüttung der Rundwurten in der Marsch mit der radialen Hausanordnung stellt eine große Gemeinschaftsarbeit dar und setzt ebenso wie die Anordnung und Umwehrung des palisadenumhegten Dorfes von Nauen oder das kreisrunde mit einer aufwendigen Steinmauer befestigte Dorf der Völkerwanderungs- und Merowingerzeit von Eketorp auf der Südspitze von Öland eine straffe Organisation voraus, sei diese

---

125 W. Winkelmann, Germania 32, 1954, 189–213; ders., Die Ausgrabungen in der frühmittelalterlichen Siedlung bei Warendorf (Westfalen). In: W. Krämer (Hrsg.), Neue Ausgrabungen in Deutschland, Berlin 1958, 492–517.

126 G. Hatt, Aarbøger 1938, 119–266.

nun „gemeindlicher“ Art also mehr auf genossenschaftlicher Grundlage oder überwiegend herrschaftlicher Art gewesen.

Eine genaue und mehr ins einzelne gehende Aufnahme und Durcharbeitung aller ausgegrabenen Ansiedlungen der Eisenzeit, wie sie bisher noch nicht geleistet ist, aber für einzelne Regionen wie Gotland vorliegt,[127] würde für die Frage der Siedlungsform vielleicht noch weitere Einsichten bieten und ein differenzierteres Bild ergeben. Für die Zwecke dieser „Einführung“ muß aber die Feststellung genügen, daß sich auch die „Dorfformen“ wie auch die Ansiedlungsarten, z. B. die Art der „bygde“ im Norden, zu größeren geographischen Einheiten werden zusammenordnen lassen.

8. DIE HEILIGTÜMER UND IHRE BEDEUTUNG FÜR SIEDLUNGSARCHÄOLOGISCHE UNTERSUCHUNGEN

Der Quellenwert der Erforschung von Heiligtümern für die Siedlungsarchäologie ist schon in dem der Quellenkunde gewidmeten Abschnitt besprochen worden und ebenso die Tatsache, daß die ernst zu nehmende Forschung sich verhältnismäßig spät den Heiligtümern zugewendet hat, von denen auch nur eine kleine Gruppe, nämlich die Aschenaltäre, die Flußfunde, die Quellopfer, die kleinen Depots in Mooren und in mineralischen Böden und die großen Moorfunde verstärktes Interesse gefunden haben. Deren Bedeutung für die siedlungsarchäologische Forschung soll hier an einigen Beispielen erläutert werden, und zwar sowohl für einzelne Ansiedlungen – dieses im weitesten Sinne des Wortes – als auch für Siedlungsgebiete. Daß auch im mittel- und nordeuropäischen Bereich Heiligtümer für Ansiedlungen und Burgen eine besondere Bedeutung haben, bezeugen, wenigstens für das frühe und hohe Mittelalter, solche Berichte wie die über die Irminsul bei der Eresburg oder die Schilderung der Tempelburg von Arkona und des Heiligtums von Rethra. Die Rolle von vorchristlichen Heiligtümern in der Art eines „hov“ für die rein bäuerliche Siedlung in Island und insbesondere für die soziale Differenzierung schildert die altnordische Überlieferung.[128] Auch Zentralheiligtümer für große Regionen sind mit dem Tempel von Alt-Uppsala und der dort stattfindenden Kultfeier belegt. Auch politisch einigende Funktion des Kultes

[127] J. Nihlén; G. Boëthius, a.a.O. (vgl. Anm. 26).

[128] O. Olsen, Hørg, Hov og Kirke, Kopenhagen 1966, Aarbøger 1965, 1–307; ders., Vorgeschichtliche Heiligtümer in Nordeuropa. In: H. Jankuhn (Hrsg.) Vorgeschichtliche Heiligtümer und Opferplätze in Mittel- und Nordeuropa, Abhandl. d. Akad. d. Wiss. in Göttingen, Phil.-Hist. Kl., Dritte Folge, Nr. 84, Göttingen 1970, 259–278.

an bestimmten, auf größere Gemeinschaften ausstrahlenden festen Orten ist für den Semnonenhain und den Nerthuskult deutlich genug historisch bezeugt. Man wird also von vorne herein von der Annahme ausgehen dürfen, daß Heiligtümer, sofern man sie wirklich archäologisch für einen bestimmten Ort nachweisen kann, starke Auswirkungen auf Siedlungen, größere Siedlungsgemeinschaften und größere – siedlungsarchäologisch dann allerdings meist nicht mehr erkennbare – politische Verbände gehabt haben können.

Den Zusammenhang kleiner Opferplätze in der Funktion lokaler Heiligtümer kann man deutlich für bestimmte Orte in Angeln nachweisen. Solche Opfer in Mooren – und wahrscheinlich auch in mineralischen Böden – bestehen aus der Niederlegung bestimmter Teile der Opfertiere, zu denen Pferd, Rind, Schaf und Ziege, sehr selten auch das Schwein gehören, und zwar insbesondere der Extremitätenknochen und des Schädels, als Reste von Opfermahlzeiten, dazu kommt auch der Hund, der allerdings nicht gegessen wurde und gelegentlich, wenn auch nur ausnahmsweise, Wild.[129] Zu diesen auf Mooren niedergelegten Opfergaben gehören auch Gefäße mit verschiedenem Inhalt wie Knochen junger Tiere, Haselnüsse, Butter, Pilze u. a. m. Also neben den tierischen Produkten Sammelfrüchte, dagegen so gut wie nie Getreide.

Auch vereinzelte Holzgeräte und Metallschmucksachen finden sich dabei. Die Plätze sind bisweilen besonders hergerichtet, etwa dadurch, daß ein Bereich, in dem ein menschengestaltiger Holzpfahl stehen kann, von einem Flechtwerkzaun in der Art eines „Temenos" umgeben ist, oder daß am Moorrand eine künstliche Plattform aus Baumstämmen und Zweigen geschaffen wurde, die es den Opfernden ermöglichte, das Moor zu betreten. Solche Opferplätze begegnen uns schon im Neolithikum und halten sich – wenn auch in sich etwas wandelnder Form – bis in die Merowingerzeit. Sie kommen von Mitteldeutschland bis nach Skandinavien in erstaunlicher Gleichförmigkeit vor.

Gelegentlich ist es möglich, den Zusammenhang eines solchen kleinen Ortsheiligtums mit einer Ansiedlung aufzuzeigen. In Esmark-Süderfeld (Angeln) ist durch Begehung ein Dorf des letzten vor- bis zum 3. nachchristlichen Jahrhundert festgestellt worden. Durch Konzentration von Oberflächenfunden lassen sich etwa 23 Haus- bzw. Hofplätze nachweisen. Ob sie alle gleichzeitig bestanden haben, ist ohne Grabung nicht zu entscheiden. Die ältesten Teile der Ansiedlung liegen im Südosten, die jüngsten im Nordwesten. Eisenschlacken sprechen für Eisenverarbeitung, zwei dazugehörige Friedhöfe sind z. T. ausgegraben. Die Ansiedlung liegt auf

[129] H. Jankuhn, Archäologische Beobachtungen zu Tier- und Menschenopfern bei den Germanen in der Römischen Kaiserzeit, Nachr. d. Akad. d. Wiss. in Göttingen I. Phil.-Hist. Kl. Jg. 1967, Nr. 6.

einem nach Südwesten zu einem kleinen Kesselmoor einfallenden Hang. Am Südrande des Moores liegen Ackerfluren. Am Nordrande des Moores wurde ein kleiner Moorfund aus Tongefäßen, Holzgeräten und Tierknochen gehoben, am Rand des Moores konnte eine aus Buschwerk hergestellte künstliche Plattform beobachtet werden (Abb. 27).

Hier schließt sich ein kleiner Komplex mit Ansiedlung, Friedhöfen, gewerblichen Betrieben (Eisenverarbeitung), Ackerfluren und einem kleinen Heiligtum zusammen. Ob der Mooropferplatz nur zu dieser Ansiedlung gehörte, oder zu einem kleinen „Kultbezirk" mit einigen anderen Ansiedlungen um das Moor herum, ist nicht mit Sicherheit zu entscheiden. Solche Zusammengehörigkeit von Opferplatz und Ansiedlung läßt sich auch an anderen Stellen beobachten, so daß man hier in einem verhältnismäßig dicht besiedelten Land, wie es Angeln in der Römischen Kaiserzeit darstellt, mit mehreren, vielleicht sogar zahlreichen kleinen „Kultbezirken" rechnen muß. Einen Sonderfall bilden kleine „Moorgefäß-Opfer" gelegentlich auch außerhalb von besiedelten Gebieten, die sich in der Vorrömischen Eisenzeit in Angeln auf die in den schweren Lehmboden eingestreuten Sandinseln konzentrieren (Abb. 57). Daß außerhalb dieser kleinen Siedlungskammern liegende Land muß man sich wohl in der Vorrömischen Eisenzeit mit dichtem Eichenmischwald bestanden vorstellen. Eine beweisbare Deutung für diese Diskrepanz in der Lage kleiner Opferstätten und besiedelter Räume zueinander gibt es nicht. Vermutungsweise wird man daran denken können, daß der Wald um das eigentliche Siedlungsgebiet herum als Waldweide benutzt wurde, und da gelegentlich in solchen Gefäßen Knochen junger Tiere niedergelegt sind, könnte man solche Depots als „Weideopfer" deuten, doch kann das nicht mehr als eine Hypothese sein.

Die Quellopfer und die in Flüssen niedergelegten Funde mit wahrscheinlich kultischem Charakter sind bisher noch nicht auf ihre siedlungsarchäologischen Aussagen hin untersucht worden.

Besonders interessant ist die Deutung der großen Moorfunde im siedlungsarchäologischen Zusammenhang. Zur Interpretation der Moorfunde selbst soll hier nichts weiter gesagt werden, als daß es sich bei ihnen um teilweise über viele Jahrhunderte wiederholte Niederlegungen von Opfergaben an der gleichen Stelle handelt, so daß die sich wiederholende Kulthandlung am gleichen, bisweilen noch besonders hergerichteten Ort die Annahme eines Heiligtums also rechtfertigt.

Ein solcher Moorfund, der Fund von Thorsberg in Angeln, ist verhältnismäßig gut untersucht; er reicht – abgesehen von einigen wenigen älteren Bestandteilen – von der vorrömischen Eisenzeit bis ins 4./5. Jh. n. Chr. Geburt. Im Laufe von 400 bis 500 Jahren, die er umspannt, haben sich Opferbrauch und Art der Opfergaben gewandelt.

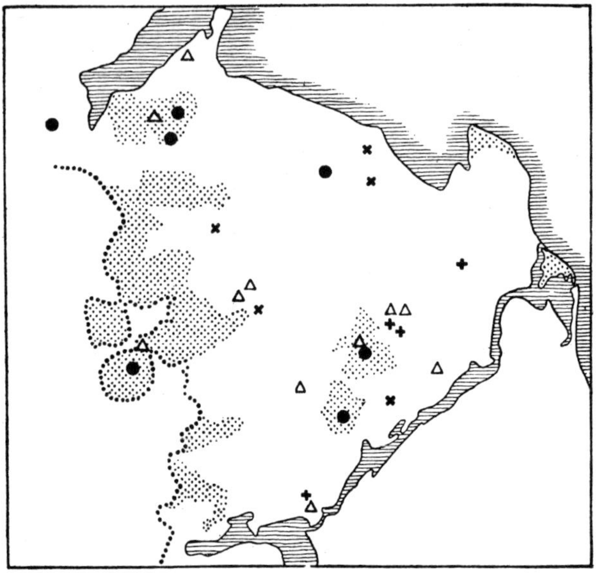

Abb. 57 Grabfunde, Moorgefäße und Einzelfunde der vorrömischen Eisenzeit in Angeln, Schleswig-Holstein

• Grabfunde
△ Moorgefäße
x Einzelfunde der älteren vorrömischen Eisenzeit
+ Einzelfunde der jüngeren vorrömischen Eisenzeit

Dieses künstlich hergerichtete Moorheiligtum liegt inmitten eines zunächst in der Vorrömischen Eisenzeit kleinen Siedlungsgebietes und mag in seinen Anfängen einen ähnlichen Charakter besessen haben, wie der Moorfund von Esmark-Süderfeld, der oben beschrieben wurden. Dann aber steigert sich im Laufe der Jahrhunderte die Zahl und der Reichtum der dort deponierten Opfergaben zu einem großen und mit kostbaren Opfern bedachten Heiligtum. Die in den ersten nachchristlichen Jahrhunderten sich vollziehende Ausweitung des Siedlungsraumes, der fast ganz Angeln und Teile der Landschaft Schwansen umfaßte, gibt das Gebiet an, in dessen geographischem Mittelpunkt der aus kleinen bäuerlichen Anfängen zu großer regionaler Bedeutung aufsteigende Opferplatz Jahrhunderte hindurch gelegen hat. Er hörte als Heiligtum und Opferplatz zu existieren auf, als die Besiedlung Angelns zurückging und wohl bis auf einen kleinen Bevölkerungsrest erlosch. Vielleicht haben sich Erinnerungen an die einstige Bedeutung dieses Heiligtums über die siedlungsschwache Periode der Merowingerzeit hinweg bis ins Mittelalter und die frühe Neuzeit gehalten. Dieses Heiligtum liegt inmitten eines geschlossenen Siedlungsgebietes, das von den benachbarten Siedlungsräumen durch siedlungsleere oder doch siedlungsarme Zonen – also wohl durch breite Waldgürtel – getrennt war. In diesem Falle wird man mit einem hohen Grad von Wahrscheinlichkeit im Thorsberger Moor das zentrale Heiligtum für einen größeren Siedlungsbereich sehen dürfen.

Ähnliche Vorstellungen hat U. E. Hagberg für einen vergleichbaren etwas jüngeren und in seiner Zusammensetzung auch etwas andersartigen Opferplatz von Skedemosse auf der Insel Öland gewonnen, der ebenfalls inmitten einer zur gleichen Zeit besiedelten Landschaft liegt und hier eine vergleichbare Funktion als Zentrum ausgeübt haben dürfte.[130]

Das Verhältnis der anderen großen Mooropferplätze zu den Siedlungsräumen ihres Gebietes ist bisher noch nicht näher untersucht worden.

Für die historische Ausdeutung siedlungsarchäologischer Ergebnisse zur Besiedlungsgeschichte sind solche Interpretationen von über längere Zeit benutzten Heiligtümern deshalb wichtig, weil sie erkennen lassen, daß geschlossene Siedlungslandschaften, wie sie etwa in Angeln und Schwansen vorliegen, Bevölkerungsgruppen beherbergen, die nicht nur einfache Siedlungseinheiten darstellen, sondern Menschengruppen umfassen, die durch gemeinsame Einrichtungen auch im kultisch-religiösen Bereich enger zusammengeschlossen waren.

Es bleibt allerdings die Frage zu klären, ob ein solcher Platz, wie etwa der Moorfund von Thorsberg, wirklich für eine größere Landschaft als Zentrum gedient hat und nicht vielleicht vielmehr als ein Opferplatz, der sehr viel größere Gebiete zusammenfaßte. Diese Frage ist methodisch schwer zu beantworten, aber es bietet sich doch ein Weg zu einer Klärung: Die Landschaft Angeln und südlich an sie angrenzend die Landschaft Schwansen stellen nach den Formen der auf ihren Gräberfeldern gehobenen Keramik einen verhältnismäßig einheitlichen Formenkreis dar, der sich mit seinen Formen sowohl von den nördlichen wie von den westlichen und südlichen Nachbargebieten unterscheidet. Nun besteht der Moorfund von Thorsberg in seinen älteren Teilen zur Hauptsache aus geopferten Tongefäßen, die wohl nur die Behälter für die eigentlichen Opfergaben bilden. Eine Analyse der im Thorsberger Moor niedergelegten Tongefäße läßt erkennen, daß sich hier fast nur Gefäßformen finden, wie sie für die Landschaften Angeln und Schwansen typisch sind, nicht dagegen solche Gefäßformen, wie sie für den nördlich anschließenden sogenannten Oberjersdaler-Kreis oder für die südlich anschließenden Land-

[130] U. E. Hagberg, Religionsgeschichtliche Aspekte des Moorfundes vom Skedemosse auf Öland. In: H. Jankuhn (Hrsg.), a.a.O. (vgl. Anm. 128).

schaften typisch sind. Hier kann man mit verhältnismäßig großer Wahrscheinlichkeit den Schluß vertreten, daß mindestens in diesem älteren Teil der Moorfund von Thorsberg den Niederschlag eines keramischen Formenkreises, der auf die Landschaften Angeln und Schwansen begrenzt ist, darstellt. Für die jüngeren Teile dieses Moorfundes allerdings läßt sich dieses nicht sagen, da die den wesentlichen Anteil der Opfergaben ausmachenden Waffen und Schmucksachen sich nicht auf diesen engen Kreis lokalisieren lassen.

Bedenkt man weiterhin, daß z. B. der Thorsberger Moorfund in seinen Anfängen um Christi Geburt nur einen von mehreren, ja vielleicht sogar von vielen Opferplätzen ähnlicher Art in Angeln darstellt und mit dem starken, sowohl mengenmäßig wie auch qualitativ (was den Wert der geopferten Gegenstände angeht) Anwachsen dieses Opferplatzes im 2., vor allem aber im 3. und beginnenden 4. nachchristlichen Jahrhundert die Zahl der kleinen Opferplätze in Angeln stark zurückgeht, dann wird man hier doch wohl eine Entwicklung sehen dürfen, in der nicht nur die Besiedlung des Landes von einer kleinen Keimzelle um Süderbrarup ausgehend allmählich wesentlich größere Teile der Landschaft einbezieht, sondern sich auch ein stärkerer, jedenfalls bedeutenderer kultischer Platz von starker zentraler Bedeutung herausgebildet hat.[131]

Gewiß sind bisher solche Beobachtungen über Heiligtümer und ihre Bedeutung für die Interpretation siedlungsarchäologisch gewonnener Befunde sehr selten und einmal an die Gunst der Quellenlage, dann aber auch an einen besonderen Forschungsstand gebunden, und man wird dieses Beobachtungs- und Interpretationsmodell nicht ungeprüft auf andere Gebiete übertragen dürfen. Wo aber die Voraussetzung dafür besteht – und das ist sicher an weit mehr Stellen der Fall als augenblicklich bekannt sind – können Heiligtümer, soweit man sie sicher lokalisieren und chronologisch einordnen und eingrenzen kann, auch für die siedlungsarchäologischen Untersuchungen eine besondere Bedeutung gewinnen, indem sie die kultische Ausstattung einzelner Siedlungsplätze veranschaulichen oder den geistigen Zusammenhalt größere Siedlungsgemeinschaften wahrscheinlich machen können.

---

[131] H. Jankuhn, Die römische Kaiserzeit und die Völkerwanderungszeit. In: O. Klose (Hrsg.), Geschichte Schleswig-Holsteins Bd. 2, Lfg. 5, Neumünster 1966.

III. DIE ERGEBNISSE SIEDLUNGSARCHÄOLOGISCHER UNTERSUCHUNGEN FÜR ANDERE FORSCHUNGSBEREICHE

Über die Einblicke in die Siedlungsvorgänge im weitesten Sinne hinaus vermitteln siedlungsarchäologische Untersuchungen auch Erkenntnisse für andere Forschungsbereiche. Dabei handelt es sich vornehmlich, wenn auch nicht ausschließlich, um drei Gebiete: die Wirtschaftsgeschichte, die soziale Struktur und unter Umständen auch in den vom archäologischen Standpunkt vorerst immer noch problematischen Fragenkomplex der ethnischen Gliederung.

9. ERKENNTNISSE ZUR WIRTSCHAFTSGESCHICHTE

Schon in den bisherigen Überlegungen ist wiederholt bemerkt worden, daß man bei dem Studium der Besiedlungsvorgänge und bei der Untersuchung der Ansiedlung selbst immer wieder auf Probleme der wirtschaftlichen Funktion stößt. Hier soll deshalb nur noch kurz zusammengefaßt werden, in welchen Richtungen diese Erkenntnisse liegen können, wobei manches zusammenfassend wiederholt werden muß, was oben bereits im Einzelfall besprochen wurde.

a) Rückschlüsse aus der Lage der Siedlungsgebiete

Wenn etwa auf der jütischen Halbinsel, auf der sich mehrere ökologisch sehr unterschiedliche Landschaftszonen auf verhältnismäßig engem Raum zusammendrängen, der Schwerpunkt der Besiedlung in der älteren Römischen Kaiserzeit auf den landwirtschaftlich ertragreichen Böden der Jungmoräne oder der leicht zu bearbeitenden Grundmoräne der vorletzten Vereisung liegt, dann fallen die Ausnahmen, bei denen Friedhöfe – also Siedlungsanzeiger – auf dem unfruchtbaren Sandergebiet vor dem Rande der Würm-Vereisung liegen, besonders auf.[132] Wenn die bei solchen Gräberfeldern anzunehmenden Ansiedlungen in unmittelbarer Nähe von Ra-

[132] H. Hingst, Die vorrämische Eisenzeit. In: O. Klose (Hrsg.), a.a.O. Lfg. 3, 1964, Abb. 23–25.

seneisenerzlagern liegen und Verhüttungsplätze in größerer Zahl aus der unmittelbaren Umgebung, die der gleichen Zeit angehören, bezeugen, daß diese Erze gefördert und verhüttet wurden, dann wird man die Abweichung von der üblichen Lage der übrigen Siedlungen auf den landwirtschaftlich, zu den in damaliger Zeit bekannten Klimaverhältnissen gut nutzbaren Regionen nicht als Zufall auffassen dürfen, sondern als Hinweis darauf werten müssen, daß die ungewöhnliche Platzwahl solcher Siedlungen auf ganz leichten Sandböden mit einer andersartigen Erwerbstätigkeit, nämlich der Eisengewinnung, zusammenhängt. Zur Gewißheit wird eine solche Vermutung, wenn bei einem auf dem Sander liegenden Gräberfeld der Römischen Kaiserzeit bei dem heutigen Orte Süderschmedeby die Urnen des Friedhofs nicht, wie das sonst üblich ist, mit Steinen umpackt sind, sondern für diese Urnensicherung Eisenschlackenblöcke mitbenutzt wurden und wenn überdies in den Urnen als Beigaben kleine Stücke von Eisenschlacken liegen. Deutlicher läßt sich kaum demonstrieren, daß diese auf dem Sander siedelnde Bevölkerung – daß sie dort tatsächlich ansässig war, bezeugt der Friedhof – direkt mit der Eisengewinnung befaßt war. Diese Beobachtung ist deshalb von einiger Bedeutung, weil sich aus ihr folgern läßt, daß es neben der landwirtschaftlich tätigen und auf den besseren Böden siedelnden Bevölkerung auch kleinere Gruppen gab, deren besondere Aufgabe – vielleicht neben einer geringen Landwirtschaft – die Eisenverhüttung darstellte.

Ganz besonders deutlich wird eine ähnliche Situation durch neue siedlungsarchäologisch-technologische Untersuchungen schwedischer Forscher im mittleren und nördlichen Schweden.[133] Hier hat sich fast unbemerkt von der übrigen europäischen Archäologie eine vorbildliche siedlungsarchäologische Forschung entwickelt, in deren Interessenmittelpunkt nicht nur die Besiedlung, sondern gerade auch die sich in Eisengewinnung und Eisenhandel ausdrückende wirtschaftliche Entwicklung des Landes steht.

Die geschlossene „bäuerliche" sich in Grabdenkmälern als Zeugen fester Ansiedlungen ausdrückende Besiedlung Mittelschwedens deckt Teile von Västmanland und das südliche Uppland bis nach Vendel im Norden. Die Grenze dieses Siedlungsgebietes gegen Norden ist durch Burgen gesichert. Nördlich liegt das Gebiet, in dem bis in die Eisenzeit hinein eine in steinzeitlicher Tradition beharrende, nicht-agrarische, wohl nomadische Bevölkerung lebte. Aus den zentralen Siedlungsbereichen schieben sich entlang natürlicher Wege und Flußläufe weit in den Norden periphere Siedlungen der Vendel- und Wikingerzeit vor, bei denen sich durch-

[133] Å. Hyenstrand, Early Medieval Studies 4, Stockholm 1972; L. Thålin, Early Medieval Studies 5, 1973, 24–41; J. E. Tomtlund, a.a.O. 42–63.

weg Eisenverhüttungsplätze finden.[134] Das dort gewonnene Eisen zeichnet sich durch einen besonderen Nickelgehalt aus und wurde in spatenförmigen Barren in den Handel gebracht. Hier zeichnet sich eine aus zentralen südlichen Siedlungsgebieten weit in den Norden mit seinen guten Eisenerzen vordringende Kolonisation ab, die eben durch den Eisenreichtum dieser Gebiete bestimmt wurde. Die Verbreitung der spatenförmigen, nickelhaltigen Eisenbarren nordschwedischer Herkunft bis ins Mälartal und die Insel Gotland im Süden läßt die Reichweite der Eisenexporte aus diesen nördlichen Kolonisationsgebieten mittelschwedischer Siedler inmitten einer in steinzeitlicher Tradition von Jagd und Fang lebenden Bevölkerung erkennen.[135] Diese mit komplexer Fragestellung durchgeführte siedlungsarchäologische Untersuchung im nördlichen Schweden ist beispielhaft für die in der Siedlungsarchäologie gegebenen Forschungsmöglichkeiten.

In eine ganz andere Ausdeutungsmöglichkeit verschiedener Biotope hat die norwegische Hochgebirgsarchäologie geführt. Sie hat oberhalb der eisenzeitlichen Siedlungsgrenze für agrarische Siedlungen Gräber mit einer auffallenden Fülle von Jagdwaffen gefunden und daraus auf die Existenz von auf Pelztierjagd im Hochgebirge spezialisierte kleine Personengruppen geschlossen, die im übrigen mindestens teilweise auch mit Eisengewinnung zu tun hatten.

Schließlich hat, um noch ein mitteleuropäisches Beispiel für differenzierte wirtschaftliche Nutzung unterschiedlicher Biotope zu nennen, H. J. Driehaus darauf aufmerksam gemacht, daß der ältereisenzeitliche Vordringen größerer Bevölkerungsgruppen in höhere Gebirgslagen der Eifel mit der Erschließung der dort vorhandenen mineralischen Rohstoffe zu erklären sein wird.[136] Sollte sich diese Auffassung durch weitere Untersuchungen als richtig erweisen, so läge hier ebenfalls ein deutlicher Hinweis darauf vor, daß die Wahl bestimmter Siedlungsgebiete Rückschlüsse auf die wirtschaftliche Funktion der Bewohner zuläßt.

b) Erkenntnisse aus Form und Art der Ansiedlungen

Daß Wohn-Stall-Häuser mit großen, durch Viehboxen gekennzeichneten Stallteilen eine bäuerlich wirtschaftende Bewohnerschaft beherbergten, ist oben bereits dargelegt und ohne weiteres einzusehen. Daß innerhalb einer solchen durch überwiegend landwirtschaftliche Tätigkeit ausgezeichneten Ansiedlungen wie etwa Feddersen Wierde Handwerkerhäuser

---

[134] Å. Hyenstrand, a.a.O. (vgl. Anm. 133).

[135] H. Christiansson, „Arktische Steinzeitkultur". In: Hoops, Reall. 2. Aufl., Bd. I, 1973, 409–411 (m. Literatur).

[136] H. J. Driehaus, Germania 43, 1965, 32–49.

auch durch ihre Form (Abb. 45b) unterschieden sind, wurde schon oben dargelegt. Daß sich schließlich nicht-agrarisch strukturierte Ansiedlungen wie Haithabu oder Emden von gleichzeitigen agrarisch bestimmten Dörfern wie etwa Elisenhof durch Anlage und Hausform unterscheiden, wurde ebenfalls bereits ausgeführt (vgl. oben S. 164f).

c) Die Aussagen des Fundmaterials aus Ansiedlungen

Anders als bei den Gräberfeldern, deren Fundmaterial einer durch religiöse Vorstellungen und kultisches Brauchtum bestimmten Selektion unterliegen, bieten Ansiedlungen ein meist sehr viel differenzierteres und sich mit dem Inhalt gleichzeitiger Bestattungen meist nur teilweise deckendes Fundmaterial. Da wenigstens für die Metallzeiten die konventionelle Gliederung des Fundmaterials überwiegend auf formenkundlicher Analyse von Grabfunden beruht, diese aber für Funde aus Siedlungsgrabungen nur begrenzt anwendbar ist und in jedem Falle durch andere Untersuchungsmethoden ergänzt, ja teilweise sogar weitgehend ersetzt werden muß, steht die erst in den letzten Jahrzehnten stärker belebte Siedlungsforschung vor neuen und bis heute erst z. T. bewältigten methodischen Problemen.

1. Die archäologische Fundanalyse

Die archäologische Fundanalyse der Schmucksachen und Geräte aus Ansiedlungen unterscheidet sich methodisch nicht von der Auswertung entsprechender Grabfunde. Der Unterschied beider Gruppen liegt mehr in der Tatsache, daß bei Siedlungsfunden der Anfall von Geräten verschiedener Form und Funktion meist wesentlich größer und variantenreicher ist als bei den Gräbern. Sowohl agrarische wie Handwerksgeräte gestatten Rückschlüsse auf die wirtschaftliche Struktur solcher Ansiedlungen.[137] Dabei sind nicht nur die beweglichen Funde von Bedeutung, sondern auch die z. T. fest mit dem Boden verbundenen Einrichtungen wie etwa Verhüttungsöfen für Metall oder Ausheizherde für die Weiterverarbeitung von Roheisen oder auch die Einrichtungen für die Salzsiederei. Schließlich gestatten die Abfallreste handwerklicher Verarbeitung von Metall (z. B. Schlacke oder Eisenschlag), Holz (z. B. Hobelspäne oder Zapfen als Abfälle der Drechslerei), Horn (z. B. bei der Arbeit gesprungene Kammteile) und Glas, aber auch die Fehlbrände bei der Keramikherstellung die Feststellung handwerklicher Tätigkeiten und Einblicke in Fertigungsmethoden und Art der erzeugten Waren.

---

[137] G. Jacobi, Werkzeuge und Geräte aus dem Oppidum von Manching. Die Ausgrabungen von Manching, hrsg. v. W. Krämer, Bd. 5, Wiesbaden 1974.

2. Die naturwissenschaftlich-technologische Analyse

Ein grundsätzlicher Unterschied bei der Auswertung des Fundmaterials aus Siedlungsgrabungen im Vergleich mit der Analyse von Grabfunden ergibt sich durch die Einbeziehung naturwissenschaftlich-technologischer Methoden. Moderne Siedlungsgrabungen sind ohne koordinierte Mitwirkung von Vertretern verschiedener naturwissenschaftlicher Disziplinen heute nicht mehr möglich. Zu den für die Auswertung archäologischer Befunde wichtigen Naturwissenschaften gehören vor allem Botanik, Zoologie und Bodenkunde, außerdem müssen in sehr vielen Fällen technologische Untersuchungen durchgeführt werden, für die Physik, Chemie und Metallurgie von zunehmender Bedeutung sind. Gerade aus diesen Bereichen ergeben sich wichtige Einsichten auch in wirtschaftlich bedeutsame Vorgänge.

a. Botanische Untersuchungen an Pflanzenresten und organischem Baumaterial

Schon in den Anfängen der Siedlungserforschung wurde, wie die Arbeiten Heers an Schweizer „Pfahlbauten" zeigen, die Bedeutung der Botanik erkannt. Die Untersuchung der Makroreste von Kultur- und Sammelpflanzen haben über die landwirtschaftliche Anbautechnik und die Lebensweise des Menschen wichtige Auskünfte gegeben, wobei auch die botanischen Untersuchungen des Mageninhaltes von Moorleichen für die Frage der Ernährung wichtig geworden sind. Dazu kamen zunehmend in neuerer Zeit die Untersuchung von Unkräutern und Holzresten (meist in verkohlter Form) für die Rekonstruktion der Landschaft und ihrer natürlichen, meist klimabedingten aber auch ihrer anthropogen verursachten Veränderungen.

Durch die Entwicklung der Pollenanalyse erhielt die vegetationsgeschichtliche Forschung neue Möglichkeiten gerade auch für die Beantwortung der Frage nach den Anbaufrüchten, aber auch für Untersuchungen menschlicher Eingriffe in die Naturlandschaft. Vorgänge wie Wüstung und Rodung sind für die vor- und frühgeschichtliche Zeit ohne die Nutzung dieser methodischen Möglichkeiten heute nicht mehr zu erforschen (dazu vgl. oben S. 63–71).

Dazu kommt die Untersuchung organischer Baustoffe, vor allem der verschiedenen Holzarten für Häuser, Brunnen, Wege und Zäune. Endlich hat die Analyse des für die Geräteherstellung benutzten Holzes nicht nur für Schiffe, Wagen und Schlitten sondern auch für die einfachen Holzgeräte zur Hauptsache in zwei Richtungen wichtige Einsichten vermittelt: Einmal indem es zu Erkenntnissen führte, daß Holz, sei es als Rohstoff, sei es als Fertigprodukt zum Teil über weite Entfernungen transportiert worden ist, wie etwa sekundär als Brunnenröhren verwendete Fässer aus Tannenholz (Abies alba) in Haithabu lehren, oder Kleingeräte aus Kiefer (Pinus silvestris) vom gleichen Fundplatz.[138] Vor allem aber erwies sich als unerwartet aufschlußreich und wichtig die Untersuchung neolithischer Holzgeräte z. B. der Holme für Fälläxte aus der Siedlung von Burgäschisee Süd, weil sich daraus ergab, mit wie großer Werkstoffkenntnis das Material für solche Geräte ausgesucht und bearbeitet worden ist.[139]

Leider fehlen bisher zusammenfassende Darstellungen der wirtschaftsgeschichtlichen Erkenntnisse aus botanischen Untersuchungen, so daß man gezwungen ist, diese Ergebnisse aus einer großen Zahl von Einzelveröffentlichungen zusammenzusuchen, aber wenigstens für einzelne Fundplätze, wie etwa Burgäschisee See, Feddersen Wierde oder Haithabu gibt es doch schon Zusammenfassungen größerer Teilbereiche, und die Arbeiten von Franz Firbas oder Fritz Overbeck geben auch in wirtschaftsgeschichtlicher Hinsicht aufschlußreiche Übersichten über die ältere Vegetationsgeschichte und die wirtschaftlich bedingte Veränderung der Naturlandschaft durch den Menschen.

b. Zoologische Untersuchungen an Tierknochen

Auch die regelmäßige Untersuchung von Tierknochen und Tierresten aus menschlichen Ansiedlungen ist alt und wurde sowohl bei den sogenannten Pfahlbauten der Schweiz seit der Mitte des 19. Jh. wie auch bei den etwa gleichzeitig anlaufenden Untersuchungen in dänischen Muschelhaufen früh mit gutem Erfolg praktiziert.

Auf die ebenfalls schon früh durchgeführten Untersuchungen der Tierreste aus paläolithischen Stationen und ihre Aussagen zur Wirtschaft dieser frühen Phasen soll hier nicht näher eingegangen werden.

Standen zunächst morphologisch-systematische Fragen der Zoologie im Vordergrund, so verschob sich schon bald das Interesse zur kulturgeschichtlichen Fragestellung, vor allem waren es Probleme der Hausbarmachung von Tieren, die vor allem im Anschluß an die großen Siedlungsgrabungen im Vorderen Orient untersucht wurden. Eine differenziertere Fragestellung ergab sich bei der Beantwortung der Frage, ob das früheste Auftreten von Haustieren in Mitteleuropa auf dem Import domestizierter Tiere oder auf der Übertragung der Domestikationsidee beruht.[140] So sicher man sagen kann, daß Tiere, wie Schaf oder Ziege, die ja als Wildformen nicht in Mitteleuropa vorkommen, hier importiert sein müssen,

---

138 K.-E. Behre, Berichte über die Ausgrabungen in Haithabu, Bericht 2, 1969, 8–15.

139 H. J. Müller-Beck, Seeberg, Burgäschisee-Süd, Acta Bernensia II 5, Holzgeräte und Holzbearbeitung, Bern 1965.

140 G. Nobis, Beiträge zur Geschichte der Landwirtschaft 3, 1957, 38–47.

so ergeben sich mindestens theoretisch andere Deutungsmöglichkeiten bei den Haustierarten, die, wie etwa Schwein und Rind, auch in Mitteleuropa in domestizierbaren Wildformen vorkommen.

Allmählich trat neben die Untersuchung der einzelnen Individuen die statistische Auswertung großer Fundmengen, und damit wurde das Denken in Individuen von dem Denken in Populationen abgelöst. Welche Möglichkeiten dabei der Zoologe zur Beleuchtung wirtschaftsgeschichtlicher Probleme beisteuern kann, hat Boessneck in der Einleitung zu seiner zusammenfassenden Auswertung der Tierknochen aus dem latènezeitlichen Oppidum von Manching gezeigt, in der er die Frage nach der Versorgung und der Ernährung einer „städtischen" Bevölkerung zu beantworten versucht.[141] Mag dieser erste Schritt auch mit mancherlei Unsicherheiten belastet sein, er zeigt doch prinzipiell die Möglichkeiten, die dafür bestehen.

Reichstein hat in seiner sorgfältigen Analyse des Haustierknochenmaterials aus der bäuerlichen Siedlung Feddersen Wierde auf dem Wege über die statistisch unterschiedliche Repräsentanz der einzelnen Tierarten und über die sorgfältige Auswertung des Schlachtalters der einzelnen Gruppen die wirtschaftlichen Ziele der Tierhaltung im bäuerlichen Milieu untersucht und überzeugend dargestellt.[142]

Seine statistische Analyse von Ziegen- und Schafknochen aus Haithabu und von Knochen des Fuchses, die am gleichen Ort gefunden wurden, hat mancherlei Ausblicke auf den Handel ermöglicht. Hier für diesen stadtartigen Handelsplatz ließ sich wahrscheinlich machen, daß Ziegenhäute zum Gerben, wie wir aufgrund einer Untersuchung der zahlreichen Schuhreste dieses Platzes durch Frau Groenemann-van Wateringe vermuten können, offenbar zur Gewinnung des für die Schuhherstellung besonders beliebten Ziegenleders importiert worden sind. Auch ließ sich wahrscheinlich machen, daß Fuchsbälge zum Gerben hier eingeführt wurden, so daß sich der Katalog der Importwaren an der Schlei auf ganz neue Bereiche ausdehnte.

c. Bodenkundliche Untersuchungen

Verhältnismäßig jungen Datums sind im Zusammenhang mit siedlungskundlichen Forschungen bodenkundliche Untersuchungen und die durch die moderne Bodenkunde gewonnenen Erkenntnisse zur älteren Wirtschaftsgeschichte.

---

[141] J. Boessneck, Die Tierknochenfunde aus dem Oppidum von Manching, Wiesbaden 1971.

[142] H. Reichstein, Die Kunde, N.F. Jg. 23, 1972, 142–156.

Im Bereich der Lößböden hat die Umwandlung echter Schwarzerdeböden des Neolithikums über Braunerden bis zu Pseudogleyen nicht nur die Einwirkungen des sich wandelnden Klimas, sondern auch die verschiedenen Nutzungsarten des Bodens durch den Menschen erkennen lassen.

Ähnlich spiegeln die Bodentypen der pleistozänen Sandgebiete die Einwirkung des Menschen und seiner Wirtschaft, insbesondere den Entzug der Nährstoffe durch Ackerbau wieder. Hier hat die Bodenkunde durch die frühe Ermittlung der bis in die vorrömische Eisenzeit zurückgehenden Plaggendüngung einen überraschend neuartigen Einblick in die Wirtschaftstechnik frühen Ackerbaus im nördlichen Mitteleuropa vermittelt.

Nachdem es gelungen ist, die anthropogenen Einwirkungen auf die Bodenbildung von der physiogenen Wandlung des Bodens durch pedogenetische Faktoren zu trennen, hat die Bodenkunde in unerwartet großem Umfange auch wirtschaftsgeschichtliche Ergebnisse, insbesondere für die landwirtschaftliche Nutzung der Böden, gezeitigt. Hinzu kommen im Zusammenhang mit Siedlungsuntersuchungen Rohstoff-Untersuchungen für die Keramik, die Gewinnung von Lehm für den Hausbau und die Benutzung von Humusböden für Düngezwecke.

d. Mineralogisch-technologische Untersuchungen am Fundmaterial aus Lagerstätten und Verarbeitungszentren

Die Erforschung von Lagerstätten und die Untersuchung der Verarbeitung und Verbreitung des dort geförderten Materials haben wesentliche Einblicke in die frühe Technologie und den älteren Handel erbracht. Das beginnt mit der bergmännischen Gewinnung von Gesteinsmaterial wie Flint oder Grünstein im Tagebau oder durch bergwerkmäßige Förderung, durch die schon für die neolithische Frühzeit technologisch komplizierte Verfahren im Grubenbau und zum Teil ungewöhnlich weite Verteilung der herkunftsmäßig gut und sicher bestimmbaren Materialien durch Handel nachweisbar wurde.[143] Früh schon läßt sich der Obsidianhandel und die Asphaltverbreitung im Vorderen Orient während des 7. und 6. vorchristlichen Jahrtausends nachweisen und diese Untersuchungen kulminieren dann im Neolithikum mit der Gewinnung der verschiedenen Feuerstein- und Hornsteinarten von Grand Pressigny, Jütland und Krzemionki in Polen oder mit dem Grünstein von Bömlo in Westnorwegen bzw. mit dem Olonetz-Schiefer aus Finnland.

Das Aufkommen des Metalls ergab auf dem Wege über die Untersuchung der Lagerstätten in den Ostalpen und die Verknüpfung der Mate-

---

[143] Als Beispiele: C. J. Becker, „Bømlo“, In: Hoops, Reall. Bd. 3, 1976/77; ders., „Bergbau“, a.a.O. (vgl. Anm. 12); ders., Acta Archaeol. 23, 1952, 31–79.

rialanalysen neue Einblicke in die komplizierte Technologie der Kupfergewinnung, der langwierigen Legierungsversuche und der durch Metallhandel erfolgten Verbreitung des neuen Rohstoffes. Ähnliches läßt sich für das Eisen, seine Gewinnung, seine Verarbeitung und seine Verbreitung sagen. Gerade die Untersuchung von Ansiedlungen mit starkem handwerklichen Anteil hat hier Ausblicke auf wirtschaftliche Probleme ergeben, sei es die frühe Stahlerzeugung auf dem Magdalensberg in Kärnten oder den Eisenhandel mit Rohmaterial in Barrenform oder mit Fertigprodukten.

Über diese archäologisch-naturwissenschaftlich-technologischen Untersuchungen an Funden und Befunden aus Siedlungsgrabungen lassen sich also gerade für das Gebiet der Wirtschaftsgeschichte wesentliche Erkenntnisse über die Nahrungswirtschaft, sowohl im pflanzlichen wie im tierischen Bereich, und über die Wirtschaftstechnik gewinnen. Darüber hinaus bieten Siedlungs- und Lagerstättenforschung besondere Möglichkeiten für die Erkenntnis der Rohstoffgewinnung, der Rohstoffverteilung und der Rohstoffverarbeitung sowie des technologischen Vermögens und des Handels mit Erzeugnissen bestimmbarer Produktionsstätten.

10. AUSSAGEN DER SIEDLUNGSARCHÄOLOGIE ZU FRAGEN SOZIALER GLIEDERUNG

Die Entdeckung reich ausgestatteter Gräber, wie etwa des „Königsgrabes“ von Seddin in der Mark Brandenburg oder des Oseberggrabes in der Landschaft Vestfold am Westufer des Oslo-Fjordes, hatten nicht nur durch ihren Fundreichtum das besondere Interesse der Archäologen erregt, sondern auch die Aufmerksamkeit auf die Tatsache gelenkt, daß sich in den Gräbern offenbar soziale oder vielleicht sogar rechtliche Unterschiede ausdrücken können.

Bei der Weiterverfolgung solcher Gedanken ging man einerseits für die Merowingerzeit von der Annahme aus, daß sich die Rechtsqualität des Toten in der Art der Grabausstattung, speziell in der Ausrüstung mit Waffen, ausdrückt. Als Modell für diese Analyse diente die in der Rechts- und Verfassungsgeschichte lange Zeit hindurch vorherrschende an den Wergeldsätzen orientierte Gliederung in Adlige, Freie und Halbfreie – von den Unfreien zunächst ganz zu schweigen. Die drei wesentlichen Gruppen versuchte man in der Spiegelung der Waffenbeigaben in Gräbern wiederzufinden.[144] Als dann Untersuchungen von K. Bosl u. a. deutlich

[144] Zur Forschungsgeschichte vgl. H. Steuer, Nachr. a. Nieders. Urgesch. Nr. 37, 1968, 18–87.

machten, daß eine wesentlich größere Schattierung sozialer Gruppenbildung in der historischen Überlieferung sichtbar ist, wurden diese Ergebnisse nur selten von den Archäologen berücksichtigt. Auch vermochte sich zunächst nicht die Erkenntnis durchzusetzen, daß weniger die in den Volksrechten erkennbare Rechtsqualität der einzelnen Gruppen als vielmehr die soziale Gruppenbildung in der Grabausstattung sichtbar würde. Die Einführung statistischer Methoden und die Hilfsmittel der Korrelationstabelle sollte auf dem Wege der Grabausstattung und ihrer statistischen Gliederung die ständische oder soziale Gliederung mit größerer Sicherheit erkennen lassen, ein Ziel, das auf diesem Wege – wie die stark divergierenden Meinungen heute zeigen – bisher wenigstens noch nicht erreicht worden ist.[145] Im Zusammenhang mit solchen Bemühungen hat R. Pittioni den Vorschlag gemacht, die Archäologie sollte ihre Ergebnisse nicht ohne weiteres mit historischen Nachrichten verknüpfen, sondern sollte versuchen, aus ihren Quellen mit eigenen Methoden ein Bild der sozialen Gliederung zu erarbeiten, wobei dann keineswegs von vorn herein feststünde, daß sich dieses Bild auch mit den Erkenntnissen der Historiker decken müsse.

Andererseits versuchte besonders die skandinavische Forschung, und zwar A. W. Brögger und Haakon Shetelig für Norwegen, Sune Lindqvist und Birger Nerman, gestützt auf die Königshügel von Alt-Uppsala für Schweden, als Kriterium für eine soziale Interpretation die Monumentalität der Grabanlage und die Aufwendigkeit des Grabbaus heranzuziehen, und diese Gedanken fanden 1938 auch Eingang in die deutsche Archäologie.

Bei beiden Wegen, die die Forschung beschritten hat, setzte sich zunehmend die Erkenntnis durch, daß mit archäologischen Mitteln nicht die rechtliche, sondern die soziale Stellung der Toten zu Lebzeiten erkannt werden könnte.

Daß auch die Siedlungsforschung sich solchen Fragen zuwandte, geht auf die Entdeckungen Schliemanns im mykenischen Bereich des östlichen Mittelmeers zurück, wo es ihm und Dörpfeld gelang, in Mykenae und Tiryns „Herrenburgen", also „Fürstensitze" festzustellen. Diese von C. Schuchhardt aufgegriffene und nach Mitteleuropa übertragene Problematik führte zu der Gegenüberstellung mediterraner „Herrenburgen" und mitteleuropäischer „Volksburgen". Seit den frühen Arbeiten Schuchhardts ist also der auf die Untersuchung von Burgen ausgerichtete Teil der Siedlungsarchäologie mit der Frage nach der Erkenntnismöglichkeit sozialer Schichten- und Gruppenbildung konfrontiert.

---

145 M. Gebühr, Neue Ausgrabungen und Forschungen in Niedersachsen 6, 1970, 93–116; ders., Zeitschr. f. Ostforschung 24. Jg., 1975, H. 3, 433–456.

a) Soziale Schichten und Gruppen

In unmittelbarer Anknüpfung an die Gedanken Schuchhardts zu diesem Problem wandte sich die Erforschung der Lausitzer „Volksburgen" und westslawischen Burgen, in denen wie etwa in Alt-Lübeck schon früh „Herren- oder Königsburgen" erkannt werden konnten, der sozialen Interpretation der Burgen zu, und diese Untersuchungen führten schon Schuchhardt zu der Feststellung, daß in den vor- und frühgeschichtlichen Burgen unsere ältesten Verfassungsurkunden erhalten seien.

Gerade die Frage nach der politisch-verfassungsrechtlichen Bedeutung der Burgen des frühen Mittelalters ist auf historischer Seite von Walter Schlesinger immer wieder gestellt und für zahlreiche Situationen auch beantwortet worden.[146] Hier hat sich, wie oben schon dargelegt wurde, in Hessen und in Nordostbayern eine in der Fragestellung sehr fruchtbare archäologisch-historische Zusammenarbeit ergeben.

Aber auch für die vorgeschichtliche Zeit haben die Untersuchungen von „Fürstensitzen" in der Art der Heuneburg die Verfolgung solcher sozialgeschichtlicher Fragestellungen aufgeworfen, bei der Heuneburg in einem glücklichen Zusammenhang mit der Erforschung von "Fürstengräbern".

Sind also die sozialgeschichtlichen Erkenntnismöglichkeiten der Burgenforschung seit langem bekannt und genutzt, so hat sich erst in der jüngeren Zeit auch bei der Erforschung von Ansiedlungen eine ähnliche Fragestellung ergeben.

Das größenmäßige Herausragen je eines Gehöftes bei den beiden urnenfelderzeitlichen Siedlungshorizonten des Moordorfes von Buchau im Federsee-Moor in Württemberg wurde schon vom Ausgräber als Zeugnis für soziale Differenzierung, nämlich als „Herrenhaus" interpretiert,[147] und in der Tat sind dann immer wieder Häuser, die durch ihre Größe innerhalb einer Gruppensiedlung hervorragen, als Behausung sozial herausragender Persönlichkeiten gedeutet worden, wie etwa bei der germanischen Siedlung von Tornow im Kreise Calau in der DDR.

Ein weit differenzierteres Bild sozialer Schichtung vermitteln die Untersuchungen Haarnagels in Feddersen Wierde, wo sich ein „Herrenhof" nicht durch seine Größe, sondern durch seine abgesonderte Lage am Rande des Dorfes, durch die Umwehrung mit Palisade und Graben, durch die Ansiedlung von Metallhandwerksplätzen auf dem ungewöhnlich großen Hof und durch das Fehlen von Stallungen in dem großen Wohngebäude auszeichnet. Hier sind also andere Kriterien als das der Größe für

---

[146] Zuletzt W. Schlesinger, „Burg". In: Hoops, Reall. 2. Aufl., Bd. III, 1976/77.

[147] H. Reinerth, Die Wasserburg Buchau, Augsburg 1928; kritisch mit neuerer Literatur: W. Kimmig, „Buchau". In: Hoops, Reall. 2. Aufl. III. Bd., 1976/77.

die Interpretation in sozialgeschichtlicher Richtung maßgeblich geworden.

Von großer Bedeutung für die sozialgeschichtliche Interpretation einer solchen Siedlung ist das Größenverhältnis der einzelnen Gehöfte, vor allem der Stallteile zueinander. Die einzelnen, durch Zäune voneinander getrennten Wirtschaftseinheiten waren anfangs gleich groß, später ergab sich eine zunehmende Differenzierung der Größe selbständiger „Einzelbetriebe" durch große Unterschiede im Viehbesitz, jedenfalls im aufgestallten Viehstapel, und auch der Zusammenschluß mehrerer Wohnstallhäuser zu einer etwas größeren, jedenfalls über das Einzelgehöft hinausgehenden Teileinheit des Dorfes, wie er sich beim Beginn des Wurtenbaus abzeichnet, läßt sozial besonders organisierte Einheiten zwischen dem Einzelgehöft mit einer Kleinfamilie und der Dorfgemeinschaft erkennen, auch wenn die Art dieses Zusammenschlusses sowohl nach seinen Ursachen wie nach seinen Funktionen mit archäologischen Mitteln nicht zu erkennen ist.

Daß es in solchen Dörfern wie in Feddersen Wierde auch über sich im differenzierten Besitzstand oder in der Berechtigung zur Hofumwehrung ausdrückende soziale Schichtung zur Herausbildung sozialer Gruppen gekommen ist, legen die „Handwerkerhäuser" in Feddersen Wierde oder das Handwerkerviertel in Tornow nahe. Auch hierfür gilt die Anregung Pittionis, daß die Archäologie zunächst mit ihren eigenen Quellen und mittels ihrer fachspezifischen Methoden versuchen sollte, Vorstellungen von der Schichten- und Gruppenbildung zu gewinnen und erst dann dazu übergehen sollte, nach der Vergleichbarkeit solcher Ergebnisse mit historisch bezeugten Erscheinungen zu fragen.

b) Die berufsmäßige Gliederung

Die Vorstellung einer „berufsmäßigen" Aufgliederung vorgeschichtlicher Bevölkerungsgruppen widerspricht dem lange Zeit hindurch geltenden und auch heute noch nicht völlig aufgegebenen Bild von einer wirtschaftlichen Organisation in der Frühzeit nach Art der „geschlossenen Hofwirtschaft", also von einer Selbstversorgung auf den meisten Gebieten.

Und doch muß schon früh mit spezialisierten Handwerkern gerechnet werden. Schon das Auftreten von „Schmiedegräbern" auf eisenzeitlichen Friedhöfen ließ die Existenz von Schmieden und spezialisierten Kunsthandwerkern erkennen. Hier hat die Siedlungsarchäologie das lange gültige Bild von der Selbstversorgung nachhaltig korrigiert.

Das Auftreten eines Gebäudes auf der bandkeramischen Ansiedlung von Sittard in den Niederlanden, in dem offenbar ein Mann arbeitete, der mit der speziellen Herstellung von Flintgeräten beschäftigt war, läßt schon für das frühe Neolithikum eine solche Spezialisierung erkennen. Dafür sprechen auch die Beobachtungen auf der Insel Bömlo vor der norwegischen Westküste, auf der Leute wohnten, die Grünstein in der Nähe auf einer anderen Insel im Tagbau gewannen und ihn dann zu Äxten verarbeiteten und exportierten.

Wenn schließlich in über 2000 m Höhe in den Ostalpen ein Kupferbergbau mit einem verhältnismäßig großen Aufgebot an Menschen betrieben wurde, so setzt das auch unter den günstigen klimatischen Bedingungen der Bronzezeit eine Arbeit in den Sommermonaten voraus, so daß die dort beschäftigten Spezialarbeiter allenfalls in den Wintermonaten von ihrer Arbeit freigestellt waren, gerade also in der Zeit, in der sie für die landwirtschaftliche Produktion nicht in Betracht kamen, sondern allenfalls als Konsumenten der Nahrungsmittel in Erscheinung traten, die von anderen während der Sommer- und Herbstmonate gewonnen worden waren.

In den keltischen Oppida haben die Siedlungsgrabungen auf dem Mont Beuvray ganze Straßenzüge mit Handwerkerhäusern und den zum Handwerksbetrieb notwendigen Anlagen wir Öfen und Wasserleitungen freigelegt, und auf dem Magdalensberg in Kärnten wurde bei den dortigen Grabungen eine forumartige Ansiedlung von Kaufleuten fremder Nationalität in einem keltischen Oppidum aufgedeckt, die nach Ausweis der bei den Grabungen festgestellten und von Egger gelesenen und interpretierten Wandinschriften einen weitreichenden Metallhandel bis nach Nordafrika betrieben. Hier waren also nicht Handwerker, sondern Kaufleute als geschlossen siedelnde Bevölkerungsgruppe nachweisbar.

Die Einbettung spezialisierter Handwerker in eine landwirtschaftlich strukturierte Ansiedlung ließen die Ausgrabungen Haarnagels in Feddersen Wierde erkennen, und die geschlossene Ansiedlung von Handwerkern ohne erkennbare direkte Anlehnung an eine bäuerliche Siedlung wurde bei den Ausgrabungen von Holmqvist in Helgö sichtbar.

Über die zwar sehr wichtigen, aber doch nur ganz vereinzelten Hinweise der Grabfunde mit den „Schmiedegräbern" hinaus haben die Siedlungsgrabungen ein neues und sehr differenziertes Bild von der gewerblichen Spezialisierung und – was ganz besonders wichtig ist – auch von den technischen Möglichkeiten und Fähigkeiten früher Handwerker und allerdings nur vereinzelt, wie im Falle des Magdalensberges in Kärnten, von der Reichweite früher Kaufleute geliefert.

Wieweit die Aufdeckung von Jägergräbern oder von Ansiedlungen, in denen Fischer wohnten, wie etwa in Nørre Fjand im nordwestlichen Jütland auf besondere Arten des Nahrungserwerbs spezialisierte Bevölkerungsgruppen erkennen lassen oder nur saisongebundene supplementäre Nahrungsbeschaffung durch sonst landwirtschaftlich tätige Menschengruppen bezeugen, ist nicht immer mit voller Sicherheit zu sagen, wenn auch für Nørre Fjand wahrscheinlich gemacht werden konnte, daß hier auf Fischerei spezialisierte Menschen siedelten.

11. AUSSAGEN DER SIEDLUNGSARCHÄOLOGIE ZU ETHNISCHEN PROBLEMEN

Der Versuch, den archäologischen Funden Erkenntnisse zur Festlegung ethnischer Einheiten, also zur Abgrenzung von Völkern oder Stämmen zu entnehmen, schien lange Zeit hindurch fast die einzige Möglichkeit einer historischen Ausdeutung der archäologischen Quellen zu bilden.

Wenn auch die Überspitzung solcher Untersuchungen schließlich diese ganze Forschungsrichtung in Mißkredit brachte, so darf nicht übersehen werden, daß die Klärungen auch der ethnischen Problematik eine legitime Aufgabe der Archäologie darstellt. Zu ihrer Lösung werden allerdings andere Methoden entwickelt werden müssen, als sie zunächst der „siedlungsarchäologischen Methode" Kossinnas zur Verfügung standen.

Zusätzlich darf auch auf archäologischer Seite nicht übersehen werden, daß der Begriff des Stammes – ursprünglich einmal scheinbar fest umrissen – heute, zumal nach den Untersuchungen von Wenskus,[148] sehr viel differenzierter und auch sehr viel weniger konstant zu sein scheint, als man ursprünglich anzunehmen geneigt war.

a) Das Problem der „Kulturprovinzen"

Der schon eingangs zitierte Satz von Kossinna, daß festumrissene Kulturprovinzen sich immer und überall mit Stämmen und Völkern decken, ging von einem Begriff „Kulturprovinz" aus, für den weder Kossinna noch einer seiner Schüler zunächst eine archäologische Entsprechung aufzeigen konnte. Bis heute jedenfalls lassen sich weder für die Volksstämme der taciteischen Zeit noch für die großen Stämme der Merowingerzeit wirkliche Kulturprovinzen im vollen Sinne dieses Wortes nachweisen. Solche – also eine Vielzahl archäologisch faßbarer Lebensäußerungen unterschiedlicher Sachgebiete auf einem geschlossenen geographischen Raum sichtbar machende – kulturelle Einheit in geschlossenen Gebieten gibt es nun in der Tat, wenn man etwa an die Bandkeramik oder einzelne andere neolithische oder bronzezeitliche Kulturgruppen oder auch an die Gesichtsurnenkultur denkt.

Daß sich etwa die bandkeramische Kultur auch geographisch von gleichzeitigen mesolithischen Kulturen abgrenzen läßt, ist ebenfalls sicher. Darin werden zunächst zwei ganz verschiedene Lebensformen, nämlich

[148] R. Wenskus, Stammesbildung und Verfassung, Köln–Graz 1961.

eine primär jägerisch-sammlerische und eine landwirtschaftliche, sichtbar, und daß dahinter verschiedene ethnische Einheiten stehen, scheint auch zunächst einleuchtend, obwohl der Hinweis von A. W. Brögger auf ernährungswirtschaftlich ganz verschieden strukturierte aber ethnisch gleiche, aneinandergrenzende Populationen, die – mit archäologischen Methoden untersucht – zwei ganz verschiedene Kulturprovinzen ergeben würde und trotzdem ethnisch eine Einheit bilden, vor solchen Schlüssen warnen sollte.[149]

Immerhin gibt es solche Kulturprovinzen in verschiedenen Perioden, auch wenn sie sich nur ausnahmsweise mit Typenkarten von Geräten oder Schmucksachen allein erfassen lassen. Ihre Interpretation ist bisher in den meisten Fällen unklar, wenn auch zu berücksichtigen bleibt, daß die ethnische Deutung dabei als eine von mehreren Möglichkeiten in Betracht zu ziehen ist. Solche Kulturprovinzen lassen sich mit den siedlungsarchäologischen Methoden der Besiedlungsforschung durchaus herausarbeiten, wenn auch nur selten, fast muß man sagen in Ausnahmefällen, eine ethnische Deutung wahrscheinlich zu machen ist.

b) Siedlungsgebiete, Ödmarken und Stämme

Daß eine auf die Erforschung der Besiedlung gerichtete siedlungsarchäologische Forschung unter günstigen Voraussetzungen für bestimmte Perioden Siedlungsgebiete und dazwischen liegende siedlungsfreie oder doch siedlungsarme Zonen herauszuarbeiten in der Lage ist, wurde oben bereits dargelegt. In Verbindung mit vegetationsgeschichtlichen Untersuchungen läßt sich dabei deutlich machen, daß die Grenzzonen verwaldet waren, also Ödmarkengrenzen zwischen Siedlungsräumen darstellten.

Dieses Prinzip der Ödmarkengrenzen hält sich in Mitteleuropa bis weit in das Mittelalter hinein, und hier läßt sich dann stellenweise, wie etwa bei der Wildnis am Rande des Ordensgebietes in Preußen oder beim Sachsenwald in Ostholstein, auch zeigen, daß es sich in der Tat um Grenzwälder handelt.

Daß solche Ödmarkengrenzen auch schon in der Eisenzeit Stammesgebiete umgeben, läßt sich historisch zeigen. Wenn Tacitus im Kapitel 40 seiner Germania von den Stämmen des Nerthus-Bundes, die er einzeln aufführt, sagt „Reudigni deinde et Aviones et Anglii et Varini et Eudoses et Suardones et Nuithones fluminibus aut silvis muniuntur“, so beschreibt er deutlich die Abgrenzung von Stämmen durch solche Ödmarken. Das deckt sich mit den Angaben von Caesar in seinen Swebenkapiteln, also

---

[149] A. W. Brögger, Vorgeschichtliches Jahrbuch Bd. III, 1928, 1–10.

etwa im Kapitel 23 des 4. Buches, wenn er schreibt „civitatibus maxima laus est, quam latissime circum se vastatis finibus solitudines habere“. Daß also germanische Stämme in den Jahrhunderten um Christi Geburt durch Ödmarkengrenzen geschieden waren, wird man als gesichert annehmen dürfen.

Stellt man dazu etwa die von Uslar entworfene Karte der germanischen Funde aus der älteren und mittleren römischen Kaiserzeit,[150] die allerdings für die Elbgermanen ganz überwiegend auf Grabfunden beruht, dann lassen sich in der Tat stärkere Siedlungskonzentrationen erkennen, die durch nur schwach besiedelte Zonen voneinander getrennt sind. Unterstellt man – und das darf man wahrscheinlich mit Recht tun – daß diese Fundverteilung auch der Siedlungsverteilung entspricht, dann würde sich hier ein Besiedlungsbild ergeben, das der historischen Darstellung der Zeit entspricht. Hier könnten in der Tat Stammesgebiete erkennbar sein, auch wenn sie sich in keinem Falle auch zugleich als „Kulturprovinzen“ im Sinne Kossinnas definieren lassen, sondern im Gegenteil durch einen archäologisch recht einheitlichen Formenbestand und gleichmäßigen Grabritus gekennzeichnet sind und in den sonstigen archäologisch erfaßbaren Lebensäußerungen wie etwa im Siedlungswesen oder in der Religion – jedenfalls bei dem heutigen Forschungsstand – nicht voneinander zu trennen sind.

Hier bestehen vielleicht Möglichkeiten, politische Einheiten in der Art von Stämmen gegeneinander abzugrenzen, aber leider läßt sich nicht ausschließen, daß ein Stamm – also eine natio oder civitas nach Tacitus – mehrere solcher Siedlungskonzentrationen umfaßt, die einzelne Siedlungskonzentration unter Umständen eine Untereinheit eines Stammes darstellt oder aber, daß sich in eine solche Siedlungskonzentration mehrere Stämme teilen.

Am ehesten möchte man die in Böhmen auf die Lößlandschaften um Prag konzentrierten aus der Lage der Friedhöfe erschließbaren Siedlungen als ein solches durch naturräumliche Grenzen abgeschlossenes Stammesgebiet betrachten, dieses den Markomannen zuschreiben und in den kleinen Teilschwerpunkten der Besiedlung Untergruppierungen des Gesamtstammes sehen. Eine ähnliche Interpretation böte sich auch für die Siedlungskonzentration in Mähren in Verbindung mit den Quaden an.[151] Dieses hier wahrscheinlich zu machende Zusammenfallen von Siedlungsbezirk und Stammesgebiet läßt vielleicht einen Weg erkennen, auf dem siedlungsarchäologische Untersuchungen zur Besiedlungsge-

---

[150] R. v. Uslar, Histor. Jahrb. 71, 1952, 1–36.

[151] J. Filip, „Böhmen und Mähren“. In: Hoops, Reall. 2. Aufl., Bd. III, Lfg. 1/2, 1976, 149, Karte Abb. 29.

schichte einen Beitrag auch zu ethnischen bzw. stammeskundlichen Problemen liefern könnten, wobei allerdings betont werden muß, daß bei den gewählten Beispielen die Möglichkeit einer Verknüpfung von Siedlungsbereichen mit Stämmen nur auf der gleichzeitigen historischen Erwähnung solcher Stämme und der in diesem Falle historisch verhältnismäßig sicheren Lokalisierbarkeit solcher Einheiten beruht. Die archäologischen Quellen für sich allein genommen würden eine Identifizierung mit Stämmen nicht gestatten.

c) Das Problem ethnischer Überschichtungen. Substrat und Superstrat

Zunehmend hat in der Forschung die Frage an Bedeutung gewonnen, wieweit die Archäologie in der Lage ist, verschiedenartige ethnische Komponenten, die entweder getrennt auf kleinem Raum nebeneinander siedeln oder die sich am gleichen Orte oder im gleichen Raum überlagern, erkennbar zu machen.

Im Bereich der „Gräberarchäologie" ist die Frage der Mischung ethnischer Elemente fast ausschließlich auf dem Hintergrund der verschiedenartigen Grabinventare behandelt worden. Da aber nur selten verschiedenartige ethnische Gruppen sich in der Grabausstattung manifestieren, ist eine solche Erkenntnis auch nur selten zu gewinnen, wie etwa in Varpalota in Ungarn, wo sich eine germanische Restbevölkerung in langobardischen Frauengräbern neben awarischen Nomadengräbern abzeichnet.[152]

In einer Kombination solcher Möglichkeiten mit siedlungsarchäologischen Methoden gelang es Böhner im Trierer Land, die romanische Restbevölkerung von neu zuziehenden germanischen Siedlern der Merowingerzeit zu unterscheiden, wobei die aus der Lage der Gräberfelder erschließbare Situation der Siedlungen von Bedeutung für die ethnische Interpretation wurde.

Bei Untersuchungen auf Siedlungsplätzen selbst lassen sich ethnische Gruppen nur dann voneinander abheben, wenn entweder Bauweise und Siedlungsform ethnisch spezifisch sind, oder wenn sich das Fundmaterial wenigstens mit großer Wahrscheinlichkeit unterschiedlichen Volksgruppen zuweisen läßt.

Für die erste Möglichkeit sei auf die Beweisführung von Stine Ingstad für den normannischen Charakter der von ihr untersuchten Wikingersiedlung von L'Anse aux Meadows auf der Nordspitze Neufundlands gegenüber den sonst in diesem Gebiet üblichen Indianersiedlungen hin-

---

[152] J. Werner, Die Langobarden in Pannonien, Beiträge zur Kenntnis der langobardischen Bodenfunde vor 568, 2 Teile, Bayer. Akad. d. Wiss., Phil.-Hist. Kl., Abh. N.F. H. 55 A u. B, München 1962.

gewiesen.[153] Der zweite Weg wurde von Frau Pleinerová bei der Untersuchung der Siedlung von Březno in Böhmen beschritten, wo es ihr gelang, durch unterschiedliches Fundmaterial (neben kleinen Unterschieden in der Hausbautechnik) die Überlagerung einer ursprünglich germanischen Siedlung der späten Kaiser- und der frühen Völkerwanderungszeit durch slawische Neusiedler und die allmähliche Absorbierung des germanischen Bevölkerungssubstrates durch das slawische Superstrat aufzuzeigen.[154]

Im Rahmen siedlungsgeschichtlicher Untersuchungen läßt sich bisweilen ein Bevölkerungsabbruch und eine ethnisch andersartige Neubesiedlung dann aufzeigen, wenn die Besiedlung eines Raumes bei breit genug gestreuten Einzeluntersuchungen zu einer bestimmten Zeit abbricht und eine Neubesiedlung nach einer archäologisch und vegetationsgeschichtlich erkennbaren Wüstungsperiode ohne jede räumliche Anknüpfung an die Vorbesiedlung in Form einer diskordanten Siedlungsüberlagerung beginnt.

Ob es sich in einem solchen Falle um das Eindringen eines neuen Volkes oder eines anderen Stammes handelt, wird man aus den siedlungsarchäologischen Beobachtungen allein nur ausnahmsweise erkennen können. Hier muß sich die andere Volkszugehörigkeit der Neuankömmlinge entweder im ethnisch deutbaren Fundmaterial spiegeln oder durch sprachliche (Ortsnamen) oder historische Hinweise bezeugt sein.

Im ganzen also ist bei der jetzigen Forschungslage die Aussagemöglichkeit siedlungsarchäologischer Untersuchungen zu ethnischen Problemen eng begrenzt.

---

[153] St. Ingstad, Viking 35, 1971, 105–133; dies., Acta Archaeol. 41, 1970, 109–154.

[154] J. Pleinerová, „Březno", in: Hoops, Reall. 2. Aufl. Bd. III, 1976/77.

IV. SCHLUSSBEMERKUNGEN. ENTSTEHUNG UND WANDLUNG DER KULTURLANDSCHAFT IN DER SICHT SIEDLUNGSARCHÄOLOGISCHER FORSCHUNG

Eingebettet in die historische Siedlungsforschung ist die Siedlungsarchäologie auch in ihren Fragestellungen von denen der allgemeinen, historisch-genetischen Siedlungsforschung bestimmt. Dazu gehört als eine lange Zeit hindurch vorherrschende Problematik die Frage nach der Entstehung der Kulturlandschaft, die sich ja fast immer zeitlich in den Perioden bildet, für die nur die Archäologie – außer der Bodenkunde, der Vegetationsgeschichte und der allgemeinen Klimatologie – die Quellen bereitstellen kann. Da aber die Kulturlandschaft unter der Einwirkung von sich verändernden natürlichen Faktoren und von stark variierenden menschlichen Einflüssen Wandlungen unterworfen ist, bleibt die Erforschung und die Darstellung einer solchen Entwicklung Aufgabe der Siedlungsarchäologie, so lange, bis die Siedlungsgeographie und die Siedlungsgeschichte an ihre Stelle treten können. Dabei ist der Begriff der Entwicklung hier nicht, wie es die geographische Kulturlandschaftsforschung in ihren Anfängen tat, in evolutionistischem Sinne sondern im Sinne einer historischen und also nicht nur natürlich determinierten Veränderung zu verstehen.

Begreift man Kulturlandschaft als das Ergebnis einer Veränderung der in ihrer Struktur und Wandlung nur von natürlichen Faktoren bestimmten Naturlandschaft durch den Menschen, dann setzt die Entwicklung vielleicht schon in dem ausgehenden Paläolithikum ein, nämlich dann, wenn die durch die Bodenkunde im Alleröd nachgewiesenen Flächenbrände wirklich von Jägern gelegt wurden, sei es, um die Ernährung des Jagdwildes zu verbessern, sei es, um die Gruppenjagd zu erleichtern. Solchen Vorgängen fehlte aber wohl die für eine Kulturlandschaft notwendige, über das Einzelereignis hinausreichende Dauerwirkung.

Mit Sicherheit aber sind die Eingriffe des Menschen in die natürliche Landschaft zur Zeit des ältesten Getreidebaus wohl erste Zeugnisse für eine beginnende anthropogene Veränderung der Landschaft. Seit dieser Zeit entwickelt sich die Kulturlandschaft in einem Gefüge natürlicher, sich langfristig wandelnder Kräfte und menschlicher Einwirkungen. Für das Studium der naturräumlich bestimmten Veränderungen ist die Forschung auf die Ergebnisse naturwissenschaftlicher Disziplinen, vor allem der Botanik und der Bodenkunde angewiesen, die menschlichen läßt die

Archäologie erkennen, die sowohl die menschlichen Ansprüche wie die technischen und sozialen Möglichkeiten – wenigstens in gewissem Umfange – zu erforschen sich bemüht.

Sie ist unter günstigen Umständen auch in der Lage, den Charakter der Altlandschaften als zeitlich bestimmte Querschnitte der Kulturlandschaftsentwicklung aufzuzeigen. Das Ziel jeder Altlandschaftsforschung allerdings, die kartographische Darstellung der durch die Menschen veränderten Landschaft, kann bei dem heutigen Stand der Forschung die Siedlungsarchäologie nur bei besonders günstiger Forschungslage und auch dann nur für kleinräumige Ausschnitte liefern.

Der der Siedlungsarchäologie – verglichen etwa mit der Anthropogeographie oder der Siedlungsgeschichte – zur Verfügung stehende große Beobachtungszeitraum hat sie in den Stand gesetzt, gewisse aus der Erfassung zu kurzer Zeitabschnitte resultierende Lehrmeinungen zu korrigieren und auch das Bild vom Verhältnis des Menschen zu seinem Siedlungs- und Wirtschaftsraum zu verändern.

Die lange Zeit hindurch die Forschung beherrschende und auch heute noch nicht ganz aufgegebene Auffassung, der Mensch hätte im Neolithikum einmal, die Gunst der Stunde nutzend, die ihm von der Natur gebotenen offenen Siedlungsräume auf trockenen, warmen Böden besetzt und in landwirtschaftliche Nutzung genommen und seither – bis zum Beginn des mittelalterlichen Landesausbaus – nur gegen den andringenden Wald zu verteidigen brauchen, hätte also im Verhältnis zur geographischen Umwelt ein im wesentlichen passives Verhältnis entwickelt, hat sich aufgrund gerade auch siedlungsarchäologischer Forschungen – unbeschadet der Tatsache, daß die Kritik an der Steppenheide-Theorie ursprünglich von anderen Disziplinen begründet wurde – als falsch oder doch nur zum Teil als richtig erweisen lassen.

So sicher es ist, daß etwa auf Lößböden in bestimmten Gebieten der im frühen Neolithikum einmal besetzte Raum bis in die Gegenwart besetzt gehalten worden ist, so sicher ist doch auch, daß im feucht-warmen Atlantikum der erstmals agrarisch zu nutzende Raum dem Eichenmischwald durch Rodung abgewonnen werden mußte, wie schon geographische und vegetationsgeschichtliche Kritiker gezeigt haben. Entgegen der Auffassung von der Konstanz der einmal besetzten und genutzten Siedlungsräume hat gerade die Siedlungsarchäologie zeigen können, daß schon in vorgeschichtlicher Zeit mit Rodung verbundene Landnahme außerhalb der neolithischen Siedlungsgebiete erfolgte und daß die so gewonnenen neuen Siedlungsräume in zum Teil großen Wüstungsprozessen wieder verloren gehen konnten.

Dabei wurden unter der Gunst warmer Klimaperioden z.B. Hochgebirgsdistrikte nicht nur vorübergehend zu saisonaler Hochweide genutzt, sondern auch in agrarische Wirtschaft genommen, die dann unter dem Einfluß ungünstiger werdenden Klimas aufgegeben werden mußte.

Neben solchen oszillierenden Vergrößerungen und Schrumpfungen des Siedlungsraumes von ständig genutzten Kernlandschaften aus vollzog sich in der vorgeschichtlichen Zeit auch eine mindestens partielle Aufgabe alter Siedlungsgebiete, die mit Rodung verbundene Inbesitznahme neuer Areale und – wenigstens teilweise – wieder eine rückläufige Bewegung.

Bei solchen Siedlungsverlagerungen hat die Frage nach den Ursachen die Siedlungsarchäologie stark beschäftigt. Die nach Art eines deus ex machina immer wieder und immer gern berufene Klimaveränderung hat sich für die Erklärung solcher Phänomene nicht immer als ausreichend erwiesen. Sorgfältige neuere Untersuchungen im Forschungsverbund verschiedener Disziplinen lassen erkennen, daß Faktoren wie Bodenerschöpfung, Bevölkerungsvermehrung oder -schrumpfung, Veränderungen der Sozialstruktur, sich wandelnde Ansprüche und veränderte technische Möglichkeiten – oft im Zusammenwirken mehrerer solcher Faktoren – in Rechnung zu stellen sind.

Die mit der ständigen Nutzung leichter Sandböden z.B. auftretende Bodenerschöpfung hat den Menschen nicht nur und nicht immer zu mehr passiver Reaktion durch Verlagerung des Wirtschaftsraumes geführt, sondern ihn schon früh zu aktiver Reaktion durch Bodenverbesserung mit Hilfe von Düngung veranlaßt.

Die Anwendung ökologischer Fragestellungen und Gesichtspunkte hat ein erstaunlich vielseitiges Spektrum nicht nur der Reaktionsmöglichkeiten des Menschen auf sich verändernde Situationen sondern auch der tatsächlichen Reaktionen erkennen lassen. Dazu ist im vorhergehenden verschiedentlich Stellung genommen worden.

Damit aber ändert sich grundsätzlich auch das Bild vom Verhältnis des Menschen zu seiner natürlichen Umgebung, ihren Möglichkeiten und ihren Zwängen. So bestechend die lange Zeit dominierende Vorstellung von dem mehr oder weniger inaktiven Dahinleben von Menschengruppen geringer Naturbeherrschung, die auf Notsituationen allenfalls durch Kraftakte wie kriegerische Auswanderung reagierten, auch zu sein schien, das von der siedlungsarchäologischen Forschung vermittelte Bild ist ein anderes. Es wird bestimmt durch das Eingreifen des Menschen in die natürliche Entwicklung und früh schon durch die Erfindung neuer Hilfsmittel und Entwicklung neuer Möglichkeiten im Kampf um die wirtschaftliche Behauptung. Er erweist sich nicht nur als das passive, nur reagierende sondern als aktiv gestaltend in die Entwicklung eingreifendes Wesen, das sich qualitativ von seinen Nachfahren in historischer Zeit nicht unterscheidet.

Literatur in Auswahl

Die nachstehende Zusammenstellung enthält lediglich einige jeweils nach Sachgebieten geordnete zusammenfassende und allgemein orientierende Arbeiten. Sie stellt keine Bibliographie im eigentlichen Sinne dar.

Allgemeine Literaturzusammenstellungen finden sich in der 10. Aufl. des Dahlmann–Waitz, Quellenkunde der deutschen Geschichte hrsg. von Hermann Heimpel und Herbert Geuss Bd. 1, 1969ff. (hier zitiert als DW^{10}), der in den einzelnen Abschnitten in großem Umfange auch archäologische Literatur (bis 1960 z.T. bis 1974) und einschlägige Arbeiten aus naturwissenschaftlichen, geographischen und philologischen Nachbardisziplinen berücksichtigt.

1. Zur „siedlungsarchäologischen Methode“ Kossinnas.

Allgemeine Literaturzusammenstellung: DW^{10} Abschn. 25 Nr. 128ff.

G. Kossinna, Die Herkunft der Germanen. Zur Methode der Siedlungsarchäologie, Mannus Bibliothek 6, Würzburg 1911.

E. Blume, Die germanischen Stämme und die Kulturen zwischen Oder und Passarge zur römischen Kaiserzeit I. Teil, Mannus Bibliothek 8, Würzburg 1912, Kap. I „Zur ethnographischen Methode“, 1–11.

Kritisch dazu:

A. Kiekebusch, Siedlungsarchäologie. In: Ebert, Reall. Bd. 12, Berlin 1928, 102–117.

E. Wahle, Zur ethnischen Deutung frühgeschichtlicher Kulturprovinzen. Grenzen frühgeschichtlicher Erkenntnis I, Sitzungsber. d. Heidelberger Akad. d. Wiss., Phil.-Hist. Kl. Jg. 1940/41, 2. Abhandl., Heidelberg 1941, 2. (unveränd.) Aufl. Heidelberg 1952.

H. J. Eggers, Das Problem der ethnischen Deutung in der Frühgeschichte, in: Ur- und Frühgeschichte als historische Wissenschaft, Festschrift zum 60. Geburtstag von Ernst Wahle hrsg. mit Unterstützung von Albrecht Dauber von Horst Kirchner, Heidelberg 1950, 49ff.

Ders., Einführung in die Vorgeschichte, München 1959, 2. (unveränd.) Aufl. 1974, 199ff.

2. Zur Siedlungsarchäologie

Allgemeine Literaturzusammenstellung: DW^{10} Abschn. 25 Nr. 143ff.; Abschn. 160 Nr. 975ff.

H. Jankuhn, Methoden und Probleme siedlungsarchäologischer Forschung, Archaeologia Geographica 2, 1952–1955, 73ff. Wieder abgedruckt in: Archäologie und Geschichte I, 1976, 105ff. mit Nachträgen 143f.

Ders., Siedlungsarchäologie als Forschungsaufgabe, Probleme der Küstenforschung 8, Hildesheim 1965, 1–8. Wieder abgedruckt in: Archäologie und Geschichte I, 1976, 23–38; mit Nachträgen 38f.

Ders., Siedlungsarchäologie als Forschungsmethode. In: Archäologie und Geschichte I, 1976, 1–22. Dieser vor dem Konstanzer Arbeitskreis auf der Reichenau am 8. Oktober 1974 gehaltene Vortrag erscheint in erweiterter Fassung in: Vorträge und Forschungen BD XXII, Sigmaringen voraussichtlich 1977 (im Druck)

3. Zu den Methoden

Archäologische Karten:

H. J. Eggers, Die vergleichende geographisch-kartographische Methode in der Urgeschichtsforschung, Archaeologia Geographica 1, 1950/51, 1–3ff.

H. Jankuhn, Archäologische Landesaufnahme. In: Hoops, Reallexikon, 2. Aufl. Bd. I, 1973, 391ff. (mit umfassender Literaturzusammenstellung).

Aerotopographische Inventarisation:

Allgemeine Literaturzusammenstellung: DW[10] Abschn. 25 Nr. 269ff.; Abschn. 26 Nr. 961ff.

I. Scollar, Archäologie aus der Luft, Düsseldorf 1968; mit kurzgefaßter Darstellung der Forschungsgeschichte (11–15) und Auswahlbibliographie (47).

A. M. Martin, Das Luftbild als Hilfsmittel in der Ur- und Frühgeschichtsforschung INW 2, 1971 (mit der wichtigsten Literatur).

L. Deuel, Flug ins Gestern. Geschichte der Luftbildarchäologie, Rüschlikon–Zürich 1972.

D. Denecke, Die Rekonstruktion wüster Orts- und Hausgrundrisse mit Hilfe des Luftbildes. Nachr. aus Nieders. Urgeschichte 43, 1974, 69ff.

Phosphatmethode:

Allgemeine Literaturzusammenstellung: DW[10] Abschn. 25 Nr. 208ff.; Abschn. 160, Nr. 970.

W. Lorch, Die siedlungsgeographische Phosphatmethode, Naturwissenschaften 28, 1940, 623ff.

H. M. Kiefmann, Historisch-geographische Untersuchungen zur alten Kulturlandschaftsentwicklung in der Siedlungskammer Bosau, Ostholstein, unter besonderer Berücksichtigung der Phosphatmethode, (ungedr.) math.-nat. Dissertation, Kiel 1975; mit ausführlicher Darstellung der Forschungsgeschichte und umfangreicher Bibliographie.

Magnetometer:

Allgemeine Literaturzusammenstellung: DW[10] Abschn. 24, Nr. 218ff.; Abschn. 158, Nr. 174f.

I. Scollar, Merkblatt zum Feldeinsatz des Proton-Resonanz-Magnetometers, INW 1, 1970.

E. Le Borgue, Les propriétés magnétiques du sol. Application à la prospection des sites archéologiques. Archaeo-Physica, Beihefte der Bonner Jahrbücher Bd. 15, Köln–Graz 1965, 1ff.

I. Scollar, A contribution to Magnetic Prospecting in Archaeology, a.a.O. 21ff.

I. D. Mudie, The Behaviour of the Dipole Moment of Protons in a Changing Magnetic Field, a.a.O. 93ff.

4. Die naturräumlichen Voraussetzungen

Seeküstenschwankungen:

Allgemeine Literaturzusammenstellung: DW[10] Abschn. 160, Nr. 964ff.

Ostsee:

R. Köster, Junge eustatische und tektonische Vorgänge im Küstenraum der südwestlichen Ostsee, Meyniana II, 1961, 23ff (mit kurzer Forschungsgeschichte S. 25–27 und ausführlicher Literaturzusammenstellung S. 76–80).

F. Voss, Junge Erdkrustenbewegungen im Raume der Eckernförder Bucht, Mitteilungen der Geograph. Ges. in Hamburg 57, 1968, 93ff.

Ders., Neue Ergebnisse zur relativen Verschiebung zwischen Land und Meer im Raum der westlichen Ostsee, Zeitschr. f. Geomorphologie, NF Suppl. Bd. 14, Berlin–Stuttgart 1972, 150ff. (mit Ausblicken auf andere Bereiche der Ostseeküste und Literaturzusammenstellung).

Nordsee:

S. Jelgersma, Holocene Sea Level Changes in the Netherlands. Meded. v. d. Geolog. Stichting Ser. C VI, Maastricht 1961, 7ff.

H. Valentin, Die gegenwärtigen Niveauveränderungen im Nordseeraum, Petermanns Geogr. Mitteil. 98, 1954, 103ff.

W. Dechend, Der Ablauf der holozänen Nordsee-Transgression im oldenburgisch-ostfriesischen Raum, insbesondere im Gebiet von Jever i.O., Geolog. Jhb. 72, 1956, 295ff.

E. Dittmer, Neue Beobachtungen und kritische Bemerkungen zur Frage der „Küstensenkung", Die Küste 8, 1960, 29ff.

W. Haarnagel, Meeresspiegelschwankungen an der deutschen Nordseeküste in histor. und prähistor. Zeit. Verhandl. d. dt. Geographentages 32, 1960, 243ff.

W. Hartung, Die Frage der sog. „Küstensenkung" und die Bedeutung für vorgeschichtliche Chronologie und Klimatologie, Neue Ausgrabungen und Forschungen in Niedersachsen 4, 1969, 404ff. (mit Literaturzusammenstellung).

A. Bantelmann, Die Landschaftsentwicklung an der schleswig-holsteinischen Westküste, Offa-Bücher Bd. 21, Neumünster 1967 (mit umfangreicher Literatur).

Auelehme:

Zusammenstellung der wichtigsten Literatur in: Archäologie und Geschichte I, 1976, 272 Anm. 23.

H. Wildhagen; B. Meyer, Holozäne Boden-Entwicklung, Sediment-Bildung und Geomorphogenese im Flußauenbereich des Göttinger Leinetal-Grabens. 1. Spätglazial und Holozän bis zum Beginn der eisenzeitlichen Auelehm-Ablagerung. 2. Die Auelehmdecken des Subatlantikums, Göttinger Bodenkundliche Berichte 21, 1972, 1ff. und 77ff. (mit umfangreicher Literatur S. 70–75 u. S. 154–158).

Postglaziale Inlanddünen:

F. Solger, Studien über nordostdeutsche Inlanddünen, Forschungen zur deutschen Landes- und Volkskunde 19, 1910.

I. Högbom, Ancient inland dunes of Northern and Middle Europe, Geograf. Annaler 5, 1923.

H. T. Waterbolk, Hauptzüge der eisenzeitlichen Besiedlung der nördlichen Niederlande, Offa 19, 1962, 9ff.

K. Gripp, Flugsand, Dünen, Vorgeschichte. In: Frühe Menschheit und Umwelt Teil II. Festschr. f. Alfr. Rust, hrsg. v. K. Gripp, R. Schütrumpf, H. Schwabedissen, Köln–Graz 1967.

E. Pyritz, Binnendünen und Flugsandebenen im Niedersächsischen Tiefland, Göttinger Geograph. Abhandl. 61, Göttingen 1972 (im ausführlichen Vergleich mit anderen mitteleuropäischen Gebieten S. 97–109 und umfangreichem Literaturverzeichnis S. 127–143).

Klima:

Allgemeine Literaturzusammenstellung: DW[10] Abschn. 26, Nr. 156ff.; Abschn. 158, Nr. 652ff.

M. Schwarzbach, Das Klima der Vorzeit, Stuttgart 1961.

F. Overbeck, Botanisch-geologische Moorkunde unter besonderer Berücksichtigung der Moore Nordwestdeutschlands als Quellen zur Vegetations-, Klima- und Siedlungsgeschichte, Neumünster 1975 (umfassende Gesamtdarstellung des postglazialen Klimaverlaufs im nördl. Mitteleuropa mit erschöpfender Literaturzusammenstellung).

wichtig für die Frage des Einflußes kleinklimatischer Faktoren:

B. Sielmann, Der Einfluß der Umwelt auf die neolithische Besiedlung Südwestdeutschlands unter besonderer Berücksichtigung der Verhältnisse am nördlichen Oberrhein, Acta Praehistorica et Archaeologica 2, 1971, 65ff.

Boden:

Allgemeine Literaturzusammenstellung: DW[10] Abschn. 26, Nr. 112ff.; Nr. 177ff.; Abschn. 158, Nr. 193ff.

F. Scheffer, Boden in Mitteleuropa, in: Hoops, Reall. 2. Aufl., Bd. III, Lfg 1/2, 1976, 108–117.

B. Meyer, Bodenkunde und Siedlungsforschung, in: Hoops, Reall. 2. Aufl., Bd. III, Lfg. 1/2, 1976, 117–120. Beide Artikel bringen Zusammenstellungen der wichtigeren Literatur.

F. Scheffer, P. Schachtschabel, Lehrbuch der Bodenkunde, 7. Aufl. 1970.

F. Scheffer, B. Meyer, Berührungspunkte der archäologischen und siedlungskundlichen Forschung, Neue Ausgrabungen und Forschungen in Niedersachsen 1, 1963, 1ff.

Vegetationsgeschichte

Allgemeine Literaturzusammenstellung: DW[10] Abschn. 25, Nr. 315ff.; Abschn. 26, Nr. 201ff.; Abschn. 158, Nr. 178ff.

K. Bertsch, Geschichte des deutschen Waldes, 4. Aufl., Jena 1953.

F. Firbas, Spät- und nacheiszeitliche Waldgeschichte Mittel- und Nordeuropas nördlich der Alpen, 2 Bde, Jena 1949 und 1952 (mit erschöpfender Literaturzusammenstellung bis 1951).

F. Overbeck, Botanisch-geologische Moorkunde unter besonderer Berücksichtigung der Moore Nordwestdeutschlands als Quellen zur Vegetations-, Klima- und Siedlungsgeschichte, Neumünster 1975 (mit erschöpfender Literaturzusammenstellung).

E. Lange, Botanische Beiträge zur mitteleuropäischen Siedlungsgeschichte. Ergebnisse zur Wirtschaft und Kulturlandschaft in frühgeschichtlicher Zeit. Schriften zur Vor- und Frühgeschichte 27, Berlin 1971 (mit umfangreicher Literaturzusammenstellung zum Problem der Wechselwirkung von Siedlung und Vegetation).

Kulturpflanzen

Allgemeine Literaturzusammenstellung: DW[10] Abschn. 26, Nr. 222ff., Abschn. 160, Nr. 1436ff.

U. Willerding, Ursprung und Entwicklung der Kulturpflanzen in vor- und frühgeschichtlicher Zeit. In: H. Jankuhn, Vor- und Frühgeschichte vom Neolithikum bis zur Völkerwanderungszeit, Deutsche Agrargeschichte Bd. 1, Stuttgart 1969 (allgemeine Orientierung).

M. Hopf, Vor- und frühgeschichtliche Kulturpflanzen in Nord- und Mitteldeutschland, Mainz (im Druck).

Da hier die Siedlungsforschung im Mittelpunkt steht, sollen nur einige in unmittelbarem Zusammenhang mit Untersuchungen des Siedlungswesens vorgelegte Publikationen angeführt werden, aus denen paradigmatisch die Bedeutung der Botanik im Rahmen der Siedlungskunde zu erkennen ist:

U. Körber-Grohne, Geobotanische Untersuchungen auf der Feddersen Wierde, 2 Bde, Wiesbaden 1967.

K. E. Behre, Die frühgeschichtliche Marschensiedlung beim Elisenhof in Eiderstedt, Bd. 2, Die Pflanzenreste aus der frühgeschichtlichen Wurt Elisenhof, Bern–Frankfurt 1976.

H. J. Kroll, Ur- und frühgeschichtlicher Ackerbau in Archsum auf Sylt. Eine botanische Großrestanalyse, (ungedr.) math.-nat. Dissertation der Christian Albrechts-Universität zu Kiel 1975.

Eine knappe Bibliographie der auf Siedlungsgrabungen bezogenen botanischen Untersuchungen findet sich bei:

M. Hopf, Paläo-Ethnobotanik. In: Ausgrabungen in Deutschland, gefördert von der Deutschen Forschungsgemeinschaft 1950–1975, Teil 3, Mainz 1975.

Die Tierwelt

Allgemeine Literaturzusammenstellung DW[10] Abschn. 25, Nr. 304ff.; Abschn. 26, Nr. 282ff., Abschn. 158, Nr. 727ff., Abschn. 160, Nr. 1450ff.

Fast bei jeder größeren Siedlungsgrabung sind die Tierknochen bearbeitet vorgelegt. Hier sollen nur einige Untersuchungen über größere geschlossene Komplexe von Tierknochen aus Ansiedlungen genannt werden.

W. Herre; G. Nobis; H. Requate; G. Siewing, Die Haustiere von Haithabu, Die Ausgrabungen in Haithabu Bd. 3, Neumünster 1960.

H. Reichstein; M. Tiessen, Untersuchungen an Tierknochenfunden (Haustiere und Wildtiere), Berichte über die Ausgrabungen in Haithabu Nr. 7, Neumünster 1974 (mit guter Bibliographie).

I. Boessneck; I. P. Jéquier; H. R. Stampfli, Seeberg, Burgäschisee-Süd, Teil 3, Die Tierreste, Acta Bernensia II, 3, Bern 1963.

I. Boessneck; A. von der Driesch; U. Meyer-Lemppenau; E. Wechsler-von Ohlen, Die Tierknochenfunde aus dem Oppidum von Manching, Die Ausgrabungen in Manching, hrsg. v. Werner Krämer, Bd. 6, Wiesbaden 1971.

R. Gerlach, Tierknochenfunde von der Heuneburg, einem frühkeltischen Herrensitz bei Hundersingen an der Donau (Grabungen 1964 und 1965), Die Wiederkäuer, Naturwissenschaftliche Untersuchungen zur Vor- und Frühgeschichte in Württemberg und Hohenzollern Bd. 7, Stuttgart 1967.

H. Reichstein, Die Haustier-Knochenfunde der Feddersen Wierde, Probleme der Küstenforschung im südlichen Nordseegebiet Bd. 10, 1973.

5. Besiedlung

Allgemeine Literaturzusammenstellung; DW[10] Abschn. 25, Nr. 143ff., Abschn. 26, Nr. 324ff.; Abschn. 160, Nr. 975ff.; Abschn. 175, Nr. 12ff.

G. Wolff, Die südliche Wetterau in vor- und frühgeschichtlicher Zeit mit einer archäologischen Fundkarte, Frankfurt 1913.

E. Wahle, Die Besiedlung Südwestdeutschlands in vorrömischer Zeit nach ihren natürlichen Grundlagen, 12. Bericht der Röm.-German. Kommission für 1920, 1921, 1–75.

I. Steinhausen, Archäologische Siedlungskunde des Trierer Landes, Trier 1936.
H. Stoll, Urgeschichte des Oberen Gäues, Veröffentlichungen des Württembergischen Landesamtes für Denkmalpflege Bd. 7, Oehringen 1933.
K. Böhner, Die fränkischen Altertümer des Trierer Landes, 2 Bde, Berlin 1958.
H. Jankuhn, Archäologie und Geschichte (Vorträge und Aufsätze) Bd. 1, Beiträge zur siedlungsarchäologischen Forschung, Berlin–New York 1976.
B. Sielmann, Der Einfluß der Umwelt auf die neolithische Besiedlung Südwestdeutschlands unter besonderer Berücksichtigung der Verhältnisse am nördlichen Oberrhein, Acta Praehistorica et Archaeologica 2, 1971.

Paläodemographie

Allgemeine Literaturzusammenstellung: DW[10] Abschn. 27, Nr. 8ff., Nr. 35ff.; Abschn. 158, Nr. 680ff.; Abschn. 160, Nr. 1197ff.

I. Nemeskéri, Die archäologischen und anthropologischen Voraussetzungen paläodemographischer Forschungen, Praehistorische Zeitschr. 47, 1972, 5–46.
P. Donat; H. Ullrich, Einwohnerzahlen und Siedlungsgröße der Merowingerzeit, Zeitschr. f. Archäologie 5, 1974, 234–265 (mit umfangreichem Literaturverzeichnis).
P. Donat; H. Ullrich, „Bevölkerung, II. Bevölkerungszahlen D. Archäologie", Hoops, Reall. 2. Aufl. Bd. 2, 1976, 349–353 (mit Literaturangaben).

Wüstungsvorgänge

Allgemeine Literaturzusammenstellung: DW[10] Abschn. 26, Nr. 507ff.

W. Abel, Die Wüstungsvorgänge des ausgehenden Mittelalters, 3. Aufl., Stuttgart 1976.
W. Janssen, Methodische Probleme archäologischer Wüstungsforschung, Nachr. d. Akad. d. Wiss. in Göttingen I. Phil.-Hist. Kl., Jg. 1968, Nr. 2.
W. Janssen, Studien zur Wüstungsfrage im fränkischen Altsiedelland zwischen Rhein, Mosel und Eifelnordrand, 2 Bde., Beihefte der Bonner Jahrbücher Bd. 35, Köln 1975.
H. Jankuhn, Rodung und Wüstung in vor- und frühgeschichtlicher Zeit, Vorträge und Forschungen Bd. 18, 1975, 79–129, wieder abgedruckt in: Archäologie und Geschichte I, 1976, 213–262.

6. Ansiedlungen

Die großen Grabungsvorhaben auf Ansiedlungen haben neben meist wichtigen Vorberichten ihren Niederschlag in großen Publikationsreihen gefunden, die dem komplexen Charakter solcher Vorhaben entsprechend meist nach Sachgebieten geordnet sind.

Ländliche Siedlungen

Allgemeine Literaturzusammenstellung: DW[10] Abschn. 158, Nr. 276ff., 843ff; Abschn. 160, Nr. 207–241, 1007ff.; Abschn. 164, Nr. 195–196; Abschn. 175, Nr. 62ff.

R. R. Schmidt, Jungsteinzeitsiedlungen im Federseemoor 1 (1930) – 3 (1937), Stuttgart.
M. Stenberger; O. Klindt-Jensen, Vallhagar, a Migration Period Settlement on Gotland/Sweden, 2 Bde., Kopenhagen 1955.
A. Bantelmann, Tofting, eine vorgeschichtliche Warft an der Eidermündung, Neumünster 1957.

G. Hatt, Nørre Fjand, an Early Iron-age Village Site in West Jütland, 2 Bde., Kopenhagen 1957.
H.-G. Bandi; H. Müller-Beck (Hrsg.), Seeberg, Burgäschisee-Süd, Acta Bernensia Bd. II, Bern Teil 3 (1963) – 6 (1974), Teil 1 u. 2, 7 u. 8 in Vorbereitung.
W. Haarnagel, (Hrsg.), Feddersen Wierde Bd. 1, Wiesbaden 1967, Bd. 2 in Vorbereitung.
A. Bantelmann (Hrsg.), Elisenhof, Bonn–Frankfurt Bd. 1 (1975) – Bd. 2 (1976).
I. Herrmann (Hrsg.), Die germanischen und slawischen Siedlungen und das mittelalterliche Dorf von Tornow, Kr. Calau, Schriften zur Ur- und Frühgeschichte Bd. 26, Berlin 1973.

Keltische Oppida

Allgemeine Literaturzusammenstellung: DW[10] Abschn. 159, Nr. 96ff.
R. Egger; H. Vetters u.a. (Hrsg.), Die Ausgrabungen auf dem Magdalensberg; umfangreiche Vorberichte erschienen in der Carinthia I, Bericht 1948 (1949) – Bericht 1968 (1969).
W. Krämer (Hrsg.), Die Ausgrabungen in Manching Bd. 1–Bd. 6, Wiesbaden 1970–1974.

Ansiedlungen gewerblichen Characters und frühe Städte

Allgemeine Literaturzusammenstellung zum frühen Städtewesen: DW[10] Abschn. 162, Nr. 1399ff. u. Abschn. 175, Nr. 70ff.
G. Schwantes u.a. (Hrsg.), Die Ausgrabungen in Haithabu, Neumünster Bd. 1 (1937) –Bd. 6 (1974).
K. Schietzel (Hrsg.), Berichte über die Ausgrabungen in Haithabu, Neumünster, Ber. 1 (1969) – Ber. 8 (1976), umfangreiche Vorberichte über die Grabungen seit 1963.
W. Holmqvist (Hrsg.), Excavations at Helgö, Stockholm Bd. 1 (1961) – Bd. 4 (1974).
Literatur zu den westslawischen Städten: DW[10] Abschn. 163, Nr. 406–433.

7. Burgen

Allgemeine Literaturzusammenstellung: DW[10] Abschn. 40, Nr. 434ff.; Abschn. 160, 1045ff.; Abschn. 163, Nr. 301ff., 781ff., 1070ff.; Abschn. 185, 28ff.
Zu den Pfalzen DW[10] Abschn. 184, Nr. 499ff.; Abschn. 195, Nr. 62f.
C. Schuchhardt, Die Burg im Wandel der Weltgeschichte, Potsdam 1931.
R. v. Uslar, Studien zu frühgeschichtlichen Befestigungen zwischen Nordsee und Alpen, Köln–Graz 1964 (mit umfangreicher Literaturzusammenstellung S. 268–273).
W. Unverzagt, Landschaft, Burgen und Bodenfunde als Quellen nordostdeutscher Frühgeschichte. In: Deutsche Ostforschung Bd. 1, Leipzig 1942, 267–290.
P. Grimm, Die vor- und frühgeschichtlichen Burgwälle der Bezirke Halle und Magdeburg, Handbuch der vor- und frühgeschichtlichen Wehranlagen, hrsg. v. W. Unverzagt, Teil 1, Berlin 1958.
I. Herrmann, Die vor- und frühgeschichtlichen Burgwälle Groß-Berlins und des Bezirks Potsdam, Handbuch der vor- und frühgeschichtlichen Wehranlagen, hrsg. v. W. Unverzagt, Teil 2, Berlin 1960.
W. Schlesinger; R. v. Uslar u.a., „Burg“, in: Hoops, Reall., 2. Aufl., Bd. III, 1976/77 (mit Literaturzusammenstellungen).

8. Heiligtümer

Allgemeine Literaturzusammenstellung: DW[10] Abschn. 42, Nr. 400ff.; Abschn. 158, Nr. 864ff.; Abschn. 159, Nr. 62ff.; Abschn. 160, Nr. 1844ff.; Abschn. 163, Nr. 1098ff.

P. Glazema, Gewijde plaatsen in Friesland, 's-Gravenhage 1948.

H. Jankuhn (Hrsg.), Vorgeschichtliche Heiligtümer und Opferplätze in Mittel- und Nordeuropa, Abh. d. Akad. d. Wiss. in Göttingen, Phil.-Hist. Kl. 3. Folge, Bd. 74, Göttingen 1970.

H. Jankuhn, Archäologische Beobachtungen zu Tier- und Menschenopfern bei den Germanen in der römischen Kaiserzeit, Nachr. d. Akad. d. Wiss. in Göttingen I. Phil.-Hist. Kl. Jg. 1967, Nr. 6, Göttingen 1967.

9. Die Kulturlandschaft und ihre Wandlungen

Allgemeine Literaturzusammenstellung: DW[10] Abschn. 26, Nr. 757ff., Nr. 790ff., Nr. 850ff., Nr. 859ff.

Zur Steppenheidetheorie: DW[10] Abschn. 26, Nr. 793ff.

N. Creutzburg, Über den Werdegang von Kulturlandschaften, Zeitschr. d. Ges. f. Erdkunde, Berlin Sonderband 1928.

R. Gradmann, Altbesiedeltes und jungbesiedeltes Land, Studium Generale 1, 1947/48.

O. Schlüter, Siedlungsräume des deutschen Altertums und ihre Bedeutung für die Landeskunde. Verhandl. u. wissenschaftl. Abhandl. des Deutschen Geographentages (Magdeburg 1929) 23, 1930.

O. Schlüter, Die Siedlungsräume Mitteleuropas in frühgeschichtlicher Zeit. Karte 1 : 1 500 000, 1952; Erläuterungen Teil 1: Einführung in die Methode, Teil 2; Erklärung und Begründung der Darstellung, Forschungen zur deutschen Landeskunde Bd. 63, 74, 110, Remagen 1952–1958.

H. Jäger, Zur Geschichte der deutschen Kulturlandschaften, Geographische Zeitschr. 51, 1963.

H. Jäger, „Altlandschaftsforschung", in: Hoops, Reall., 2. Aufl., Bd. I, 1973 (mit umfangreicher Literaturzusammenstellung).

E. Gringmuth-Dallmer, Zur Kulturlandschaftsentwicklung in frühgeschichtlicher Zeit, Zeitschr. f. Archäologie 6, Berlin 1972.

Bei dem im Rahmen der archäologischen Forschung in Deutschland – im Gegensatz zu den angelsächsischen Ländern und Nordeuropa – geringen Interesse für Methodenreflexion und Theoriebildung fehlen methodologische Untersuchungen auch zur Siedlungsarchäologie, die etwa mit der Arbeit von P. Haggett, Einführung in die Kultur- und sozialgeographische Regionalanalyse, Berlin–New York 1973 (De Gruyter Lehrbuch) vergleichbar wären.

Abkürzungen

Die in den Anmerkungen und in der Literaturzusammenstellung benutzten Abkürzungen entsprechen den im Reallexikon der germanischen Altertumskunde (2. Aufl.) von Hoops, Berlin–New York 1, 1973ff. gebrauchten. Häufiger verwendet sind folgende:

Aarbøger = Aarbøger for nordisk Oldkyndighet, Kopenhagen.

Archäologie und Geschichte 1 = H. Jankuhn, Archäologie und Geschichte. Vorträge und Aufsätze Bd. 1: Beiträge zur siedlungsarchäologischen Forschung, Berlin–New York 1976.

Ebert, Reall. = M. Ebert, Reallexikon der Vorgeschichte, Bd. 1–Bd. 15, Berlin 1924–1932.

Hoops, Reall. 2. Aufl. = J. Hoops, Reallexikon der germanischen Altertumskunde Bd. 1ff., Berlin–New York 1973ff.

INW = Informationsblätter zu Nachbarwissenschaften der Ur- und Frühgeschichte, hrsg. v. V. Arnold; R. Busch; I. Hoika, Heft 1–6, Göttingen–Bonn 1970–1975.